薄荷实验
Think As The Natives

金门

美国住房之战

Golden Gates
Fighting For Housing in America

Conor Dougherty

［美］康纳·多尔蒂 著　相欣奕 张美华 译

华东师范大学出版社
·上海·

图书在版编目（CIP）数据

金门：美国住房之战 /（美）康纳·多尔蒂著；相欣奕，
张美华译. —上海：华东师范大学出版社，2024
ISBN 978-7-5760-4716-5

Ⅰ.①金… Ⅱ.①康… ②相… ③张… Ⅲ.①住房制度—
研究—美国 Ⅳ.① F299.712.331

中国国家版本馆 CIP 数据核字（2024）第 104896 号

GOLDEN GATES
by Conor Dougherty
Copyright © 2020 by Conor Dougherty
All rights reserved including the rights of reproduction in whole or in part in any form.
Simplified Chinese translation copyright © 2024 by East China Normal University Press Ltd.
All rights reserved.
上海市版权局著作权合同登记 图字：09-2024-0073号

金门：美国住房之战

著　　者	〔美〕康纳·多尔蒂
译　　者	相欣奕　张美华
责任编辑	韩　鸽　顾晓清
特邀编辑	顾霄容　沈乐慧
责任校对	张佳妮　时东明
封面设计	周伟伟
出版发行	华东师范大学出版社
社　　址	上海市中山北路3663号　邮编　200062
网　　店	http://hdsdcbs.tmall.com/
客服电话	021—62865537
印 刷 者	苏州工业园区美柯乐制版印务有限责任公司
开　　本	890×1240　32开
印　　张	11.125
版面字数	246千字
版　　次	2024年9月第1版
印　　次	2024年9月第1次
书　　号	ISBN 978-7-5760-4716-5
定　　价	79.00元
出 版 人	王　焰

（如发现本版图书有印订质量问题，请寄回本社市场部调换或电话021—62865537联系）

这是一场崭新且持续不断的抢劫,
这种情况每天每小时都在发生。
——亨利·乔治,
《进步与贫困》,1879 年

中心再难维系。
——琼·狄迪恩,
《向伯利恒跋涉》,1968 年

目 录

序　　　　　　　　　　　　　　　　　　　　001

第 一 章　　　　　人民大众　　　　　　　　009
第 二 章　　　　　把无法组织在一起的组织起来　027
第 三 章　　　　　没有比不战而败更糟糕的战斗　059
第 四 章　　　　　压制计划　　　　　　　　089
第 五 章　　　　　起诉郊区　　　　　　　　129
第 六 章　　　　　第二个住房一揽子法案　　159
第 七 章　　　　　老办法　　　　　　　　　193
第 八 章　　　　　增值投资者　　　　　　　225
第 九 章　　　　　竞选参事委员的索尼娅　　245
第 十 章　　　　　房租太高了　　　　　　　267
尾　声　　　　　　更多友邻的友邻　　　　　299

致　谢　　　　　　　　　　　　　　　　　　311
资料来源　　　　　　　　　　　　　　　　　319
注　释　　　　　　　　　　　　　　　　　　331

序

  如果要求体育场中满座的听众闭上眼睛，想象一下美国梦对他们到底意味着什么，那么大部分人会想到家。毋庸置疑，不同的人想到的是不同的家。可能是郊区的牧场式独立屋（ranch house）[①]，可能是曼哈顿位于40楼的产权公寓（condominium），也

[①] 美国住宅主要分为 house、condominium（简称 condo）、apartment 和 housing cooperative（简称 co-op）四类，区别在于产权归属。house 的屋主拥有房子内外及土地的产权，通常为一户独用的独立建筑。中国由于土地公有，因此不存在美国意义上的 house。本书把 house 译为独立屋。condo 的屋主拥有房子内部的产权，房子外部及土地归地产公司所有，类似于中国的商品房。condo 在房型上可以是单元楼，也可以是独门独院的联排别墅。本书把 condo 译为产权公寓。apartment 是仅用于出租的单元楼，整栋楼的产权归房东所有，本书译为租赁公寓。也有租赁公寓的房东后来经批准按单元出售楼房产权，最后整栋楼由租赁公寓转变为产权公寓的情况，这和中国的售后公房比较像。co-op 是一种特殊的产权公寓楼，整栋楼的产权归全体屋主共有，屋主之间以股份的形式按比例分配产权，即屋主所拥有的不是楼内某单元的产（转下页）

可能是在崭新国度中的一室户租赁公寓（one-bedroom apartment），孩子们将在这里获得他们父母从未有过的机会。一个家，绝不仅是头上的屋顶。家是在一座光明城市中的一片屋顶。或者也可以说，家是与工作和家庭相邻的街区，高速公路或火车站近在咫尺，有公园，有一片水面。家可能是店铺和餐厅林立的一条街道。家可能意味着有一所好学校、一块可耕之地、一座随时对你敞开的教堂，以及每周日的一场集体鼓乐。家是一个私密空间，但工作和社会生活的社群决定了我们希望在何处安家。家是一个梦想，这个梦想就是尽可能靠近我们所希望拥有的生活。

无论是在美国还是在全球，这一梦想正受到威胁。美国年轻人的自有住房率处于数十年来的最低水平，大约四分之一的租房家庭需要拿出一半以上的收入支付租金。无家可归者数量不断增加，每年大约有 100 万户家庭被扫地出门，每天大约有 400 万人要在上下班路上消耗至少 3 个小时的时间。只需要透过飞机窗户向下看一眼，你就会发现，这样的状况并不是缺乏空间导致的。其原因在于，机会的过分集中，以及靠近机会所对应的成本的攀升。这充分说明了今时今日的经济是赢家通吃的经济。无家可归问题最严重的诸多城市，恰恰便是蓬勃发展的技术和金融中心，那里有大量高薪工作，未来产业正在崛起。加

（接上页）权，而是整栋楼产权的一定比例的股份。本书把 co-op 译为住房合作社。牧场式是独立屋的一种风格，特点是一层楼，开间较宽，进深较浅，呈长条状，有车库，没有地下室。——译者注（本书脚注若非另行注明均为译者注）

利福尼亚州是美国最严重的住房危机的源头,其可疑的特征是,一旦把住房成本纳入考虑,那么可以说,加州在以某种方式创造了美国最高工资的同时还创造了最高的州贫困率。

这些问题并非乍现。至少在特定类型的高成本城市中,人们普遍认为住房变得如此昂贵的原因在于,工薪阶层居住区(neighborhoods)正在经历绅士化(gentrified),外国投资者将钱投资于美国的产权公寓,独立屋和租赁公寓正在被对冲基金商品化,爱彼迎等公司正在把出租建筑物(rental buildings)变成酒店,等等。以上种种正在发生。此外,多年以来联邦政府对可负担住房(affordable housing)的撤资,以牺牲贫困租房者为代价来补贴富裕房主的税法,以及几十年来未取得任何有意义创新的建筑业,都让形势愈发不妙。

但隐藏在这一切背后的,是一个更大的病根:随着当今以技术为中心的经济运作方式的结构性变化,在人们和公司希望选择的地方,可用住房(available housing)却存在严重短缺。与过去高薪制造业在全国范围内广泛分布,并把中产阶级的财富从城市带到小城镇不同,新经济从本质上来讲更加不平等,其公司往往聚集在密集的大都市区。这推动了美国城市中心的复苏,并为具有各种各样技能水平的人提供了大量崭新的工作,但由于美国城市不再像过去那样容得下新人或新增住房,至少是不再像过去那样热情接纳,上述增长使得新增居民和投机者在竞争中抬高已然不足的存量住房价格。

在过去几十年里,美国大体上是通过在更远的地方建造更便宜的居住区来满足住房需求的。这样的做法,永久改变了城市的景观格局，同时也使得治理模式发生翻转。实际上，我们已经把城市区域切分成了无数小城市和"逆天"的单户独立屋（single-family house）社区，它们对当地土地使用决策产生的影响，使其对我们在何处、耗用多少成本、建造多少数量的安家之所拥有惊人的控制权。这些决定产生的巨大影响，超出住房本身。就居住隔离、收入不平等以及种族和代际财富差距而言，不断上涨的住房成本是主要驱动力之一，甚至可以说就是主要驱动力。在谈到教育不平等或者萎缩的中产阶层时，不得不提及住在好学校和高薪工作的邻近地点需要付出多少成本。交通运输产生的二氧化碳排放大约占全美总排放量的三分之一，因此，任何一个关乎气候变化的严肃方案，其开篇讨论的总是如何改变城市景观，让人们的居住地与工作地的距离更近。

不管怎样，美国诸多严峻的挑战在某种程度上都可归为住房问题。这就是为什么现在城市要顶住巨大压力，放弃在遥远的奶牛牧场新建住宅地块（subdivisions）的旧有模式，转而支持在人们居住已久的地方修建更高、更密集的建筑。从城市核心的高层产权公寓楼到外围的三层租赁公寓楼，再到更外围的单户独立屋飞地中的后院小屋（backyard cottages）①，密度的含义各不相同。无论哪种方式，随着城市竭力在已建成社区建造更多住房，必定导致在增长、阶级、保护、生活质量和环境方面的激烈冲突。

---

① 独立屋的房东在自家后院盖小屋租给他人居住以换取额外收入，这种现象在加州一些地区相当普遍，这些出租房就是后院小屋。

现代美国的故事,是一个国家努力对今时今日的行事方式与我们所认为的旧日行事方式进行调和的故事。与当今之社会别无二致,住房正是中心叙事之一,而故事始于二战结束之时。1945年10月,也就是战争结束一个月之后,《生活》杂志刊登了篇幅达13页的标题为《加州生活方式》的文章。文章的想法是要把加州作为一窥战后趋势的窗口——这个州"可能很快就会从根本上影响整个美国的生活模式",杂志这样写道——作者通过分析年薪分别为50000美元、10000美元和3000美元的三个洛杉矶家庭来展开叙述。

富裕的斯托哈特一家住在圣莫尼卡的一栋大独立屋里,雇有一个住家厨师,拥有四辆汽车。中产家庭坎贝尔一家,住在洛杉矶西部附近的一所牧场式独立屋中,占地四分之三英亩(约3035平方米),有一个游泳池。没有佣人,家有两辆车。令人惊讶的是第三个家庭,户主是勒罗伊·洛夫勒,一名消防员。洛夫勒一家住在格伦代尔一套六卧室的孟加拉式(bungalow)①独立屋中,家里摆满了现代的电器,还有一个后院露台和一棵柠檬树。"坎贝尔一家与洛夫勒一家的生活并不像收入差异所显示的那样不同。"《生活》杂志这样表示。

这样的图景,有很多我们无法重回或并不想复归的地方。这些家庭全部是白人家庭。女性的生活被描述为购物、旅行和社交圈。《生活》杂志不经意地提到了斯托哈特一家的"黑人厨

---

① 孟加拉式是独立屋的一种风格,开间比牧场式小,通常为地面垫高数阶的一层楼房屋,有门廊,有地下室,没有车库,有时候还附有阁楼。

师",却没有提及全美各地的黑人家庭。洛夫勒一家买房子用的是联邦政府支持的贷款,黑人家庭却根本无法获得。大约在1945年,《生活》杂志似乎也是在由无尽的开放高速公路连接无数开放空间的假设下运作的。我们太容易发现过去的错误,以至于很难体会到那些令人满意的部分。这个故事中令人满意的部分,不在于房子的风格或各自院子的大小,而是它从广度上定义了富裕。这是一幅今天无法复制的图景。此时此刻加利福尼亚的住房故事,是价值3000万美元及以上的房屋不断增长的市场,是认为年薪40万美元属于中产阶级的硅谷软件工程师,是凌晨4点钟就起床开车上班的教师,以及沿途高速公路下方的棚户区(tent cities)。

本书讲述的是那个新的、不那么讨喜的加利福尼亚。大部分故事发生在旧金山湾区,这里是美国最重要的技术中心,也是住房成本惯常被描述为"岌岌可危"的地方。该地区的成本问题长期存在且极为凸显,它提供了一幅清晰而完整的图景,表明了住房问题是如何出现的,以及有助于解决问题的各种方案的组合。但旧金山只是一个突出的例子,用于展示随着全球收入和财富差距的扩大而加剧的地理不平等。旧金山还可以算是一个警示故事,呈现出高绩效经济体与数十年的反增长情绪相结合带来的后果。你可以在西雅图、明尼阿波利斯和纳什维尔,或者在温哥华、伦敦和柏林发现类似的故事,当然这些故事有不同的色调、不同的特点。这些城市在经济上把其他城市抛在身后,但住房成本也在急剧上升,导致低收入人群更难从增长之中分一杯羹。

城市规划者从1970年代起开始记录城市住房短缺的情况。在此后的几十年里，经济学家指出，美国诸多收入最高的地区已经变得如此昂贵，以至于将中产阶级的工作和人口拒之门外。根据若干研究，这些地方过高的生活成本正在导致跨州移民的扭曲，并抑制整个国家的经济增长。向高机会城市迁移的能力，是一个被严重低估的重要因素，它决定了社会如何变得更加富裕。发展中的城市往往具有最高的经济流动性，有大量数据和常识支持以下观点，即从没有太多工作机会的地方迁移到有很多机会的地方，可以大大改善人们的生活。

然而，当此之时，美国正面临着如何让经济变得更好、更公正的重大问题，我们应该让人们更容易地生活在高流动性地区的观点，除学术界之外却甚少得到关注。这并不是说政客们应该着手让萧条地区的居民放弃家园，前往更富裕的城市，但他们至少可以尝试让那些有这种打算的人行动起来更容易。当美国增长最为迅猛的地区已经变得如此高不可攀，以至于人们认为居住在工作和行业所在地附近是一种奢侈——每一个美国人多少都参与建设了这些工作和行业——这足以使上述情况成为一个重大的国家问题。

本书讲述的正是我们如何走到这一步的故事，同时还列出了为解决正在快速成为国家住房危机的问题，我们曾经付出了何种努力。这是一个关于一群人寻找新家而另一群人紧紧抓牢他们所拥有的住房的故事。居于核心的是为争取空间和共存而开展的斗争。就本质而言，这是一种政治斗争，但是与红蓝版图的政治并不一致。城市归根结底与人相关，本书同样如此。

一位崭露头角的活动家，帮助发起了一项支持新住房开发的全国运动；一位 15 岁的女孩，领导着她所住的租赁公寓大楼的租客们对抗驱逐；一位郊区城市执政官，在良心危机中离经叛道；一位开发商，耗费黄金岁月试图用流水线的方式建造房屋；一位南洛杉矶反绅士化活动家，与比弗利山庄①的政客建立联盟；以及一位修女，在力图战胜欺诈成性的房东的过程中成为地产大亨。他们偶尔相向而行，也经常背道而驰。他们会聚于民主的殿堂之中，为美国城市选择崭新的道路，同时与资本主义、与彼此以及与这个国家最古老的罪过和解。如果最终取得成功，他们将消除若干潜伏最深的集团模式，并对关乎文明的无尽问题做出应答。我们所有人终将生活在那样的文明之中。直至本书结尾，或终其一生，他们都不会成功。但他们共同努力，就可以让事情变得更好。或者说，我们至少都应该抱此希望。

---

① 比弗利山庄（Beverly Hills）是位于加利福尼亚州西部的城市，以豪宅云集而著称，位列全美最昂贵的住宅市场之一。但事实上，比弗利山庄的居民并不全是富豪。

第一章

人民大众

被称为 BARF[①] 的政治革命，始于在旧金山市政厅之内举行的持续 7 小时 52 分钟的规划会议。这场革命酝酿了半个世纪之久，将在两年内颠覆加州政治，并为愤怒的千禧一代[②]租房者掀起的全国性反抗推波助澜。但在彼时彼刻的头一天，你几乎必须细察才能辨识。会议在旧金山规划委员会的司法会议厅进行，在进行到大约三个半小时的时候，委员们的注意力转向了有关一栋新建筑的提案，该建筑中将保留 83 套补贴公寓（subsidized apartments），专门预留给贫困的田德隆社区的低收入家庭。到了公众评议时间，一位身穿条纹毛衣和短裤的拘谨年轻女子从座位上走到观众席前，面对她前方主席台上呈半圆形围坐的委员们发言。

"嗨，我叫索尼娅·特劳斯（Sonja Trauss），"她说，"我只是一名普通公众，到这里发言是因为旧金山缺住房。而且，嗯，我期待着尽可能多的新住房被推向市场的各个层面。对，尽可

[①] 旧金山湾区租房者联盟（SF Bay Area Renters' Federation），详见本书第 25 页。
[②] 也被称作 Y 一代，指出生于 20 世纪末，20 世纪时未成年，在跨入 21 世纪以后达到成年年龄的一代人。

能，我的意思是，尽快。谢谢。"

不管这位索尼娅是谁，显然她并不是个例。在接下来的一个小时里，她和一位留着胡子的朋友继续利用公众评议时间，表达他们总体上对正在筹备中的每个项目以及对更多住房的支持。首先是田德隆社区的 83 套补贴公寓，随后是印第安纳街 650 号的 111 套单元房（units）和田纳西街 1201 号的 259 套单元房。虽然发表的公众评议准备得有些仓促，言语中也穿插了许多"嗯"和"呃"，索尼娅却着手搭建平台，这让她成为住房界名人，并促使她参与市政厅职位竞选：现今昂贵的新住房未来会如何变成可以负担的旧住房，旧金山如何利用经济繁荣的能量大规模建造可供数代居民使用的住房。她不是来抱怨自家院子里阳光被遮挡或街道上缺乏停车位的。她不在乎提案是针对租赁公寓还是产权公寓，也不在乎其未来居民有多少钱。这是面向更多人的通用平台。只要建得又高又快，而且让人住在里面，就是索尼娅想方设法要达成的目的。

"当我意识到授权程序对新建筑的受益人有偏见时，我就决定站出来支持大型住房项目了，"她在印第安纳街项目启动时告诉委员会，"项目周围的邻居们的确有各种宝贵意见，嗯，你知道的，他们收到了通知，但大概有 200 位潜在的新居民根本没有办法提供意见，决定要不要造这个项目或任何类似项目……那个，我是湾区普通租房者社群的一分子，所以高房租和选择面小导致的住房短缺问题会影响我，所以我代表自己到这里来，我是普通公众的一员。所以，是的，总之，我在这里提醒规划委员会，请把项目建成后所有将受益的人都考虑进去。因为，你们知道的，他们现在还没有成为拟议项目的租客。"

这样的言辞并不新鲜。NIMBY 正是开发商对"不要在我家后院"运动①所使用的缩略语。当时，该词出现已有至少四十年，有无穷无尽的书籍、连篇累牍的新闻报道，甚至经济学之下整个分支专业都能表明，湾区是这个国家的邻避主义（NIMBYism）之都。如果索尼娅是一个白发男人，或者如果她自称是房地产开发商的雇员，很可能不会引起任何人的注意。可是，如果一个没有明显醉酒迹象的年轻人，中午时分在城市会议上说，她只是因为旧金山没有足够的住房而笼统地支持住房建设，情况又如何？这讲不通。

如果不是迫不得已，没有人乐意参加时长八个小时的城市会议，即便规划委员会是一个充满争辩和奇怪行为的地方，人们至少也对彼此的边界心知肚明。在此处出现，并为支持新项目而发声的人，是申请项目的开发商、开发商付钱请来为自己说好话的贸易组织、为其工作的联盟，以及被打通关节偏向于开发商的社区组织。而反对新项目的人，则包括环保主义者、愤怒的邻居，以及觉得并没有得到足够好处的社区组织。索尼娅声称自己不是这些人——"只是公众的一员"。

会议结束后，人们沿着大理石走廊走到她面前，试图弄清楚她背后是否有人怂恿。"你叫什么名字？""索尼娅。""你

---

① "不要在我家后院"运动（Not In My Back Yard, NIMBY）又译邻避运动，指的是新发展计划受到该区或邻近地区居民反对相对应的运动。

做什么工作?""我是高中数学老师。""你今天为什么来到这里?""我只是公众的一员。"那些通常持反对态度的人向索尼娅提出问题,旨在查明她为哪家开发商秘密工作。而那些并没有招募她来秘密工作的开发商,则试图弄清楚反对派们招募她是否是一种逆向的心理技巧。无论哪一边,旁观者都想知道她从哪里来,是否有任何秘而不宣的立场。

索尼娅在读博士研究生期间辍学,因自觉尴尬而未返回家乡,所以搬到湾区生活。她来自费城,从圣路易斯华盛顿大学的经济学博士学业中抽身之后,最终来到了加利福尼亚。严格意义上来说,她是带着硕士学位离开的,但由于学业并不顺利,而且她原本告诉所有朋友她将成为索尼娅·特劳斯博士,骄傲让她无法回到费城。所以她继续向西,前往位于伯克利以北几公里处的埃尔塞里托,在她父亲的表亲米娜接受化疗期间提供照顾和帮助。在她想清楚自己应该怎么办的同时,为家人做事似乎是件好事。当然,有一个可以陪伴的人,想清楚一件事变得稍微容易一点。

在米娜完成治疗后,索尼娅去寻找工作和租赁公寓。她加入了一大群人,他们发现湾区是一个容易找到工作的地方,但房租让人负担不起。她和两个朋友租到一套位于西奥克兰(West Oakland)的公寓,每月租金3000美元。索尼娅开始在海湾对面的两所社区大学教数学课,时薪20美元,后来因为长距离通勤而放弃,转而在附近一家面包店工作,时薪10.5美元。这讲得通,因为她的教课工资一旦减去在她的住所和两个教学工作所在地之间往返的所有公共汽车、火车和渡轮的费用,与面包店的实得工资是一样的;这也颇令人沮丧,因为上夜班搓椒盐卷饼面团并不是她设想的自己30岁时应该做的工作。

她从来没有真正开启过职业生涯。索尼娅从天普大学获得哲学学位之后,去法学院继续就读,直至退学。随后她来到中西部地区,学习经济学,后来又离开了。她曾经当过自行车送信员、窗户清洁工和法律助理。她曾在一个社区委员会工作,并在金融危机的阵痛中接听抵押贷款的热线电话。索尼娅喜欢阅读和学校,她妈妈是护士,爸爸是律师,所以她的职业期望在此。一路走来,只要出现问题或感觉到不公,她就会全身心地投入到新的爱好和激进的业余活动之中,然而她永远无法以同样的方式去追求一份真正的工作或证书。

这样的情况从很早就开始了。在读七年级时,索尼娅和一位朋友说服他们科学课的同学在整节课上保持沉默,以此报复老师让全班闭嘴,她因此在放学后被留校。没有问题,没有问候,只有即将进入青春期的他们持续45分钟的诡异凝视。城市规划部门曾计划改造一个曾经颇受欢迎的公园,使其对滑板者不再具有吸引力,而她因表达抗议被捕。后来她花了一年时间组织朋友缝制氨纶服装,用以成立一个名为"杂耍人"的30人喜剧团,并参加费城新年化装游行[①]。当她费城住处对面的印刷店老板开始全天营业时,索尼娅开启了一场长达数月的斗争,从向城市有关部门投诉噪音开始,升级为对城市缺乏响应能力

---

① 一年一度的新年游行已经成为美国费城的一大特色,这一盛大的节日活动历史悠久,可追溯到17世纪中叶定居于特拉华河沿岸的瑞典与英国移民的习俗。

的更多抱怨。后来她开始拨打印刷店老板的手机,并留下只有他的印刷机声音的信息,她把手机举到卧室窗外,然后一遍又一遍地打电话,直到语音信箱的空间用完,印刷店老板要求法官下达限制令,这场战争才就此结束。

在费城,因为一切都很便宜,所以哪怕只是一个处于边缘就业状态的煽风点火者,也负担得起在此的生活。索尼娅有一栋便宜的四卧室独立屋,墙壁上电线裸露,房子里挤满了收入微薄的艺术家和音乐家室友,他们把这个地方变成了朋克、说唱歌手、艺术家、发声者、涂鸦作家、调音师和研究生的亚文化大熔炉。多年以后,曾在那里居住并打发过时间的人会把它描述为"奇怪的小插曲"。比如 Spank Rock 乐队和桑蒂戈德(Santigold)曾经在客厅里拍过一段音乐录影带,或者有一段时期索尼娅非常喜欢举重,另一段时期她则专注于角色扮演游戏。这些兴趣时有交叠,有一天你回到家,可能会发现她和一群肌肉男围坐成一圈,一边喝蛋白奶昔一边玩《克苏鲁的呼唤》[①]。廉价租金是背景,自由使得这样的场景得以存在。这正是湾区的经验,在这里,艺术似乎是由政治激进主义和当地的斗争所定义的。

在该地区周期性的科技繁荣中,这一点变得前所未有地真实。在 1990 年代后期的互联网热潮中,一个名为"教会区雅皮士清除计划"(Mission Yuppie Eradication Project)的组织开始鼓励旧金山教会区的居民破坏停放的运动型多用途车,理由

[①]《克苏鲁的呼唤》(*Call of Cthulhu*)是一款桌游。

是这会迫使年轻的专业人士搬到可确保他们的汽车更安全的社区（还会让他们所光顾的餐馆倒闭）。二十年过去了，当索尼娅迎来与智能手机和社交媒体相关的新一波热潮的开端时，雅皮士已经将他们的运动型多用途车换成了优步，因此行动者们改为在人行道上喷漆，写上诸如"科技渣滓"之类的字句，使用的是精美的印刷体。事态在 2013 年开始升级，当时一个自称为"城市之心"（Heart of the City）的团体开着一辆白色巴士出现在一年一度的同志骄傲大游行①中，车上拉着一条横幅，用同谷歌商标一样的字体与色彩印着"绅士化和驱逐技术滚出去"（Gentrification & Eviction Technologies OUT，GET OUT）。那年晚些时候——2013 年 12 月 9 日，同一个团体制造了一起人为封锁，阻拦了一辆谷歌公司员工专用的穿梭巴士，使其无法离开位于教会区的停靠站，前往位于硅谷城市山景城（Mountain View）的公司总部，两地相隔 56 公里的拥堵路程。

任何想要寻找"杠铃经济"（两头是人数众多的富人和穷人，由一小批中产阶级在中间隔开）的现存示例的人，都很难找到比湾区的科技巴士更好的例子。他们乘坐的是大块头双层巴士，带有天鹅绒座椅、高速 Wi-Fi 和用以保护软件极客生活隐私的茶色车窗玻璃。技术工作者不仅报酬丰厚，能够搭班车上班，他们还有良好的医疗保险、免费午餐、健身房和洗衣房，享受这些福利的人都是"人才"。数十人举着"立即停止驱

---

① 旧金山同志骄傲大游行是世界上最著名的同志骄傲游行之一，在每年 6 月的第 4 个星期日举行。

逐"和"警告：双重体系"的标语，对一辆满载"人才"的巴士车表达抗议的奇观，似乎成为美国不平等趋势愈发加剧的体现。而在短短几个小时内，关于这个事件的大量记录就已经在推特上发布，随后也连篇累牍地出现在世界各地的媒体主页上。

索尼娅很是困扰于不断上涨的租金，但她对问题之所在有不同的看法。截至目前，她一生中的大部分时间都在费城度过，这座城市有许多空置住房，自1950年的人口高峰期以来，现今已经流失了大约50万人。她知道一座陷入困境的城市是什么样子的，并且不会责怪任何人搬去一个被外人视为经济仙境的地区。距大萧条结束也仅几年时间而已。美国大部分地区仍在努力对付专家们所谓的"失业复苏"（无论它是什么意思），而湾区却生活在繁荣和自我满足的泡沫中。谷歌刚刚公布了其自动驾驶汽车项目，脸书正准备上市，风险投资家马克·安德森（Marc Andreessen）则创造出"软件正在吞噬世界"之语。索尼娅认为生活在一个充满乐观情绪并能够轻松就业的地方是令人兴奋的，当她听到人们抱怨旧金山如何为失控的增长所谋杀时，她认为他们是忘恩负义者，这些人根本不知道或不在乎费城和圣路易斯这样的地方当前是何种状态。

所以，这不对，问题并非在于工作机会太多，虽然这是科技抗议的根本指向。索尼娅认为，问题在于住房太少。她已经从经济学院退学两年，但供需规律对她而言依然熟稔于心。她还发现，相较于旧金山湾区城市高企的居住成本，这些城市中的住房看上去却如此低平，这令人震惊。旧金山和奥克兰的市中心周围有若干摩天大楼和一些巴黎式高楼住宅区，但其余大部分区域都是单户独立屋。该地区的两条主要通勤铁路线，湾区捷运（Bay Area Rapid Transit，BART）和加州铁路（Caltrain），被空旷的田野和蔓延的土地所围绕，就像据说让北加州人嗤之以鼻的洛杉矶和奥兰治县的情况一样。神话般的硅谷，美国未来的象征，是一片不起眼的死胡同，拥有不起眼的价值200万美元的独立屋，周围则被一堆办公园区和购物中心环绕，可能让人误认为是凤凰城郊区。然而，似乎任何时候，当有人提及建造双拼房（duplex）或三拼房（triplex）[①]，都会因为建筑阴影太多或"不合时宜"而立即被打压，更不用说建造五层或六层的楼房。

"不合时宜"是一个索尼娅无法理解的概念。她在日耳曼敦（Germantown）的一栋三层独立屋里长大，有足够的房间来测试你的词汇量（书房、衣帽间），还有一个郊区规模的院子，院子里有秋千，周围环绕着茂密的绿色植物。从她儿时房间的窗户望出去，隔壁的那栋四层租赁公寓楼占据了视野。这栋楼的街对面，则是一个楼层更高的公共住房项目，与之相邻的单户独立屋早已被转用为"出狱之家"。从索尼娅家可以步行到附近的美容店和折扣店，一路上有独立屋与学校相邻、与办公楼相邻、与疗养院相邻，疗养院靠近公园，公园与咖啡馆相邻，咖啡馆则与历史悠久的日耳曼敦白宫临街相对。日耳曼敦白宫是一栋

[①] 双拼房和三拼房外观接近独立屋，但内部以上下/左右/前后的方式分割成两个或三个独立空间，各自有独立出入口，供两个或三个家庭居住。单元楼内占据两个及以上楼面的单元也被称为duplex（复式）。

灰色的小建筑，根据户外悬挂的牌匾，乔治·华盛顿曾在1793年黄热病流行期间在此居住数周，当时日耳曼敦还只是一个村庄。这就是索尼娅心中的"正常版本"，而大多数美国人观念中有序社区应有的样子，则让她在心理上感到格格不入。

我们很少注意到，美国人的脑海中已经形成了层层叠叠的分区和土地使用规则的模式，这些规则列明了可以在何处实施何种建造。它们对美国城市的外观和运作方式而言至关重要，以至于已然成为一种地理DNA，塑造了我们关于何为恰当和正确的观点。其思想在于按照哪些功能应该相邻布设来划分城市，这显然具有一定的逻辑性。对于区划最经典的辩护语是，你肯定不希望在学校旁边修建化工厂是合法的。而且，在地球上的每座城市，甚至追溯到古巴比伦，你都可以找到某种建筑规范，它们至少会体现在习俗或文化方面。拿破仑似乎率先实践了这一理念，他在1810年通过皇家法令，要求将住宅与污染行业分开。几十年后，德国发明了城市区划，先是蔓延至整个欧洲大陆，然后跳到美国，并在美国变成了完全不同的东西。

美国与欧洲不同。在欧洲，城市区划最初是集中化的努力，由一些相对简单的城市布局规则构成；而美国的区划，则是颇具地方性且以社区为中心的，换而言之，具有随意性和异质性。德国区划的逻辑，部分在于通过规范私人土地的使用方式来降低私人土地的成本。在美国，区划通常用于提高或至少保护物业价值。随着时间的推移，区划使得人们将办公区和住宅区严格区分，并将单户独立屋和租赁公寓楼视为截然不同的生活方式。

在刚迈入 20 世纪之时，城市开始划分住房类型。伯克利在 1916 年制定了美国第一部仅允许建造单户独立屋社区的法令。规则充满矛盾，土地使用和区划同样如此。对一个人的保护就是对另一个人的排斥，这就是为什么几乎每场在市政厅中就区划开展的斗争，都可以概括为一方谈论着自由，另一方则报之以"为谁而自由？"的回应。区划到底是保护了物业权还是限制了物业权？区划到底促进了经济自由，还是损毁了经济自由？它到底是资本主义还是社会主义？这些问题并没有单一的答案，这也正是区划在很大程度上说明了我们是谁以及我们将成为谁的原因。至少在地方层面，区划就是民主，民主就是区划。

费城和其他任何地方一样受到监管，索尼娅所在的社区也并非完全没有规划。尽管如此，她只知晓自己长大的环境。这是一个具有混杂历史的街区，其历史从殖民时期和独立战争时期一直延续到工业增长、工业衰退、城市衰退和城市复兴的各个阶段。这个街区是不同高度、不同功能（商用和居住）、不同新旧建筑的混杂，这给予她一种跨越数个世纪的感知，感知建筑物内的生活随着时间的流逝发生了多少变化。

以费尔法克斯公寓（Fairfax）为例，这是从她卧室的窗户望出去就能看到的租赁公寓楼的名字。费尔法克斯是一座庄严的砖砌建筑，带有门廊阳台和一个拱形入口，根据 1914 年的广告，它是为"最挑剔的潜在居住者阶层"设计的。当时，公寓的租金包括按小时计费的门童和女佣服务，广告用"时尚"来描述日耳曼敦，并吹嘘此处到切尔滕大道火车站只需步行三分钟。随着美国修建高速公路和费城大量人口流入周边郊区，这些属性不再受追捧。到1980年代中期，费尔法克斯由两位负债累累的投资者掌控，他们主持期间堪称糟糕，灯泡总是烧坏不亮，租户投诉也难以得到答复。

当看到垃圾箱里的垃圾开始溢出的那一刻，索尼娅的父亲埃尔文·特劳斯（Irwin Trauss）推测业主可能已经抛弃了这座建筑。差不多也是在那个时候，大楼的前门呼叫系统停止了工作，索尼娅习惯了每晚的例行公事：她躺在床上看着天花板上闪烁的荧光星星，同时听费尔法克斯的访客对着朋友的窗户大喊，告知他们的到来，请朋友把大门钥匙扔下来。后来有人砸破了玻璃前门，再也不需要大喊大叫了。费尔法克斯被弃置对于大楼的管理员来说是一件好事，他将突然的失业转变为一项利润丰厚的生意，赚了一笔租金，然后带着一袋子现金跑路了。留下的租户则接手了这栋楼，踢开公寓房间的门并随机向路人出租。自此之后，这栋大楼里就挤满了占屋者，还有一个毒贩子，在周五晚上的高峰时段，经常有几十个烦躁的顾客在大理石走廊上等候毒贩。

任由你所在的城市在当地报纸的版面中衰落是一回事，亲眼看着它在你生儿育女的家旁边溃烂则是另一回事。费尔法克斯公寓和索尼娅家之间仅有的边界是一个旧松木围栏，它倾斜着，到处都是破损，小偷光顾，偷走了她家的多台电视机和录像机。这对某些人来说是不得不面对的现实，但那些有选择权的家庭，则应该自问一个难以决断的问题——他们愿意坚持多久。对于埃尔文以及索尼娅的母亲乔琪而言，关于如何应对，答案截然相反。乔琪开始在郊区寻找可以搬去的新房子,而埃尔文则开始寻找投资者并制定了购买费尔法克斯公寓的计划,以便自行对其开展清理。

埃尔文的父母是战后搬到费城的波兰犹太人,他们也是大屠杀的幸存者。起义期间①,索尼娅的祖母布兰卡·特劳斯正在华沙隔都,随后辗转于马伊达内克、奥斯威辛、卑尔根－贝尔森、阿舍斯莱本和特莱西恩施塔特,最终俄国人解放了她和剩下的两个姐妹(布兰卡是家里八个女孩中的一个,她的其他五个姐妹都被纳粹杀害了)。获得自由之后,布兰卡与索尼娅的祖父卡齐米尔一起坐船抵达美国,并与她的兄弟姐妹一起培养了一群具有社会正义意识的心理学家、教师和民权律师。埃尔文在家中排行最小,是一名非营利住房律师,他为使房主免于取消抵押品赎回权而辩护。在与坏蛋作斗争的职业生涯结束之后,他突然有了兴趣,试图将费尔法克斯公寓从混乱无序中拯救出来并使其恢复稳定。邻居们认为他有妄想症。在他完成购买流程的前一周,警方突击搜查了公寓楼中的一间屋子,房间中家具损毁,窗户残破,卫浴空间被彻底拆除。很多人都认为这不是个好兆头。埃尔文推断,这套破损的单元房从前可能居住着最具有犯罪倾向的房客,如果公寓现今已经无法住人,那么这栋大楼只能触底反弹,就此变得更好。经过持续数年的夜间和周末整修,它的确变好了。

索尼娅后来会从这段经历中回忆起各种各样微小的经验教训。比如,过多的房产如何使得租金降低,曾经高端的建筑又

---

① 指发生于1943年4月19日的华沙犹太人起义。

是如何顺着收入阶梯下滑的，此外还有她父亲的进取心。在费尔法克斯公寓的事之前，她对父亲和他的工作的全部了解就是，他是一名律师，乘电梯上办公楼，时不时上法庭。购买和经营公寓大楼似乎原本是获得认证的公寓人员应该掌握的一项特殊技能。然而，当她的妈妈为购买新房子这项明智事务奔忙时，埃尔文则在打电话给投资者，与银行交谈，与租户打交道，与承包商讨价还价并对公寓楼进行维修。这就给索尼娅留下一个印象，一个普通人有可能将自己置身于一个看似与己无关的庞大而复杂的问题之中。

当旧金山爆发针对科技公司巴士的抗议活动时，索尼娅正在与一位名叫弥迦·卡特林的软件工程师恋爱，他们经常外出约会的地方之一是一家名为"修道院"的酒吧，他们俩都十分赞同湾区缺少足够的住房。巴士抗议者对租金感到愤怒是正确的，但他们的关注点是错误的。数据支持索尼娅的观点。当她在加州生活之时，湾区每套新增住房单元对应 8 个新增就业岗位，远远超过规划师认为的健康比例，即每套住房单元对应 1.5 个工作岗位。从本质上讲，政策一方面热情地鼓励人们搬到那里工作，另一方面同样狂热地阻止开发商为这些人建造住房，进而引发了一场代际之争，住房成本的上涨使有房者变得富裕，并让任何非高薪者或者不富裕者望而却步。

数量过多的涌入者和投机者们挤走已然勉强维持生计的贫穷租房者，导致难以承受的住房成本和疯狂的市场，即使当地政客从未起意为这样的局面创造完美的条件，这仍要归咎于他们。将这样的局面描述为谷歌巴士与其他所有人的对抗，这样做顺水推舟而且令人满意,但是当你了解到隐藏其后的数字,并发现每份工作背后都有像本地教师索尼娅或来自堪萨斯州萨利纳(人口数量:47716)的工程师弥迦这样的人,就会知道实际情况更难以把握。即使是反绅士化的活动家们通常也来自其他地方,这使他们成为其所抗议力量的代理人,无论他们承认与否。

现如今,索尼娅离开了面包店,成为一名高中数学老师。如果 32 岁的她务实的话,那她应该追求稳定并坚守这份工作。但她永远无法忽视事情的根源,所以她开始写信。2014 年 2 月,也就是第一次巴士抗议事件两个月后,她坐在自己在奥克兰的租赁公寓里,写信给旧金山规划委员会,对即将提出的关于一栋新租赁公寓楼的提案表达支持。她在上面的签名是"旧金山湾区租房者协会(SF Bay Area Association of Renters,下文简称为 SF BAAR)主席,索尼娅·特劳斯"。为了跟踪新项目,她注册了一项城市服务,该服务向任何希望收到新许可证申请提醒的人寄送纸质邮件。随之而来的是写给旧金山湾区租房者协会主席索尼娅·特劳斯的大量信件。

读了许多封此类信件之后,她的室友马克斯建议她将小组名称更改为 SF BARF(旧金山湾区租房者联盟)。这是因为,没有人会关心 SF BAAR 这样一个压根儿不存在的组织对当地住房状况的看法。当然也没有人会在意 SF BARF 的想法,但他们至少会注意到这个组织。该首字母缩写词中,"SF BAR"可以代表旧金山湾区租房者(SF Bay Area Renters'),"F"可以代表联盟(Federation),就如同《星际迷航》中的"行星联盟"。索尼娅觉得这挺有意思，就上网看能不能买到 sfbarf.org 这个域名，果然能，于是就买下来了。不久之后，她和弥迦就休假一天，去旧金山市政厅对一些项目表示支持，同时也证明 SF BARF 是真实存在的。

第二十一章

把无法组织在一起的组织起来

如果旧金山人对索尼娅·特劳斯的话感到惊讶，他们其实不应如此。持续数十年的书籍、报纸文章和学术研究都已经预测了将有她或像她这样的人出现。早在索尼娅出生之前的几年里，此类研究就对住房短缺问题做出了同样的观察。问题并不在于她是否对湾区正在建设的住房持有什么看法，而是她或像她这样的人能否发起一场政治运动，从而挑战由房主们所构成的顽固选民。这些房主都有强烈的经济动机，他们希望看到住房可负担性变得更糟。这是早在索尼娅出生之前就已经有人开始考虑的另一个主题。在社交媒体出现之前，他们达成的共识是，组织一个像 SF BARF 这样的团体几乎是不可能的。你如何才能激起**尚未**在某个地方居住的人的愤怒？即使你真的激起了这些人的愤怒，当他们中的大多数都无权在拒绝为其建造住房的地方投票时，你又如何能够改变政策？

这些问题最早被提出——至少是住房经济学家关于最早提出这些问题的记载，是在于 1979 年出版的名为《环境保护的喧嚣》（*The Environmental Protection Hustle*）的书中。作者是麻省理工学院城市规划教授伯纳德·弗里登（Bernard Frieden），他在加州大学伯克利分校驻留的一年中开展了研究。弗里登在书的序言中写道，他去西部的目的是写一本关于联邦政府可以做些什么来提高年轻家庭的住房负担能力的书，但在抵达加州并遭遇湾区猖獗且充满恶意的邻避运动之后，他决定改变路线，撰写有关当地住房政策的著作。加州绝非唯一由反增长政治密谋抬高入门级买家购房价格的地方，但它在这方面以及在监管不力和住房成本两个方面都远远领先于全美其他地区。

这本书毫不留情，语气从最开始的怀疑转变为厌恶。弗里登使用"傲慢""自私"和"道德正义"等词来描述湾区的土地政策，并举出一个又一个实例来质疑该地区牢牢树立的进步社会政策的声誉。他在书中写道，该地区通过一系列递减税来资助湾区捷运通勤铁路系统（这些税收对穷人的影响更大），随后采用严格的反增长政策（这些政策有阻止穷人在附近居住的效果）。书中还呈现了塞拉俱乐部[①]反对远郊住房建设，理由是这会产生更多通勤者；反对近郊住房建设，理由是这不靠近城市中心区；以及反对城市住房建设，理由是这将填满城市空间。弗里登用整整一章的篇幅抨击位于旧金山金门大桥对面的林中飞地马林县，他采用了一系列极具破坏性的事迹，例如徒步者们对旨在使残障人士更易于接触自然所采取的措施提出抗议，房主使用环境保护逻辑来反对受资助的老年住宅的开发。

弗里登并非狂热分子，《环境保护的喧嚣》也并非因福克斯新闻频道中那些不幸的标题引发联想而得名的。这本书就湾区

---

① 塞拉俱乐部（Sierra Club）是美国十大主流环保组织之一，自 1892 年成立至今已有百余年历史，对美国环境保护发挥着重要作用。

作为一个风景特别优美的地方提出了各种警告,并承认该地区为保护纳帕谷和缪尔森林等自然珍宝免受过度开发的影响,做了大量好事。他的论点是,日益发酵的反增长政治,最初只是一种对于城市蔓延非常合理的抵制和反对,但如今已经转到另一个方向。当前反增长政治正在利用环保主义的前沿思想来阻止人们搬到人口更密集的廊道居住,而那里实际上是最适宜开发住房的地方。

弗里登并不认为这与自然有多少关联——这些政策实际上是"反环境保护"的,因为它们只会促进其他地方的无序增长——他似乎对媒体并未就此大声疾呼而感到困惑。在弗里登写书的那几年里,报纸上的头条新闻都是"美国梦已成为美国的噩梦"之类的内容,《时代》杂志有一期的封面故事标题是"摩天住房",配图是一对夫妇和他们的狗抬头仰望的照片,在他们头顶上有一座飘浮于云端的遥不可及的房子。他写道:"尽管当地对增长的敌对态度引起了些许全国性关注,但很少有记者或研究人员将其与新房成本上涨联系起来。""它们其实是不同的故事。诸如'美国城市为遏制增长而战'之类的标题与其他有关美国梦终结的标题毫无关系。"

至于如何解决,弗里登似乎对能否找到政治解决方案持悲观态度。那些因之受到伤害的人,并不知道他们应当归咎于谁,也完全没有办法将那些如若建成便可入住,但事实上根本未曾建造的房屋概念化。弗里登写道,这些人"未经组织,可能也无法组织起来"。

数十年来,确乎如此:未经组织且无法组织。对于从未见识过日益高涨的环境运动发出如此有力呼声的土地利用学者而言,弗里登的书引起了小小的轰动。虽然这本书未能推动湾区或美国进一步解决邻避问题,但它提出了一个新的政策议题,并激励了几代经济学家接纳他的思想并在此基础上更进一步。这个链条上的第一人是弗里登从前的学生,一位名叫肯·罗森(Ken Rosen)的经济学家,他在弗里登回到麻省理工之后不久成为伯克利的教授。罗森将继续开展若干颇具影响力的研究,这些研究从本质上为《环境保护的喧嚣》的论点提供了更多数据支持。研究不会对改变政策起到太大作用,但有助于引起人们关注住房短缺问题——《旧金山正在发生的变化,预示着它将成为富人和无子女家庭的避风港》,这是1981年出现在《纽约时报》上的头条新闻——并且随着问题的继续扩散,也将激发更多的经济学家开展更多研究。

在《纽约时报》"富人和无子女家庭"的要闻发布3天之后,罗森的学生,一位名为拉里·卡茨(Larry Katz)的本科生,以加州大学伯克利分校经济学优秀毕业生的身份,发表了以湾区没有充足的住房为主题的毕业典礼演讲:

> 我想从以下观察开始我的讨论。我的观察是,众所周知,加州,特别是旧金山湾区,房价全美最高,超出全国平均房价50%以上,但我相信并不怎么为人所知的是,这是最近才出现的现象。就在短短的10年前,加州的房价并不比全美中位数高出多少。
>
> 我们这些毕业生肯定会想,此处的一个主要经济

问题在于这些供需因素的恒等式，可用它来解释这种急速的相对价格攀升。标准的解释完全依赖于需求因素，例如最近加州新组建家庭数量的激增以及加州充满活力的经济。然而，经验证据表明，对住房的强劲需求只能为这种快速的房价上涨提供部分解释。加州在 1950 年代末和 1960 年代初经历了更大的需求压力，却并没有出现类似的价格暴涨，这一事实支持了需求规模并不能提供完整解释的观点。因此，原因解释存在缺失，我认为，主要的缺失部分是某种供应限制。

卡茨的演讲以弗里登所发现的同样的政治难题结束，即拥有高票数的房主们有各种理由乐见现状持续存在。卡茨说："令人遗憾的是，我认为这需要州或联邦采取某种行动。"几个月后，他离开伯克利去了麻省理工学院，后来成为哈佛的教授，也是世界上最重要的劳动经济学家之一。

当时很难如此清楚地看到，美国正处于一场巨大的重组之中，这将从根本上改变我们的居住地点、工作方式和家庭结构。早期的征兆都一一浮现。历经数十年的人口减少和白人大逃离之后，城市正在慢慢恢复生机，并吸引来大量年轻的专业人士。社会不平等正在加剧，城市街道上出现了无家可归者，与此同时，硅谷将自己标榜为美国最重要的技术中心和一个真正的致富宝地。区划规则和邻避主义与这些潜在趋势毫无瓜葛。尽管如此，它们还是会遭遇彼此。冲突愈演愈烈，使得每过十年生活成本都会抬升一点，这样的趋势持续三十年后，被大萧条放大，房地产市场变得如此失常，导致整个国家的经济扭曲，达到了完全不容忽视的地步。

然而，在上述早期阶段，住房似乎依然算是非常本地化的问题，任何具有国家视野的人都难以对此投入过多兴趣。贫困，不断上涨的医保费用，工厂就业岗位持续流失，美国还有许多其他更为紧迫的问题，高层决策者必然更关心如何引导国家度过每一个具体的或繁荣或艰难的时期，而不是花时间去调和世界正在发生着的根本性变化。

技术进步会呈现一条弧线，这条弧线是这样的：一群人开始鼓捣一项新发明，该发明目前需要投入大量工作解决一个大问题，从而可能使他们和社会变得更加富裕。投资者涌入，各家公司疯狂竞争，少数公司获胜，大公司吃掉小公司，曾经需要大量劳动力的工作要么由机器替代实现了自动化，要么转移到劳动力成本更低的地方。20世纪初期，当汽车还是一种炙手可热的新事物时，底特律是投机性投资和大胆的创始人的聚集地，比如亨利·福特、兰森·奥兹、道奇兄弟和大卫·邓巴·别克。随着汽车公司和其他制造商把自己的技术弄得明明白白，他们就不再发明新事物，转而开始将生产从总部所在城市分散到全国各地的工厂，从而使其产品在各地就近生产和供应，并且价格低廉。这是一个平等主义的时刻，在无数个小城镇和郊区提供了数以百万计的新工厂的就业岗位，这些岗位工资稳定，操作简单，以至于广大民众无须上大学就可以获得工作机会。对于城市来说，这同样是一个危险的时刻。城市开始失去与制造汽车、服装、电器以及所有其他工厂制造产品相关的就业岗位的基地（这些产品最终变得非常容易生产，导致那些撤离城市流向成本更低廉地点的工作岗位，还将离开美国流向国外）。

到 1980 年代初，美国无疑已经处于世纪中叶制造业繁荣的末期，这个繁荣时期为我们提供了廉价的消费品，并使得郊区周边聚集起大量中产阶级。像底特律这样的城市正在走向衰败，但是其他城市正在自我重塑。诸如纽约、旧金山和西雅图这样的地方，与工业化的中西部一样，也受到了这股力量的冲击。不同之处在于，这些城市拥有受过教育的民众和一所甚至多所优秀的研究型大学，这种难以复制的组合，帮助它们从工业衰败中恢复过来，并成为与计算机相关的新技术发明弧线的受益者。我们现在去看电影或者仅仅出于约会目的去电影院，所使用的多种数码设备皆来源于此。

在技术飞跃开始之时，公司希望进入大都市地区，因为技术飞跃是协作的产物。每当经济进入一个创新喷涌而出的时期，城市中就会涌现出崭新的工作岗位和产业，它们都聚集在特定地区，方便彼此窃取设计并互相争夺员工，这样的过程不像是竞争，更像是一个非正式的全社会参与的集会，一大群各种类型的参与者都在狂热地尝试弄明白如何利用刚刚发明的新工具。密集的空间才是这种聚集的适宜地点，因为当人们努力想办法弄明白某件事情时，他们似乎都希望与一群同样忙于此事的人在一起，这样就可以观察和借鉴其他人的想法和/或寻求帮助。因此，那些预测互联网技术终将导致城市中心位置的办公楼衰败的人是错误的。你是愿意把你最复杂的想法写进一封电子邮件里,还是去见一个人,试着当面解释自己的想法?请设想一下,你们开开玩笑,时时微笑。请判断一下,当你讲到点子上时看到某人因感兴趣而兴奋,又或是看到别人因不赞同而礼貌地摇头,又会是何种效果?扪心自问,如果你想把自己半成形的想法传达给他人,你愿意采用哪种方法呢?在世纪之交的底特律,密度给我们提供了汽车;在信息时代,密度给我们提供了电脑。

城市核心区在1980年代和1990年代开始复苏,到21世纪初,城市——特别是拥有大型科技和金融业的城市——复归蓬勃发展的状态。公司搬到市中心,《欲望都市》正处于鼎盛时期,雅皮士们汇入奇奇怪怪的新潮流之中,比如去愚蠢的地下鸡尾酒吧,第二天则用4美元一杯的手冲咖啡来缓解宿醉,而这杯咖啡的制作耗时大约35分钟。这与20世纪初的繁荣没有什么不同。当时美国已发展成为一个消费社会,而纽约——当时也已经是一个相当发达的地方——在1900—1930年间增加了350万人口。

这一次情况不同。经过几十年的近郊和远郊住房增长,加之许多新的区划和土地使用法规的制定,城市及其周边郊区从政治上而言缺乏提升人口的能力,尤其无能力将这些新增人口纳入到城市社区以及离城市更近的郊区,而这些地方正是伯纳德·弗里登在书中所写的那种反应激烈的房主们的家园。因此,与早期城市变得越来越大有所不同,正在成为美国崭新产业强大动力源泉的脑力中心开始变得昂贵无比,引发了一波接一波的绅士化和扫地出门浪潮,并将新的黄金时代限定于仅供相对少数的特权阶层享有。

一系列相关趋势在此基础之上显现。这些趋势只会使住房需求更加强劲，同时房价更加昂贵。年轻人开始推迟结婚，少生或不生孩子，这就使得既定人口的家庭数量增加；即使在1970年代后期，当时旧金山仍然呈现人口流失的态势，家庭数量却已经开始增加。此外，收入不平等加剧，这是因为，高薪水的工厂就业岗位流失，取而代之的是低端服务和零售岗位，同时工程技术和其他高技能岗位则从其他职业中抽离出来。所有这一切都在人头攒动的城市中相遇，在那里，技术和金融工作者寻求面对面的接触，从而激发他们的创造力，而报酬没那么高的服务行业则在寻求能够负担得起按摩、健身课程和频繁在餐厅用餐的高薪雇员的光顾。

　　除非你是一位考虑过远期预测的规划师或经济学家，否则很难看出上述趋势与住房政策有何关联，因为总会有一些周期性的上下波动来掩盖负担能力下降的长期趋势。在拉里·卡茨通过伯克利毕业演讲警告加州即将出现住房问题之后的一个月，美国就进入衰退，随后几年抵押贷款利率暴跌。在21世纪头十年的中期，银行通过发放易于引发房地产泡沫并导致其破灭的宽松贷款，让购房暂时变得较为容易。然后金融危机来袭，新闻里随处可见空无一人的居住区和溺水抵押贷款①的故事。

　　最终，在漫长的大萧条的复苏期，关于住房的每个独立事件都立刻变得可怕起来。科技控制了经济，引发了软件工作岗

---

① 溺水抵押贷款（underwater mortgages）指的是房主的抵押贷款欠款总额已经超过其房产价值，即资不抵债。

位的爆炸式增长,这将创造出美国最早的价值数万亿美元的公司。千禧一代的人口膨胀加速了这种繁荣——他们正在成为美国历史上人数最多的一代人——他们开始离开大学和父母的家,在城市居住区中寻找租赁公寓,结果发现年龄较大的千禧一代和X世代①并不像前几代人那样容易在城市里安家或离开城市去往郊区安家。城市尚未做好准备。即便它们已经做好准备,在伴随着大衰退并导致数百万从业者逃离建筑业的破产浪潮之后,该行业也仍然步履维艰。得以幸存的建筑商往往更加保守,整个行业的开发商都专注于高端项目,这些项目的租金和销售价格可以克服不断上涨的劳动力成本以及现在已经融入城市运行方式中的各种费用和复杂流程。

当此发生之际,由伯纳德·弗里登发起的那种排他性区划研究的复兴开始渗透到城市政治中,由一位名叫爱德华·格莱泽(Edward Glaeser)的哈佛经济学家领导。格莱泽是一位都市浪漫主义者,于1970年代后期在曼哈顿乘坐着满是涂鸦的地铁长大。现在,他在哈佛大学校园边缘的一座宏伟的六柱式建筑中研究城市。他的办公室凌乱不堪,堆满了乱七八糟的书和纸,还有一堆脏兮兮的茶杯,里面甚至残留着干瘪的茶包,这似乎反映了他的学术专长,即探查隐藏在都市混乱之下的经济秩序。格莱泽的大部分工作都集中在为什么有些地方繁荣而另一些地

---

① "X世代"指出生于1960年代中期至1970年代末的一代人,这代人在1980年代的经济衰退中长大,又经历了21世纪初互联网泡沫的破灭,就在他们成家立业之际,又要面对全球金融危机和经济下滑。

方衰落的问题上。在 1990 年代后期,他在波士顿地区的独立屋里住了整整两年后,以 33% 的利润出售了这套房子,随后开始涉足住房研究。

他一定程度上接续着肯·罗森和拉里·卡茨的研究,与一位名叫约瑟夫·乔尔科(Joseph Gyourko)的沃顿商学院教授合作,撰写了一系列研究报告,使用建筑行业数据创建了一份关于建造独立屋或租赁公寓的成本的全国性图表。这些研究报告表明,导致北加州房价上涨的严格区划和土地使用限制,现在正在不动声色地使全美大都市地区的住房变得稀缺和昂贵。这并不是要解释为什么住在旧金山一个热门居住区中小小的产权公寓里需要花费 200 万美元。它提出的问题是,为何在像圣莱安德罗(San Leandro)这样的地方,一个与奥克兰毗邻、位于海湾对面的工业城市,一套草坪灰扑扑、窗户上钉了木板、墙壁上带有裂缝的破烂灰泥独立屋,竟然售价约 50 万美元。格莱泽的研究扩大了有关住房问题的辩论,但他的贡献既体现在政治方面,也体现在学术方面。他开始撰写有关住房成本的博客,以及有关住房成本的专栏文章,推动这一话题成为各种报纸要闻的主题。他声称严格区划的出现是自汽车普及以来美国住房市场最关键的转变。最重要的是,正是格莱泽将邻避主义这一概念从城市规划和经济学期刊中拉出来,使之进入有关主流政策的对话,最终被索尼娅采用。

在 21 世纪即将走过头十年时,关于过度的土地使用规则导致住房变得不必要地昂贵的观点在媒体上得到了频繁的讨论。讨论中通常都会援引格莱泽的话。很快,若干有影响力的政策评论家,比如《经济学人》的记者瑞安·阿文特(Ryan Avent)和时任《提名》(*Slate*)杂志驻华盛顿专栏作家的马修·伊格莱西亚斯(Matthew Yglesias),提出了这样一种观点,即城市自由主义者需要搁置对开发商的反思性怀疑,并接纳建造更多住房的议程。某种反对区划政治运动的智力燃料现今被喷洒在地面上,而只出现了短短几年的推特发明了一种崭新而有效的促进剂,让愤怒的千禧一代找到彼此。《环境保护的喧嚣》出版三年之后,把那些无法组织起来的人加以组织的能力突然出现了,只待火花引燃。

自2013年底第一次旧金山巴士抗议发生之后,类似的阻塞在接下来的一年里接连不断,蔓延到奥克兰和西雅图,并从迫停巴士升级到打碎窗户和破坏轮胎。在2014年4月的事件中,一群抗议者拦停了一辆紫色的雅虎巴士,并攀爬上了车顶。其中一名抗议者向巴士车的挡风玻璃呕吐,之后的一两天内,新闻网站上频频转发/重发一张图片,有色窗玻璃上有一摊呕吐的黄色污物。两周后,一位名叫金-麦·卡特勒(Kim-Mai Cutler)的作家在科技网站TechCrunch上发表了一篇文章,标题是《穴居猫头鹰如何招致呕吐的无政府主义者》(下文简称《穴居猫头鹰》)。卡特勒在苹果公司的老家库比蒂诺长大,数十年来她一直感觉该地区被科技彻底改变了,同时也同情新入职的科技员工,他们对自己为何遭受抗议深感困惑。《穴居猫头鹰》一文试图用14000字的详尽解释来阐明这种微妙差异,解释湾区长期住房短缺背后的历史和棘手的政治问题。文章以一个承诺开始:"这是一个复杂的问题,我不会把它简化成年轻、富有的科技混蛋与面临驱逐的无助老太太(之间的冲突)。"

这并非故作姿态。文章的前几段就列出了十几个数字,接着是旧金山规划过程的流程图、营业税电子表格、爱德华·格莱泽的住房研究摘要,以及1970年代的历史,其中包括琼斯敦(Jonestown)的杀戮以及市长乔治·莫斯康(George Moscone)和行政长官哈维·米尔克(Harvey Milk)遭到暗杀。为了方便读者阅读,卡特勒将帖子分成21个部分,并加注有"他妈的,这太复杂了""太复杂了!"和"我们完蛋了"等副标题。所有这些复杂性都有一个潜台词,这个潜台词是向读者传达的一条信息:**这不是你的错**。耐心的读者读完文章就会知道,这个标题的灵感来自山景城爆发的一场争议,该争议的源头是在一片海滩沼泽地块上开发住房的提议,这块土地位于谷歌公司不断扩张的总部附近,同时也是当地一个穴居猫头鹰种群的地盘。这项提议被否决了,也没有替代方案提出。卡特勒的逻辑是这样的:山景城不盖房子→更多的谷歌员工搬到旧金山→谷歌派巴士车去接他们→有人在抗议期间向巴士车窗呕吐。所以,穴居猫头鹰就会招致无政府主义者的呕吐。

初创公司常从TechCrunch网站获取新一轮风险投资相关的简短新闻报道,且该网站上发布的新闻很少有经过改写,所以,它被视为这方面信息的存储库不无道理。因此,当耶普(Yelp)的首席执行官杰里米·斯托佩尔曼(Jeremy Stoppelman)在他的手机上打开文章,滑动阅读了几分钟之后,他最初的反应是,这篇文章怎么会出现在TechCrunch上?这句话可以代表所有人的反应。不过，他继续滑动翻看，远远超出了文章引言部分。斯托佩尔曼阅读《穴居猫头鹰》时，正在与大多数科技公司首席执行官所面临的问题做斗争。耶普早在两年前就上市了，他现在身价数亿美元。他为各种各样的原因写支票花钱，但希望能更直接地参与达成某种政策目标，住房成本正是他非常感兴趣的领域。

  这并非完全出于无私：为了跟上高昂的住房成本，耶普的工资增长速度已超出他的预期，公司即将开始向凤凰城这种成本较低的城市转移低薪的销售工作。如果斯托佩尔曼愿意，他有足够的钱成为地方政治的参与者，但他不相信传统政客会采用他感兴趣的那种激进的解决方案，除非有人能重新构建对话。读完《穴居猫头鹰》后，他邀请卡特勒会面，看看她是否愿意考虑成立某种团体，围绕她在文章中提出的住房短缺问题重新调整地方政治，但她拒绝了。接着，在这篇文章发表两周之后，索尼娅和弥迦在旧金山市政厅现身，这是 SF BARF 的首次公开亮相。

  相比于她未来的名声，索尼娅第一次在面向公众的麦克风前的表现是温和的，甚至令人愉悦。总体而言她是积极的，并尊重持不同意见的邻居的"有价值的观点"。如果她继续沿着这条轨迹走下去，似乎不太可能成为旧金山最具分裂性的人物之一，或者也可以说，根本不可能成为旧金山的人物。多年以后，当索尼娅在自毁式竞选旧金山监事会席位期间试图整顿自己的公众形象时，她会说，她从不后悔做出那个当时看似正确的决定。那一刻，她需要的是关注。

在旧金山规划委员会第一次会议一个月后，奥克兰市议会开会讨论一项大型重建项目，该项目将在索尼娅本人位于西奥克兰的居住区中增加住房，那个接受"有价值的观点"的索尼娅消失了，取而代之的是粗砺冷硬的索尼娅。这是在 2014 年春天，正是此时，湾区开始相信这一拨技术人才不会像 1990 年代后期的技术人员那样昙花一现。因为当时互联网泡沫破灭，即使他们没有完全被击退，也步履维艰。会议之前，抗议者从公园到市政厅游行了 1 公里多，还有两人因试图阻止其他人进入大楼被戴上手铐。会场内，一位城市规划师介绍方案时，人群尖叫起来："撒旦！"在公众评论期间，当索尼娅被点名发言时，她穿着白色牛仔靴、黑色背心和带有荧光锯齿图案的紧身裤走到讲台前。

"所以，当两件事同时发生的时候，有时会让人困惑，这两件事哪个是原因，哪个是结果，"她开始说，"我同时看到了雨伞和雨。雨伞会导致下雨吗？还是雨是雨伞出现的原因？你可以做个实验。"

"你想说什么？"她身后一排排椅子上坐满了人，人群中有人问道。

索尼娅转过身，厉声道："你会知道的。"

"你可以撑开伞。但这会导致下雨吗？"她说。

"不，肯定不会。"她自问自答。

她继续说："租金上涨的同时，也在建造新房。哪个是因？哪个是果？新建住房会导致租金上涨吗？"

"会的！"有几个人在她身后喊道。

"不。租金上涨是原因,资本家造房子是结果。"她说。

"带上那些衣冠走狗滚蛋,滚去别的地方。"有人接着喊道。

"这些走狗很可爱!"索尼娅回道。

人们既爱她,又恨她。他们不能够也不愿意忽略她。索尼娅开着一辆闪闪发光的橙色福特维多利亚皇冠小车,使用的推特帐号是@SFYIMBY[①],并声称诸如邻避主义之类的东西如此根深蒂固,完全植根于怀旧之情,即便提出在废弃的地块上修建新的租赁公寓,也仍然有人就此抗议,理由是这块废地"是我第一次割破手指的地方"。有时,她听起来像个满眼星光闪烁的乐观主义者,她请人们想一想,如果人们不是因为担心车流而无休止地对抗以阻止新建住房,而是把精力用于改善当地的交通出行方案,那么世界会变得多好。然而其他大多数时候,她诉诸表演性的挑衅。比如在公开会议上坐在反对发展的讨厌鬼旁边,告诉他们旧金山的住房问题都是他们的错,或者宣称那些厌恶 SF BARF 之名的人是在奉命行事。然后是极不明智的连续多条推文,索尼娅试图辩称,绅士化的好处之一在于,它为长期房主提供正当的奖励,因为他们的投资位于很棒的优越街区,但银行和白人房主们长期以来都拒绝承认其价值。这是一个微妙的点,她在推特上发表声明对微妙之处进行了解释,开头是这样的:"绅士化就是我们所说的重新评估黑土地,为其赋予正确价格的过程。"

---

① YIMBY 是 Yes In My Back Yard 的缩写,直译过来就是"可以在我家后院",本书译为"迎臂者"。

细节总是比她发声最响亮时更深刻。当红迪网（Reddit）上有人要求索尼娅将她支持开发的目标与诸如租金控制等反流离失所措施结合起来时，她回应说她完全支持租金控制，也并不认为租户保护与新建房屋相互矛盾。她认为可以制定一套政策，使投资者须为自己购买住房和提高租金的行为惩罚性地付出高昂的价格并耗费大量时间；同时制定第二套政策，使得在空地和停车场上建造住房具有财务上的吸引力，并且容易通过官方审批流程。她也同样清楚，她的目标更具有革命性而非政治性，她告诉人们她的最终目标并不在于通过若干重大的新建住房政策，而是改变社会风气，使那些反对新住房开发的邻居不再被视为反抗资本主义的英雄，而是被视为自私的住房反对者。

"当人们对自己期望中的邻里抱有想法时，当他们说'我们认为应该能够告诉其他土地所有者如何造房子'时，人们就会有这种感觉。这并不**合乎逻辑**，但这是每个人都会强化的一种感觉。"她在BARF成立的早期这样解释道。"人们也会有'我不想去上班'或'我想出轨'之类的感觉。这些感觉就好比作为社会的成员，'我们知道你有这种想法，但如果你真的付诸行动，我们就会认为你是个混蛋'。"

即使按照地方行动主义者的标准，BARF也堪称业余行动，但"业余"正是重点。索尼娅建立了一个受1990年代风格启发的网站，其中包含闪烁的文本、Comic Sans字体以及使用"u"而不是"you"的句子。她在推特上招募成员，此外还通过关注当地有关新建房屋的新闻报道的评论部分，向对住房开发持有支持态度的人发送招募消息。只用了几个月，SF BARF的通讯录就达到了数百人之多，吸引来的都是政治新手，他们看到索尼娅公开发言的视频后想："我猜你大概能做到。"很快，在下午召开的规划会议上，在这个每个人都应该上班的时间，有六七名甚至更多的年轻专业人士现身，他们还多次出席最大、最具争议性的会议或夜间会议，会议结束之后他们通常会去酒吧。索尼娅称之为"有目的的社交"。

这立即得到了当地媒体的关注，随后又吸引来全国性的关注。一篇早期报道传到了弗吉尼亚州一位退休的英语老师那里，她恰好是杰里米·斯托佩尔曼的母亲，她进而将这篇报道转发给了儿子。读完报道后，斯托佩尔曼让他的一位政策人员联系索尼娅安排会面。

杰里米·斯托佩尔曼当时35岁左右，还很年轻，高租金的烦恼让他感同身受。他在硅谷文化中长大，相信如果你把钱拿给合适的人开启新尝试，他们很可能会一直向前找到出路。一位投资人给了斯托佩尔曼和一名联合创立者100万美元，就因为他们提出建立一个点评本地商业的网站的概念，耶普就这样成立了。投资者根本不知道他们会想出什么样的业务，只是感觉他们可能会有一些好点子，如果实在没有，那么好吧，也是值得一试的。当索尼娅出现在耶普旧金山总部，列出她开展运动以获得更多住房的计划时，斯托佩尔曼沿用了同样的思路。在翻来覆去思考了几个星期之后，他通过贝宝（PayPal）向索尼娅转账10000美元，资助她继续做正在做的事情。

索尼娅来到加州时，正在职业生涯中迷失，高昂的房租似乎让湾区成了一个人们难以找到方向的地方。但一不留神，这里竟成为她最好的归宿。每个城市都有想着向试图改变法律的人捐款的主顾,但旧金山绝对是美国屈指可数的上市公司的千万富豪首席执行官初涉地方政治的城市之一,方法是这位首席执行官组织了一次与名为 SF BARF 的组织的创始人的会面。如果是在不同城市的不同时间,索尼娅可能会被视为不过是比在美国各地的城市会议上占用公共麦克风发言的讨人厌的奇奇怪怪的老家伙们更年轻、更易兴奋的版本。然而,在智能手机蓬勃发展的湾区,她终于找到了一件事情,可以将一种充斥着种种兴趣项目的生活转变为类似职业的事物。到 2014 年底,她辞去了教学工作,转而投身于全职活动家的生涯。

经济学家仍在开展研究,而且研究得到的结论越来越严谨,并引起了越来越多的关注,这大有裨益。爱德华·格莱泽从前的两个学生发表了一篇论文,认为反增长的土地使用政策已经提高了住房成本,导致那些没有高薪工作或家产的人若想迁移到高薪工作机会数量增长最快的城市,其成本高到令人望而却步,以至于当前的区划规则已经阻滞了美国人口流动并加剧了不平等。又有两位经济学家围绕这个问题开展了成本计算,统计了所有原本通过搬家就能够避免的失业和错失机会的情况,他们认为这约占美国国内生产总值的 10%,即每年 1.7 万亿美元。这些研究都提出了警告,并遭到了犀利的批评。但这些批评,至少那些严肃的批评,通常来自得到下列结论的研究,即繁荣的城市确实缺乏住房,但对区划的关注忽视了收入不平等在经济隔离中所发挥的更广泛的作用。这相当于不同研究之间出现的争论:一组研究指出,区划是导致美国变得不那么平等的极为重要的因素，同时还提出了一连串关于收入不平等也很重要的警告；另外一组独立的研究表明，经济的分化使美国变得不那么平等，同时还提出了一连串关于住房短缺也很重要的警告。

无论哪种方式，随着住房成为一个越来越热门的话题，似乎每一个新的演讲和研究都被推特、报纸和影响广泛的城市规划博客圈放大，然后转移到更为官方的渠道。2015年年末，巴拉克·奥巴马总统的经济顾问委员会主席杰森·弗曼（Jason Furman）发表了题为《共享增长的障碍》（Barriers to Shared Growth）的演讲，并指出排他性区划已经成为导致不平等的一个日趋严重的原因。次年，奥巴马总统本人在美国市长会议上的一次演讲就土地使用和区划呼吁："我们可以共同努力打破阻碍建造新住房的规则，正是这些规则阻挡了家庭向不断增长、充满活力的城市迁移。"

回到湾区之后，索尼娅在市政厅结交朋友，并吸纳越来越多的成员，他们共同的特点是千禧一代、专业人士和湾区新人。他们像一个流动的政治团伙一样拥入推特和政府会议。他们的露面从来没有受到过热情欢迎，但摆在他们面前的反对意见会根据所在城市的类型而改变。第一场斗争发生在硅谷的低密度飞地，位于湾区东部郊区的海湾大桥对面，此处的单户独立屋业主反对修建更多住房的提议，他们的理由耳熟能详，即认为开发更多住房会增加车流量并降低房产价值。SF BARF在旧金山西部的低密度社区经历了很多相同的事情，但同时也发现了来自旧金山租客联盟（San Francisco Tenants Union）等左翼团体的根深蒂固的意识形态抵制。

第二章 把无法组织在一起的组织起来

虽然在低密度郊区听到有人说他们不想要修建更多住房的情况并不少见,就是这么回事,但在旧金山,人们采用了一条罕见的进攻线路,旧金山的版本通常是,"只要是可负担住房,当然就多多益善"。可负担住房听起来像是因为一些明显的原因而租金低廉的租赁公寓,原因也许是它很小,而且位于紧挨着卡车场站的一栋老旧建筑中。实际上,它指的是在联邦政府的帮助下建造的财政补贴住房,这样的租赁公寓仅供收入低于其所在地区收入中位数的人申请。你在克雷格列表(Craigslist)上找不到这些地方。人们得证明他们的年收入属于中低水平才能找到这些住房,然后申请这些相对少量的财政补贴租赁公寓,随后他们的名字就被列入需要等待长达数年的名单之上,也许有机会参与住房抽签,但几乎毫无机会取胜。政策专家用大写字母"A"指代可负担住房,以明确这些住房单元是政府计划的一部分,而不是大多数人所设想的那种原本就有的廉价租赁公寓。

索尼娅的立场是,可负担住房很好,城市应该尽可能多地建造可负担住房,并提高税收,从而有能力建造更多。在 SF BARF 最初的公开露面期间,她所支持的第一个项目正是可负担住房。但是,由于永远都没有足够的可负担住房分配给每一个人——公共财政补贴的租赁公寓只占住房市场很小的一部分,根据定义,大多数人永远没有资格获得它们——她也支持营利性建筑商建造尽可能多的双拼房和高层产权公寓大楼,也支持人们建造后院小屋。她模仿经济学家的论调将其合理化,即提供更多的住房,哪怕提供更多的市场价格住房,都可以改善低成本存量房因高收入人群甚少其他住房选择而租金上涨的情况，从而有助于缓解所有人面临的住房价格压力。正是她的"所有类型的住房都应该建造"的立场，以及 SF BARF 对营利性住房开发普遍持有的积极态度，导致索尼娅和她的团队与该市的非营利机构发生冲突。后者往往对一切没有得到 100% 财政补贴的住房持怀疑态度，并把私人建造的租赁公寓斥为"市场价格的豪华住宅"。

这话有一定道理。在旧金山，市场价格的一居室租金在 3000 美元到 4000 美元之间，无补贴的房价如此之高，基本上所有住房都可被归类为豪宅。但这恰好就是症结所在。新房一直都很贵——所有穷人差不多一直住在更老旧的房子和租赁公寓里——正是因为缺乏新房，旧房也变得昂贵起来。当然，等待新建住房顺其自然变得可负担需要几十年的时间，因此，湾区还必须建造大量财政补贴住房，并为租户提供某种额外的保护，从而利用一切机会帮助该地区抵挡"经济清洗"。

这些是 SF BARF 的许多批评者提出的事实，也是几乎无人（包括索尼娅本人）能够否认的事实。困难在于，建造更多市场价住房可以在一定程度上作为平衡解决方案的想法，会立即被极左派驳回，并斥之为"供给侧理论"和"涓滴住房"。许多人甚至认为湾区是一种经济反转区，此地因新建住房而导致需求增加和价格上涨，但他们忽视了就业机会增长对人们的吸引作用。这与进步的国家政治背道而驰，却是地方圈子中经常重复的话题，在公开听证会上这样的话题频频被提出并印成小册子发放，将数十年的经济研究斥为"过滤谬误"（filtering fallacy）。

从表面上看，这些斗争采用了人们熟悉的社会主义对抗资本主义的框架。SF BARF 是一个"亲资本主义"组织，而租户团体则在争取"桌边的座椅"和"合适的住房"。一方会谈论供应紧缩，另一方则会质问建好的房子应该由谁使用。租户联盟会谈论"豪华租赁公寓"，SF BARF 的成员们则会以反对"豪华单户住宅"的方式回应。然而，在表面之下，这些斗争真正关乎的似乎是那些在旧金山住了一段时间的人，或者以为旧金山是某种其他状态所以搬来此地的人们，他们不得不接受自己无法控制城市命运的现实。

湾区曾经被认为是放松和抽离的好地方，现在却成为人类历史上若干最具划时代意义的力量的炽热核心。一个搜索引擎，让人具有掌控世界上所有信息的能力；一部智能手机，让人可以将这些信息装进口袋里；一个应用程序，让人能够向全世界传播自己的生活；还有数量激增的麦克风和摄像头、自动驾驶汽车，以及随之滚滚而来的数万亿美元——就这样到来了，越来越多的人、事、物蜂拥而至，地方政府无论如何都无法改变。旧金山与那些工业衰败、工作岗位流向海外的制造业空心城镇相去甚远。它完全不受这些问题所累。但它同样欠缺对于全球力量所施加的影响的免疫力，在这样一个不平衡的经济体中，即使是最成功的城市，其中也有失意者。

SF BARF 传达的信息是，没有办法去阻挡正在发生的事情，只能选择如何接受它。的确如此。但这也伤人，并被认为傲慢自大，当这些信息在社交媒体上被武器化时尤为如此。SF

BARF成员辱骂他们的对手，开启了毫无用处的推特战争，发布非营利组织和当地媒体世界中那些反对开发的斗士们所拥有的房屋的价值，指责他们披着社会正义的外衣通过"计划性短缺"来保护自己的投资。SF BARF成员一般是典型的中间偏左的民主党人，支持可负担住房和租金控制。除了猫的动图和偶尔出现的有着希特勒式胡子的邻避主义者图片，SF BARF谷歌群组对话的大部分内容都是经济论文、新闻报道、城市会议回顾，以及关于如何与反绅士化团体结交为更好的朋友的讨论。但是，当这种能量被社交媒体的愤怒旋涡过滤掉时，观念的政治就演变成了人身攻击的政治。

这就是通过夸夸其谈和鼓噪不休来吸引注意力的危险所在。任何人，只要阅读了索尼娅和其他BARF成员的系列推文——这样的推文连篇累牍、成千上万——都会转身走开，在阅读过程中他们对住房短缺问题所获甚少，却对推特世界的肮脏和不尊重的总体基调感触甚多。然而，关注就是关注，索尼娅出现在越来越多的新闻报道中，并开始受邀在全国各地发表演讲。这一路走来，她发现全美乃至全世界也还有其他各种团体是围绕建造住房组织起来的，并且像她一样（在一些案例中是对她的回应）开始称自己为"迎臂者"（YIMBY）[①]。2016年夏天，科罗拉多一个名为"更好的博尔德"（Better Boulder）的组织召集了一次全国迎臂者会议。会议由脸书亿万富翁达斯汀·莫斯科

[①] 首个使用"YIMBY"一词的亲开发团体似乎是斯德哥尔摩迎臂者（YIMBY Stockholm），成立于2007年。——原注

维茨（Dustin Moskovitz）的开放慈善项目（Open Philanthropy Project）资助，约有150名支持住房建设的活动家从旧金山、西雅图、波特兰、波士顿和奥斯汀等科技重镇飞来参加。

有史以来第一次迎臂小镇（YIMBYtown）会议在博尔德的凯悦酒店召开，除了赠送装有卡车司机帽[①]的礼品袋，这次会议具备与写字楼经纪人和保险承包商们所出席的酒店会议相同的所有外在特征（带有挂绳的姓名牌、咖啡和自助糕点）。索尼娅是会议的第一位主题发言人，那天早上在宴会厅中介绍她出场时，她穿着矫形靴从桌子边蹒跚着走到讲台上。几周前，她成为《旧金山纪事报》一篇重要新闻报道的主题人物，这篇报道让她非常兴奋，以至于兴高采烈地跳起来，落地时摔断了脚。索尼娅屡屡向媒体提及，她在看到那些手持标语的房屋建造反对人士之后才成了激进主义者，并认为"我也可以做标语"，她在博尔德会议上的发言保持了相同的情绪。

"对你的年轻组织的健康而言，最大的危险在于你会对其失去兴趣，"她说，"所以为你的组织做出决定吧——无论是为它取个什么样的名字，还是会议的地点和时间、优先事项，以及让你保持兴趣的活动。如果不那样做就不能让你保持兴趣的话，就不用担心怎样才能看起来合法或正式。你独特的社团会吸引那些对你感兴趣的事情同样有兴趣的人，这会让你的社团为你带来更多乐趣，并且，这通常对每个人来说都是大有裨益的社交体验。这就是我们正在做的事情，我们正在建设一个社

---

① 一种棒球帽。

交世界。"

会议期间，白天很专业，到处是"建立一个进步的城市主义者联盟""数据驱动的迎臂主义"和"独户住宅区划的神圣性之改革"之类主题的分场会议。晚上则很花哨，到处是啤酒和兴奋的几十个人，他们原本认为自己是世界上唯一在思考某事的人，现在找到了同仁，正在与志同道合的人一起参加全国会议。某天傍晚，在一个尘土飞扬的啤酒花园举行的会议后的聚会中，参与者被邀请走到麦克风前用不超过三分钟的时间回答"为什么我是迎臂者？"的问题。第一位唱了一首歌。不一会儿就有了俳句。"都市主义。""气候。""自行车道。"一个人站起来说，有一次他在超市无意中听到有人问"迎臂者"是什么意思，他就自告奋勇解释了这个首字母缩写词及其更宏大的含义（"这是我们共同的后院"），讲完之后，超市偶遇的陌生人拥抱了他，所以，是的，这就是他成为"迎臂者"的原因。还有人说因为停车很重要，所以他们就成了"迎臂者"。诸如此类。

随着会议持续到周末，大家开始就如何建立某种共同标准和原则进行细致的讨论。大多数与会者自认为是自由派，但迎臂运动也开始吸引一批反监管的保守派。在一次分组会议上，一位陷入困境的左翼分子说，他不想与接纳"自由主义傻帽"的运动联系在一起。还有，该拿开发商怎么办？迎臂运动的总体目标是增加住房数量和加快建设速度，这无疑意味着让建筑商的生意做得更轻松。如何既做到这一点，又不会让该运动变成一连串的骗局？

会议中也有许多关于发声的讨论：如何在推特上发言，如何与媒体交谈,如何与邻避运动的支持者交谈,如何与保存主义者交谈,如何与对你谈论的一切住房政治感到恼火的配偶交谈。西雅图的城市智囊团视角线学会(Sightline Institute)要是最终设立一个研究"迎臂组织"消息传递方式的焦点小组,那么他们将会发现,"住宅"的测试结果比"开发"更好,而且应避免使用"密度",转而使用"宜步行和便利"。虽然并没有人真的就此开展过测试,但是,似乎只要传递信息的人听起来不像是一个傲慢的混蛋,反对者们应该就会更容易接受。会议的第二位主题发言人,一位名叫萨拉·麦克萨娜(Sara Maxana)的西雅图规划师,也传达了这种情绪。她在演讲开始时把一名志愿者请到舞台上,并与志愿者在供需问题上进行辩论,最后她称志愿者道德低劣,是个白痴。"我们知道有些事情根本行不通,"她在表演结束后对着人群说,"我们知道滔滔不绝地罗列证据和数据,那行不通。企图激发出他们的羞耻感也行不通。"

此次会议最大的问题可能在于,为什么参会的大多数人,以及迎臂运动中的大多数人都是白人。不同的背景,不同的收入,不同的性别、身份和性取向:身份和观点多样且具有代表性,可是大多数观点都来自受过良好教育的白人。这是有着自我意识的那类白人,是那些承认特权并在吃羽衣甘蓝墨西哥玉米卷时说"羽衣甘蓝墨西哥玉米卷太白人了"的白人,是那种不想被称为绅士或参加以白人为主的会议的白人。并不是说出席迎臂小镇会议的**全**是白人,而是当你出席一个具有城市意识的会议时,你必须说,"嗯,不是**清一色**的白人",然后你就去了。在名为"为什么迎臂运动有如此多白人?"的分组会议上,一小群人就如何与租户组织结成联盟进行了痛苦的探讨。租户组织非常不喜欢他们，认为新建住房将助长绅士化并导致低收入人群遭受驱逐，因而对此持反对态度。

房间里气氛紧张，人们希望住在宜人的城市社区中，同时也知道在目前的情况下，这样的渴望往往意味着其他人（通常是更穷的人和非白人）被迫离开。在都市主义的愉悦和诸如设计之类的高雅概念之下，人们意识到，如果不同时触及美国最深刻、最具有辐射性的问题，就无法撼动住房问题的根源。资本主义的本质，奴隶制和种族隔离的遗产，制度权力的大棒，移民、不平等、社区、机构，以及到底是在不完美的系统中努力作为还是砸碎这个系统。历史是由强者把较弱者从大地上消灭的情节所定义的，而城市现在正处于别无二致的永恒战争的中心。

一个人说，在会议之前，他发布了一篇关于飞往博尔德参加会议的脸书帖子，帖子内容人畜无害，却招来一个自称为激进分子的人评论说，迎臂运动是一种新自由主义运动，正在抹杀流离失所社区发出的声音。他很想回应，但却不知道如何回应。邻座的一位女士说，这些人承受了持续数十年的种族主义住房决策，不得不以某种方式与他们重建信任，但在如此多糟糕的政策都出了问题之后，怎么可能重建信任？另一位人士表示，他们的团队正在把房租控制作为平台的核心议题。迎臂团体普遍热衷于使可负担住房的建造变得更容易，这一点也得到了广泛认可。这难道不正是他们和其他团体可以共同努力的事情吗？最后，一位女士告诉在场的参会者，每个人都应该去低收入社区的团体聚会的地方，持续六个月定期去那里闲逛，但不要谈论任何具体事情。别人没跟你说话，你就不要和人家说话。不要谈论你的住房小团体。只是出现在那里，闭嘴，安静地坐着聆听半年。

第二二章

没有比不战而败更糟糕的战斗

位于东帕洛阿尔托（East Palo Alto）的这幢独立屋里住了十个人，两个家庭。伊斯梅尔·皮内达（Ismael Pineda）和他的两个兄弟睡在同一个房间里。他们的父母睡隔壁房间。房东和他的妻子女儿则睡在房子的另一侧。房东十几岁的儿子享受着独自睡客厅沙发的相对私密性。人们一大早就安静地离开了。他们很晚才安静地回家。每个人都彬彬有礼，房东告诉房客皮内达一家，他们应该在客厅里感受到如在家中的自在，可以常常坐在沙发上看电视，就像在自己家一样。这是一个很好的姿态，但皮内达一家从未真正接受过这个建议。上一任房东告诉他们，因为要装修，所以他们得离开，随后他们从红木城（Redwood City）的一所独立屋搬到了东帕洛阿尔托。这个拥挤的新住处是他们在短时间内能找到的最好的地方。他们相信这只是暂时的，除了睡觉之外不想在此处久留。

因此，伊斯梅尔和他的兄弟们，塞萨尔和赫苏斯，并没有回家去面对安然若素地坐在他人沙发上的怪异。三兄弟住在一起，一起工作，还因在健身房时的临时起意而一起去莎莎舞俱乐部。在结束一天漫长的施工劳作之后，兄弟们开始了即将在24小时健身中心度过的漫长夜晚，他们在那里举铁和洗浴。今天训练胸部，明天训练腿部，随后又是肱二头肌和肱三头肌、肩膀和背部。如此重复，日复一日。这种高强度的节奏，像他们的住房一样，只会是一种短期的安排。皮内达一家不会一直为东帕洛阿尔托一栋拥挤的独立屋里的两间卧室每月支付2400美元租金，就像这三兄弟也不会一直保持完美的锻炼习惯一样。这一切都只是一个不那么理想的旅途停留地，他们总能找到一个新住处，有自用的起居室，不必顾及一起居住的房东。

伊斯梅尔和他的家人是门卫、保姆、女佣、园林工人和建筑工人群体频繁不断的搬家潮流中的一员，他们奔波于硅谷越来越少的廉价住房之间，每一次搬家都得挤进更加狭窄的住处之内。他们沿着一条围绕圣马特奥县（San Mateo County）东部的锯齿状线行进，从红木城进入一个名为北费尔奥克斯（North Fair Oaks）的未建制地区，然后到达东帕洛阿尔托。这些都是被高速公路和火车轨道分割的工业社区，历史上由贫穷白人家庭和非裔美国人社区构成。由于红线指导方针——抵押贷款规则使得在单户独立屋构成的纯白人社区以外，几乎不能申请到住房贷款——非裔美国人社区已经被推挤到东帕洛阿尔托。

在1940年代，随着几个不太理想的地区变成了西班牙裔居民聚集区，供越来越多的墨西哥工人食宿和娱乐，情况逐渐开始发生变化。长期以来，圣何塞（San Jose）和周围的农工业城镇，也就是当今的硅谷地区，一直有大量墨西哥裔美国人在果园和铁路上工作。在第二次世界大战期间，墨西哥劳动力正式成为美国经济的延伸。1942年，美国和墨西哥达成了"墨西哥劳工临时工作计划"（bracero temporary work program，以西班

牙语单词 *brazo* 命名，意为"臂膀"），以填补战争期间的农业工作岗位。美国在墨西哥的贫穷农业州打招聘广告，如米却肯州、萨卡特卡斯州和哈利斯科州，这些州在1910年革命后因工业化而大为受损，开始被称为"输出州"。一些早期的墨西哥劳工在加利福尼亚州、得克萨斯州和亚利桑那州建成了永久性社区，但大多数人都会回墨西哥过冬。战后，已经对廉价劳动力食髓知味的美国农场主们游说成功，延长了这一墨西哥劳工计划。

在北费尔奥克斯，一个毗邻红木城的非建制县，这块土地如果不借助地图就无法分辨，其上建立了一个西裔聚集区，最早的居民是一群来自米却肯州阿吉利亚的农场工人。这些阿吉利亚人本来在向南一个小时路程的萨利纳斯从事短工，他们最终在冬天向北迁移，在当地杂货店工作。这一小群人主要是男性劳工，住在一组绿色租赁公寓楼内和周边地区。在遭受美国国内工人强烈反对之后，墨西哥劳工计划于1964年终结。但自此之后，企业更愿意赞助移民获取公民身份或私下向他们付钱。随着硅谷地区拉丁裔人口的激增，这里拥入更多妇女，随后又拥入更多儿童，北费尔奥克斯零售区出现了墨西哥玉米饼店和15岁女孩成人礼店，该地区因而赢得了"小阿圭利亚"和"小米却肯"的绰号。

到1970年代，当雅达利、苹果和甲骨文等公司在硅谷扎根时，许多最早的移民家庭逐步成为中产阶级，他们购买房屋，拥有企业，也送孩子去上大学。紧随其后的是一拨又一拨移民，他们在与科技资本相关且不断扩大的服务行业谋生。但随着房价飙升和经济愈发分层，移民的生活轨迹开始发生变化。在

1950 年代和 1960 年代，移民工赚到足够的钱并在北费尔奥克斯、东帕洛阿尔托或东圣何塞买独立屋的情况并不少见，但到了 1970 年代和 1980 年代，对于工人而言，这已成遥不可及的奢望。毕竟工资停滞不前，住房却变得更加昂贵。有些墨西哥房主把房子出售兑现，并用获取的收益在中央山谷或亚利桑那州或得克萨斯州购买更大的房子。但他们在此过程中牺牲了硅谷的好学校和更高的工资，而这些才是能够为他们的后代提供流动性的良好支撑。在 1980 年代墨西哥金融危机期间非法越境激增后，那些留下来的人面临移民的打击，这使得非法劳工更容易遭受剥削。与此同时，租金一直在上涨。

北费尔奥克斯和东帕洛阿尔托不幸沦为贫困地区，其功能是对富裕的邻近地区提供有效支持。这些地区吸纳了诸如帕洛阿尔托这样的地方作为廉价劳动力的来源以提供关键服务，又由于这些地方严格来说是独立的政府，富裕的城市不必为它们的学校或社会服务提供资助。财富的分配令人震惊。从位于"小米却肯州"中心的米德尔菲尔德路零售区向南行驶，你会经过一个云集了查韦斯超市、"墨西哥的记忆"商店和皮纳塔惊喜店的街区。就在街上，竖立着一个牌子，上面写着"阿瑟顿城边界"。经过边界之后，人行道消失不见，长长的围栏竖起，视线越过围栏，你可以看到击球笼和公园那么大的游乐场。在一个住有多位亿万富翁并且房屋价格中位数接近 700 万美元的城市中，这些都是必备的后院设施。

这就是北费尔奥克斯的地位：一个被忽视但也几乎不受干扰的地方，一个被硅谷包围的贫穷打工人的小村庄，距离不断扩张的谷歌和脸书总部仅几公里之遥。这是一个没人乐意去住的地方，除非他们别无选择。

克里斯蒂娜·赫尔茨利（Christina Heltsley）在 2016 年 7 月接到了白金汉公寓的电话。克里斯蒂娜是一名修女，经营着一家名为圣弗朗西斯中心（St. Francis Center）的天主教非营利组织，该中心位于北费尔奥克斯的中心，与铁路相距一个街区，其所在街道上的独立屋里都有大狗和钉了木板的窗户，后院则停放着被拆散且已褪色的汽车。电话响起时，她正坐在办公桌前，旁边是一个书柜，书柜上摆放着孩子们微笑的照片和一个刻有"和平"字眼的木雕。来电话的是洛杉矶私募股权公司——特赖恩房产（Trion Properties）的人。他说他的公司刚刚买下了她街对面的那栋楼——一幢有 48 套居住单元的租赁公寓大楼，名为白金汉公寓（Buckingham Apartments）。这是该居住区最大的建筑之一，是数十个拉丁裔低收入家庭的家园，这些家庭依赖于圣弗朗西斯中心的食品储藏室、衣物捐赠和移民咨询服务，他们把孩子送到毗邻的学校去读书。这个男人说，他听闻克里斯蒂娜修女对于这个社区具有影响力，所以他只想致电告知，他的公司已经买下了这栋楼，并希望成为一个好邻居。

克里斯蒂娜修女心里一沉。她知道这意味着什么，并且知道住在街对面的家庭都将从这个居住区消失。尽管如此，她还是问男人"好邻居"是什么意思。男人的回答含糊其辞。他们只是想成为好邻居。克里斯蒂娜修女对所谓"好邻居"的理解是，特赖恩的人打电话告诉她，他们已经买下了这栋楼。他们已经亲自告诉了她,而不是等她自己看到房客们收到避无可避的涨租和搬出通知之后怒气满满,然后才发现。这是在付出某种忠诚,想以此说服她祝福或至少原谅彼此心知肚明的即将发生的事情。当克里斯蒂娜修女发现特赖恩的执行合伙人的名字是马克斯·沙坎斯基(Max Sharkansky)时,最终将有一个绞刑架下的黑色幽默时刻。但除了些许有关鲨鱼(shark)的玩笑,这一段经历可谓糟糕至极。

在接下来的几个月里,她忙于筹集额外的捐款,并试图为流离失所的租户寻找房屋,每当她听到"不良资产"这个词时,都会气得火冒三丈。尽管如此,她从未指责特赖恩撒谎。毕竟,除了好邻居之外,该公司的计划向来直截了当。购买白金汉公寓后不久,特赖恩创建了一个在线演示文件,吹嘘其购买了"红木城绅士化住房市场的 48 套无房租控制的住房单元"。演示文稿列出了翻新和品牌重塑计划,并谈到了租金上涨可以带来 40% 的收益。里面有几页大号数字,旁边是不断增多的乘号和两位数的百分比,另外还包括对脸书等多家科技公司的写字楼扩张计划的总结,这些公司的总部距离圣弗朗西斯中心仅几公里。"脸书向居住在园区 16 公里范围内的单身员工提供 10000 美元,向已成家员工提供 15000 美元。"演示文稿中这样写道。

当然,住房问题并不是什么新鲜事。克里斯蒂娜修女一直从事与穷人相关的工作。穷人有金钱问题。她也非常熟悉购买和迁离的商业计划,并且早在特赖恩现身之前,她就知道这种现象正在逐步蔓延到她所在的居住区。尽管如此,失去一栋位于街对面、她透过办公室窗户就能看到的建筑,任由一群来自洛杉矶的投资者直接宣布打算让她一生致力于施以援手的人们从北费尔奥克斯消失，这是一种侮辱——她实在无法忍受。那年 10 月，克里斯蒂娜修女和白金汉公寓的租户以及 400 名愤怒的邻居在大楼前并沿着国王大道（El Camino Real）游行，举着写有"立即停止搬迁"和"特赖恩请不要驱逐我的家人"的标语牌，并高呼"这是我们的家。我们能够去哪里？"（Esta es nuestra casa. ¿A dónde vamos a ir?）他们制造了很大的声量并得到了许多媒体的关注，但输赢很明显。真正的问题在于，如何为应对即将接踵而至的更多特赖恩们做好准备，以及如何找到一种方法抢先一步采取行动。在这栋建筑被人买下后的几个月内，拉斐尔·阿文达诺（Rafael Avendaño）开始组建一支队伍，打算一试。

拉斐尔·阿文达诺非常热情，随时吹着口哨，是一家名为锡耶纳青年中心的体育馆的负责人，这家体育馆是圣弗朗西斯中心的一部分，距离白金汉公寓和克里斯蒂娜修女的办公室只有一个街区。这是一座多功能社区建筑，借助若干折叠椅和哨声提示，加以安排和重新布置，就可为室内足球比赛、邻里会议、青年团体、西班牙方丹戈舞和家庭作业课程提供场地。阿文达诺小时候从萨尔瓦多移民到旧金山，然后向南搬迁到半岛读高中。现在他是一位教师 / 导师 / 监护人，成人喊他拉法，孩子们称呼他拉斐尔教练。

在白金汉这场灾难事件之后，拉斐尔教练有了一个想法。当地移民组织者已经开始为人们提供培训，教他们如何使用智能手机让邻居们快速聚集起来并进行拍摄，如果移民及海关执法局（ICE）骚扰某人，就对其进行干预。他认为类似的做法可能同样适用于住房。他设想组建一个由青少年组成的民兵小队，用来组织租户并举行快闪抗议。那样的话，他们就不会像应对特赖恩事件时那样被动，就不至于仅限于在租户已经被迁离后才组织一次性的抗议活动。他们将拥有一个团队，随时准备好在每一个哄抬价格的房东提高租金后立即与他对峙。拉斐尔教练无法真正阻挡投资者的到来，但如果他们发出足够响亮的声音并得到足够多的关注，至少可以通过不断升级的政治压力让特赖恩这样的绅士化把戏变得更加不自在，来拖延租金上涨并提高把人们扫地出门所需付出的代价。

无论如何，他必须做点什么。毕竟他的孩子们将被从这个居住区赶走，搬到110多公里外的特雷西（Tracy）住更便宜的房子，又或者因为知道这样的事情随时会发生而时时如惊弓之鸟。拉斐尔教练召集锡耶纳中心的家长们开会，询问是否可以对他们的孩子开展激进主义训练（得到的答复是可以）。随后他开始与名为东帕洛阿尔托社区法律服务（CLSEPA）的非营利组织合作，这样这个快速响应的反驱逐青少年团队就也算是拥有了自己的辩护律师。他们为该组织取名"租金过高"（Rents Too High），其中一位领导者是15岁的斯蒂芬妮·古铁雷斯（Stephanie Gutierrez），她在附近的红杉高中读书，要沿着国王大道步行1公里多才能到锡耶纳中心，一路有旧货店、酒类商店和法拉利经销店。团队活动每周一次，时间定在星期二，斯蒂芬妮和团队其他领袖聚在一起给房东写信，并用木板、纸、记号笔和订书机组装抗议标语牌——"立即停止流离失所""倾听我们的哭诉,房租太高"。拉斐尔教练将标语牌堆放在健身房储物柜前的地板上。柜子里还有一个扩音器、一些充气玩具、棋盘游戏和一个堆放露营旅行所需睡袋的架子。至于实际的抗议活动,斯蒂芬妮会帮助年幼的孩子写演讲稿,并努力让他们在人群和新闻摄影机前振作起来。随着时间的推移,团队行动采取了实地考察旅行的方式:事先获得许可,结束后举办披萨派对。

周二晚上的会议也是一种情感释放渠道,孩子们会谈论看到如此多朋友离开并失去家园的无助感,而拉斐尔教练则坐在那里观察,安静地看着青少年们的同理心漫溢。流离失所是一种病毒,随着它的传播,孩子们都知道自己可能是下一个受害者。会议偶尔有特邀嘉宾,他们通常参会做一些事情,比如对当地立法机构的工作方式加以解释。也有一些时候,孩子们与来自该地区的成年人开展循环破冰活动,这样他们就有了很多可以与之交谈和合作的盟友。如果拉斐尔教练的确希望诸如斯蒂芬妮这样的孩子能够从中学到什么东西,那个至关重要的经验就是,通过"租金过高"努力达成的一切,其基础正是在于:告诉某些人。如果你听闻驱逐事件,告诉某些人。如果你自己的父母面临租金大幅上涨,告诉某些人。只要孩子们发声告诉某些人,拉斐尔教练就会立即取出标语牌和扩音器,还会有一名非营利律师撰写信函以备未来在法庭上使用。但他们必须快速完成一切。快速反应的原因在于,要避免特赖恩事件重演,避免一切已成定局、无可挽回之时才开始抗议。快速响应的抗议意味着快速的反应。所以,那天当斯蒂芬妮放学回家,发现她家房子的新房东在前门上贴了一个小信封的时候,她很清楚应该做什么。

斯蒂芬妮与离异的父母和小弟弟共同居住在一套两居室的租赁公寓里。她的父亲一天到晚在建筑工地做工。她的妈妈桑迪·埃尔南德斯则靠给人打扫房屋和照顾老人谋生,时薪大约14美元。桑迪一天的日程安排差不多是这样的:早上6:30出发去照顾老太太,然后开车半小时去米尔布雷打扫房屋,下午开车半小时回来照顾一对老夫妇直至傍晚,之后回家照顾孩子并做晚饭,饭后开车去一栋写字楼,人们下班后她负责打扫卫生,然后再开车回家,进家门时大约都到午夜时分了,睡一觉,第二天早上6:30再次离开。

那天下午斯蒂芬妮走进公寓后,她打电话给上班的妈妈,告诉她有东西送到了。桑迪说打开它。也许房东需要维修什么东西。

感谢您一直居住在霍普金斯大道1207号5单元。请知悉,鉴于当前的市场事件和条件,我们决定提高您所居住单元的实际租金。我们已经对本地区类似住房的租金进行过评估,并认为上调合情合理。

特此告知,从2018年2月1日起,您的月租金(在每个月的第一天或之前支付)将为2750美元,而不是当前的每月租金1898美元。

除另有规定外,您的所有其他租赁条款仍具有完全效力。

克雷(CREI)有限责任公司敬上

斯蒂芬妮又给桑迪打去电话。月租金很快就要上涨852美元。这个数字实在让人难以接受。按照时薪14美元计算，852美元意味着额外60小时的劳动，但再也无法挤出更多劳动时间了。他们所居住的租赁公寓楼，绿色外墙的涂料已经褪色，地毯破损，所使用的铰链也都生锈了，所谓的便利设施也只有一个杂乱的院子，停放着一辆锁在柱子上但已被拆解的自行车。这是位于红木城房价低廉片区的老建筑，与北费尔奥克斯接壤。房租算不上是可负担的——桑迪和她的前夫需要花一半以上的工资来支付房租。但是，如果租金比**现在**还高，他们还能去哪里居住？斯蒂芬妮挂了电话，哭了起来。她一直代表朋友们抗议的病毒现在正在向她袭来。那是一场隐秘的痛哭，她从来没有告诉过妈妈自己流眼泪的事情。相反，她告诉妈妈不要担心，并开始给锡耶纳中心的成人们发送信息。对于一个接受过培训的青少年来说，45%的租金上涨是一件残酷的事情，但她至少知道该做什么。

斯蒂芬妮开始在放学后敲邻居的门，问他们是否想组织起来向房东提出质疑。没有回应的邻居收到了西班牙语和英语的信件。有些邻居几天后就消失了，他们看到了新的房租金额，选择直接离开。但有一小部分人表示想听听她的意见，在敲门的过程中，斯蒂芬妮发现附近的一栋楼也被同一位业主买下了，那里的租户也收到了租金上涨的通知。他们中的一些人也想对此提出质疑。他们在桑迪和斯蒂芬妮家的客厅短暂会面后，来自两栋楼的十几个租户决定跟随斯蒂芬妮的脚步组织起来。"没有比不战而败更糟糕的战斗。"（*No hay peor lucha que la que no se hace.*）有人说。

在圣诞节前几周锡耶纳中心举行的晚间会议上，该组织正式组建了租户联盟。像桑迪这样的成年租户上楼咨询为CLSEPA工作的律师丹尼尔·萨弗（Daniel Saver）。萨弗是哈佛法学院的毕业生，长期参与战争抗议和人权活动。在完成法学院的学习并当了一阵子享有声望的文员后，他在一家与法律相关的非营利组织中找到了一份年薪46000美元的工作，这家非营利组织的办公室位于一个垃圾场旁边。在加入CLSEPA之前，他从未研究过住房问题，甚至并不对其特别感兴趣，但他告诉人们他想成为一名非营利律师，愿意去做社区需要他做的任何事情，所以现在他在这里，帮助社区居民共同应对租金问题。

当丹尼尔在楼上讨论法律问题时，拉斐尔教练和他的妻子安娜·阿文达诺正坐在楼下体育馆的地板上与十几个孩子谈论人权。斯蒂芬妮先读了一首关于流离失所的诗，以此拉开了谈话的序幕，随后拉斐尔教练向小组解释说，这是行动中的快速响应。

"你们对这有什么感觉？"他问道。

"我感到很难过，因为房东要把他们赶出去。"一个姑娘说。

另一个女孩先后用英语和西班牙语回答说，房租从2250美元提高到3000美元后，她的家人不得不离开原先租的公寓。即便是孩子们，都记住了租金的数额。

安娜插入了一段关于北费尔奥克斯社区的短视频：为何它被称为"小米却肯"，扫地出门是如何蔓延开来的，此外还有拉斐尔教练指导斯蒂芬妮等人开展抗议活动的照片。当视频结束，健身房的灯重新亮起时，安娜分发了一叠口袋大小的蓝皮手册，上面写着"世界人权宣言"。她请人自告奋勇读一读第 16 页的第 25 条。一个小女孩举手并开始朗读。

"每个人都有权利获得……足以维持他本人及其家人的健康和福祉的生活水平，包括食物、衣服、住房和医疗保健以及必要的社会……服务……以及在下列情况下获得安全感的权利：失、失……业？"

"呃……"

"……患病、残……疾？"

"呃……"

"鳏、鳏寡孤独？"

"呃……"

"年老体衰或……因其他原因丧失生、生计……的……情……"

"情况。"

"情况……超出、其、可控范围。"小姑娘念完了。

"这一条写了好多字。"安娜说。

她继续说："你们从里面学到了些什么呢？"

一个女孩说："健康需要的东西？"

"哦，是的，健康需要的东西，"安娜说，"还有别的吗？"

"每个人都有权利。"另一个女孩说。

"每个人都有权利，是的。"

团队花了一点时间把这翻译成西班牙语。

"每个人都有安居的权利,"安娜随后继续说道,"我们所做的事情,你们所做的事情,你们正在争取的,是一个人权问题。"

安娜找到另一人自告奋勇朗读第 17 页的第 27 条。

"每个人都有权利自由参与社区的文化生活,享受艺术和分享科学……进步,以及其益处。"另一个女孩读道。

"嗯嗯。读到这里的时候,大家听到了什么?"

"比方说,每个人都有,都有,比方说,参与的权利。"一个女孩回答道。

"当你想到北费尔奥克斯——'小米却肯''小阿圭利亚',或者无论你想怎么称呼它的时候,这里的文化生活是什么样的?你可以参加哪些活动?有没有你知道的活动?"安娜问。

孩子们谈论起朋友的生日和上周的瓜达卢佩圣母庆祝活动。

"如果我因为再也负担不起住在这里,不在这里生活了,不得不去特雷西住,那么我就没有机会参加了,"安娜说,"这就是为什么我觉得我们了解第 27 条也很重要,因为这也是我们正在争取的目标。我们正在争取安居,我们正在争取让人们留在这里并成为这个社区的一部分。"

在桑迪等租户结束讨论下楼之后,丹尼尔解释说,人们决定请他给房东写一封信。这差不多是租户们仅有的手段。该地区并没有租金控制或任何重要的租户保护措施。这只是一封简单且措辞礼貌的信,律师与租户共同署名。信中写道,租金上涨是不公平的,租户们善良且忠诚,他们想留在自己的家中,却无力承担月租金上涨 852 美元,所以他们通过律师致函,看

第三章　没有比不战而败更糟糕的战斗

看是否能通过自己的努力争取降低租金。信中未提及的是，如果房东不与他们合作，他们就会摆放一排足以塞满整个柜子的标语牌和扩音器，并在相距3米远的地方抗议。尽管如此，全体达成共识，现在没有理由让事态升级。如果你不去问一问，你永远都不会知道。也许房东会很快作出回应，作出大幅让步。也许。

斯蒂芬妮穿着白色帽衫来到抗议现场。当傍晚的凉爽转成深夜的寒冷，她将兜帽拉过头顶，紧紧地捂住脸。距离她家收到克雷有限责任公司的信已经六周了。再过两周，房租上涨，她的家人要么自己搬出去，要么被扫地出门。在锡耶纳，她成了组织中的大忙人，制作标语牌并追着孩子们索取许可单，打电话给附近的青年团体以壮大他们的抗议队伍。在家里，她一直使用手机工作直到深夜。桑迪心中骄傲和担忧情绪杂糅。正是她十几岁的女儿在处理本应由成年人承担的任务，带领一群成年房客对抗掌握一切权力的房东。所有这些人都仰头看着她说："啊，我的女孩儿，非常感谢。"但也正是她十几岁的女儿承担着成年人程度的压力，并把大部分课余时间都用在了防止家人无家可归的抗争之上。

斯蒂芬妮在抗议的前一天晚上几乎没睡，她一直在想拉斐尔教练把扩音器递给她的那个无法退缩的时刻，那时她要对满怀希望的一大群人说些什么。让她坚持这么久的，并不是公开演讲那样如同蝴蝶飞舞的短暂一刻。让她坚持这么久的，是一种感觉，她感觉自己所承担的一切工作，以某种方式变成了对邻居、对家人和对她自己的承诺，她感觉自己能够以某种方式解决这个问题。然而，如果她做不到又将如何？硅谷遍地都是无家可归者营地，在街巷和大型停车场中停满了旅行房车。显然，最糟糕的事情已经发生。

至少，这群人并没有让人失望。大约有上百人现身抗议现场，当他们挤在房东办公室前狭窄的人行道上时，人群随着集聚释放的能量而群情激愤。过路的汽车按喇叭鸣笛，人群以鸣呼声回敬，其他租赁公寓的邻居也纷纷过来围观并加入他们的声讨。在租户收到租金上涨通知后的几周内，有人发现克雷有限责任公司背后有一位名叫杰斯希尔·洛夫（Jesshill Love）的房东，这个发现就体现在了一堆带着"Love"双关语的抗议标语上[①]（比如"这里根本没有'LOVE'"）。并非每个人都抽空搞出了原创作品。没关系，因为拉斐尔教练已经用小货车运来了一箱子写有"立即停止流离失所"的标语牌。这里的噪音吵醒了无家可归的两口子，他们从停在街对面的露营车中出来，围观了一下抗议活动，然后夜晚就到高速公路入口处徘徊乞讨去了。

媒体也很给力。现场有许多记着笔记的报纸记者，还有肩膀上扛着摄像机的电视台工作人员，人群被灯照得通亮。一些政客也出现了，虽然他们的话并不一定鼓舞人心，但至少他们出现在现场了。红木城市长伊恩·贝恩（Ian Bain）告诉人群，他会给房东打电话和写信，市政厅也正在研究新的租户保护措施。当有人盘问他租金管制的问题时，他说他不打算就租金管制展开辩论。"我们的孩子，你们的孩子，本来都不必这样做，"

[①] 既指房东洛夫，又指人与人之间的关爱。

一位名叫珍妮特·博根斯（Janet Borgens）的市议员说，"我不知道如何解决这个问题……我不能做出无法兑现的承诺。我不会那样对待你们。我不会站在你们面前对你们撒谎。但我要告诉你们，我为你们所有人心碎。"

珍妮特·博根斯完成发言之后，斯蒂芬妮终于有机会开始她在扩音器前的表演。拉斐尔教练将她描述为一位他有幸结识的领导者，并且对她未来的伟大成就充满期待。

"这太难了。"斯蒂芬妮这样开头。

"大声点儿！"人群叫喊着。

斯蒂芬妮就把扩音器拉近贴到自己脸上。

"这个，就是说，对我们所有人来说都是压力，"她继续说道，"嗯，因为，我确实在想我们能去哪里，我们俩的未来将变成什么样，不仅是我自己，还包括我的小弟弟。嗯。经历了这么多事，我受益匪浅。我们应该珍惜我们拥有的，而不是贪念事物的来来去去。我感谢大家来到这里，因为这确实意义重大。在一天就要结束的时候，我们在这里互相支持。"

杰斯希尔·洛夫和大楼的任何其他房东都没有在现场，他们没有听到斯蒂芬妮讲述他们驱赶她的家人所带来的压力。他们早就回家了。之前曾讨论过中午举行抗议活动的可能性，如果中午抗议，就可保证房东在场并最大程度地体验到不自在。然而，真正的目的在于确保最大的到场人数。如果要求打工人牺牲已经过低的薪水，在一个星期二的中午 12 点 30 分来抗议租金成本，就不能保证有最多的打工人到场。尽管如此，他们发出了很大的声音，并获得了很多报道。杰斯希尔·洛夫会知道在他办公室前的人行道上发生了什么的（如果他还不知道的话）。可以肯定的是，一位女士向人群呼喊了管理公司的办公电话号码，两次。离开前，一群孩子在窗户上贴上了手写的便条，其中一张写着"杰斯希尔·洛夫也有一颗心"。

杰斯希尔·洛夫自 1989 年开始在湾区放租，当时他 19 岁，用多年暑期工的积蓄支付了位于帕洛阿尔托的一套价格为 89000 美元的产权公寓的首付。他去康涅狄格州上大学期间，把公寓出租给了租客，并用接下来的暑期工作收入来支付他的抵押贷款和公寓维修账单。洛夫毕业后又去读了法学院，当了 20 年的律师，同时一直在忙于经营他的房地产——物业的买入和卖出，他利用晚间时间进行维修，并将现金流投入新房的购买。最后，到了五十多岁，他退出了律师事务所，成为一名全职投资人。

洛夫喜欢房地产，因为他擅长于此。他能够亲自动手去做一些最基本的事情，比如铺贴瓷砖、焊接铜管、安装热水器和修理橱柜。他也可以做一些很狡猾的事情，比如通过房地产销售找到场外交易。他还可以做一些很聪明的事情，比如细察几乎无利可图的出租楼的详细电子表格，然后发现在换上新水表、节能灯泡和更昂贵的洗衣机后将随之带来利润增长。房地产行业充斥着愚蠢和缺乏经验的人，他们为楼宇支付了太多费用，自己不会更换马桶冲水器，就把这些全部交给了物业经理，而后者会将其统统拆除撤换。洛夫因知道自己绝对不是他们中的一员而感到安心。

他并非天真到毫不知晓租金上涨对家庭的影响有多大，但他将市场视为一种现实，并以律师的方式将什么合法什么不合法加以理智化。房租上涨,这是事实。当房东是合法的,这也是事实。任何不接受这些事实的人都活在现实之外,他们知道或应该知道市场很快就会找上门来。当杰斯希尔·洛夫琢磨谁应该为自己办公室门口的抗议负责时,他归咎的人是前任房东,因为前房东没有将租金提高到市场水平。

但洛夫此前从未遭到过抗议,他不喜欢在示威后的第二天走进办公室,发现桌子上放着一堆孩子们的手写字条的感觉。其中一张写着"杰斯希尔·洛夫也有一颗心"。他把这张字条放在沙发上,整天看着它,思考这张字条对他说了什么。那天晚上八点,他打电话给丹尼尔·萨弗,向租户作出一些让步。萨弗不在,所以洛夫留了一通冗长而漫无边际的语音邮件,讲述他是如何带着"有一颗心"的字条度过这一天的。并说他正考虑在卡片上写下他的让步方案建议,拍下照片并发给丹尼尔,这样的话,无论留字条的孩子是谁,丹尼尔都可以转告他们,他改变主意了。然而,洛夫的改变主意并没有让租户感觉好多少,因为他随后作出的让步也仅仅是允许他们在公寓里逗留略久,租金略低而已。

租户们接下来的会议在锡耶纳中心楼上的一个房间里举行,底楼的篮球场已经被一个尊巴舞学习班占用,只能在楼上开会了。会议以慷慨地分发食物开始。这些食物由一家非营利组织提供,该组织将硅谷大量未被吃掉的办公室自助餐分发给其他非营利组织和社区组织。这样,当人们走进房间谈论自己将如何被房东以邻近科技行业作为提高租金的部分理由扫地出门时,迎接他们的却是一道芥末土豆和一份樱桃番茄藜麦沙拉，这恰恰是一些风险投资家或软件工程师的残羹剩饭。

斯蒂芬妮很早就到了，她要安排会场。她站在椅子上，将包肉用的厚纸贴在墙上，用来在集体思考时记录一步一步的行动。人们心情低沉且疲倦。情况开始恶化，即便能稍有推迟，房租也会很快上涨，接着就会有越来越多的人搬出去。这群人围成一个圆圈席地而坐，用西班牙语表达着气愤和同情。二十年前，当锡耶纳中心开业时，该社区的主要问题在于此地是北方人（Norteños）帮派和南方人（Sureños）帮派之间的地盘争夺战的地点。后来该中心就成了一个灯火通明的地方，那些父母需要同时打两三份工的孩子可以在这里玩耍和做功课，周围是可以照护他们的成年人和令人振奋的足球壁画，这样就对抗了帮派的影响。最初，黑帮成员也在锡耶纳中心隆重的开幕式上现身，在窗边的人行道上用螺丝刀刺伤一名男子，以此来表示抗议。但暴力已经消退，锡耶纳中心现在已成为社区基石，窗外的人行道是安全的（甚至比其他地方更安全）。此时此刻，某个房东竟然强迫人们离开这样的家园，这似乎是不公平的。

"你们觉得这次抗议达到了想要达到的目的吗？"桑迪用西班牙语问道。

"我不知道有没有达到我们想要的目标，但我看到好歹有市长和一个市议员在现场，所以说变化正在发生。"拉斐尔教练说。

"那天晚上市长给我写了邮件，"丹尼尔说，"我很晚到家时，看到他写了邮件跟我说，'你知道，我是市长，我会争取把一些事情列入议程,我们也正在开展调查'。他问我关于租金管制的事情,因为他认为这行不通。"

"他住在哪里?"(¿Dónde Vive?)一位租客笑着说。

"明天我们将有14个年轻人给市长写电子邮件。"拉斐尔教练说。

"我已经打两份工了,他们想要什么,让我再打一份工,不睡觉吗?"桑迪问道,"我的脑子里有时会冒出孩子的哭喊:'妈妈,不要去上班。'现在他要我打三份工?那我们还有时间睡觉吗?他就是想要我们打三份工,不睡觉,不然他们要怎样呢?"

"还有对社区的更大的影响,"另一位租户说,"孩子们很难过,他们的朋友不得不离开,他们正在失去他们的朋友,他们在学校最好的朋友。社区也将随着这些做法而改变。"

尽管如此,杰斯希尔·洛夫已经作出了他的让步,这可能是人们能得到的最好的让步。自尊心并不能阻止人们接受这个条件,即使他们认为这不公平。

大约一周后,租户们聚集在桑迪的公寓里,按照洛夫的条件签署了合同。无论开心还是不开心,聚会就要有聚会的样子,所以桑迪准备了几碗薯条、生菜丝、莎莎酱和科蒂亚奶酪,旁边放了一大堆墨西哥玉米脆饼。客厅的墙壁上依然挂着装饰画。斯蒂芬妮的房间里依然放着一排泰迪熊,放在她绿松石色的床上,床边是她绿松石色的书桌,床的上方是她的15岁成人礼照片,照片上她穿着绿松石色连衣裙微笑。然而,变化已经开始,很快就将真正到来。斯蒂芬妮已经打包了一些衣服,桑迪有一堆尚未展开的箱子,这是她从最近离开的邻居那里得到的,邻居并不想费力投入到这场战斗之中。她儿子的房间仍然井井有条，墙上贴着突袭者队①的海报。孩子太小了，无法完全理解发生了什么，就在大家谈论他们即将签订的合同的同时，他在房间里全身心扑在游戏《侠盗猎车手》上。

桑迪的床在客厅里——她自己睡客厅，这样她的孩子们就可以拥有自己的房间——丹尼尔·萨弗坐在床边，正在查看那些法律术语。协议共有 4 页，要点是月租金仍将上涨 852 美元，但将在 5 月份开始上调价格，而非原计划的 2 月。如果租户立即搬走，他们将获得 1500 美元的搬家费用，如果他们在 4 月底之前离开，他们将获得 1000 美元。当丹尼尔解释说洛夫认为更高的租金是公平的，并且他实际上是个好人，因为他本可以将租金提得更高时，这群人报之以嘲笑。然而，从经济角度讲，这差不多是正确的。会议上斯蒂芬妮会不时地分心，用手机浏览租赁公寓列表，她找到的该地区其他两居室公寓的租金大概在 2500 美元到 2700 美元之间。

丹尼尔履行了他的律师义务，在这群人持续一个小时不间断的西班牙语讨论中，他读完了协议的每一行，之后以疲惫的"呼"声结束，接着发表了一通鼓舞人心的讲话。

"首先，你们是几天前从杰斯那里听到了那个消息，对吧？"（¿Primero ustedes la otra vez escucharon este mensaje de Jess, cierto?）他开始说，"你们看到了他怎样做出反应，确切地说，

---

① 指拉斯维加斯突袭者队（Las Vegas Raiders），是一家主场在拉斯维加斯的美式足球队。

他对抗议的反应。在某种程度上，你们……似乎不是你们打动了他的心，而是你们影响了他。你们所做的是抗议。我不能说他对我们非常真诚，但他必须改变他想做的事情，因为你们创造了力量，把你们发出的声音向前推动，并迫使他改变。我们开始这样做之前，所有权力都掌握在他的手中，对吗？你们还记得收到通知时的感受吗？这对你们产生了什么影响？"

"出乎意料，大吃一惊。"桑迪说。

"没错，甚至可以说是绝望，"丹尼尔说，"那个时候，他掌控所有权力，而你们手中一无所有。但现在你们手中的权力在增长，达到了影响他的程度，你们自己改变了自己的处境。这是一场胜利。其次，嗯，抗议非常有影响力。红木城市长也来到了现场。你们呼吁公众关注这个问题，并不仅仅是为了你们自己的利益，也是为了整个地区所有人的利益。"

"现在我们就知道了，如果明天或将来打算举行抗议活动的话，我们可以更好地组织起来，因为拉斐尔有这么多人。"另一位租客说。

"你们已经开始了这样的过程，让那些拥有权力的人，包括房东和政府成员们负起责任来，"丹尼尔说，"大家必须保持警惕，因为一旦他们发现没有人在盯着他们，就会继续做同样的事情。"

他补充说："这是一场漫长的战斗，但没有比不战而败更糟糕的战斗。"（*Es una lucha larga, pero la peor lucha es la que no se hace.*）

这是一场漫长的战斗，但没有比不战而败更糟糕的战斗。

皮内达一家放弃了寻找一套单户独立屋的计划，就像他们在老房东告知将翻修住房所以请他们搬走之前住的房子那样。但他们并没有放弃离开东帕洛阿尔托这个人满为患的地方的打算。租金就是这样，发挥作用的唯一方式就是迫使人们，要么向东搬迁两个小时路程的距离并开启僵尸般的超级通勤生活，要么选择减小居住面积住进租赁公寓。因此，当他们听说红木城的一栋绿色小楼刚刚被新业主购下并以每月 2750 美元的价格出租两居室公寓且有空房时，他们就提交了申请，并得到了一套。房租比他们之前计划支付的多 350 美元，三兄弟还是得挤在一间卧室里睡觉。但那仍然是他们自己的空间。为了重新获得独户家庭的隐私，多付些租金是值得的。

　　在丹尼尔·萨弗坐在客厅里桑迪的床边解释洛夫的合约的五个星期之后，皮内达一家搬进了新腾出的这套公寓中。客厅是新粉刷过的。墙上安装了一个宽屏电视，旁边放置了立式扬声器和视听设备架。桑迪的结婚照被替换为瓜达卢佩圣母的图像。桑迪的儿子曾经玩《侠盗猎车手》游戏的房间被紧抵着窗户的双层床遮住了光线，床还紧贴着一张特大号床垫，以至于房间中只留出一窄条地板供走动。突袭者队的海报不见了，一个十字架取而代之。上铺上方的天花板上悬挂着一张捕梦网①。

　　经济学家几乎一致认为湾区存在住房短缺问题，他们是对的。但是，当租户出现在会议上诉说精致昂贵的新房子对他们

---

① 捕梦网（dream catcher）又译梦罟，是北美原住民奥吉布瓦族的一种手工艺品，有祈求平安、祛除噩梦的寓意。

没有任何帮助，人们必须得关注可负担住房——也就是那些普普通通、无财政补贴的可负担住房——更严重的短缺时，他们也是对的。在过去三十年可负担性稳步下降的过程中，湾区乃至全美的房地产市场似乎形成了两条分叉线，其中需要支付一半以上收入作为租金的房屋的供应量增加，而可负担的租赁公寓的供应量却越来越少了。

一些住房实际上已经因为老化或拆除而失去。而其他许多住房则属于比喻意义上的"失去"，是因为租金上涨导致无力负担而失去。将上述种种力量加和，美国最大的都市区现在每100个极低收入租房家庭只对应着大约37套可负担住房和租赁公寓的供应。有时候，上述情况造成的结果是，住区被雅皮士和咖啡馆取而代之，亦即经典版本的"绅士化"。然而，通常情况下其导致的后果并不那么像"绅士化"，而更像是一种拥挤的状态，在这种状态下，租赁公寓狭窄拥挤是常态，而打工阶层租户则在彼此竞争中抬价。

在杰斯希尔·洛夫买下桑迪租住的公寓前的几个月，加州大学伯克利分校的研究人员发表了一项关于圣马刁县（San Mateo County）100个低收入租户的研究，这些租户被迫离开其原本居住的独立屋和租赁公寓。研究发现，这些被迫离开原住所的租户，大约五分之二居住在距其旧住所8公里范围内，三分之二居住在圣马刁县范围内。在这项研究中，租户如果住在离他们被赶出的地方不到2公里的范围内，则每间卧室平均要住3个人。如果在离开该州、搬到特雷西或挤着住之间做选择，大多数人会选择挤着住。

在距离从前住的旧租赁公寓楼不到 1 公里的地方，桑迪和她的孩子们正把自己的东西搬进红木城市中心的一套一居室里。桑迪仍然睡在离厨房几米远的客厅里，但因为新客厅更小，她用一个搭在床脚的双人沙发取代了之前使用的大沙发。她的前夫则睡在一个充气床垫上，他每晚给它充气，然后放在桑迪的床和墙壁之间的一块木板上。和往常一样，家中的孩子们得到优先考虑，卧室按照性别划分整齐：左侧是属于斯蒂芬妮的，有一块粉红色的帆布，上面写着"要快乐，要开朗"；右侧则有一张突袭者队的海报。

对斯蒂芬妮来说，艰难之处在于，一路行来她曾经在某些时刻让自己心怀希望。几个星期以来，她一直都很忙，做标语牌、打电话给盟友以及为抗议做各种准备。在拉斐尔教练的鼓励和这么多朋友和陌生人的支持下，她心中有尽到责任和义务的冲动，以及暖心的安慰。她并不认为这样做能够让房租保持不变，但抗议活动的能量太大了——红木城的市长都来了！——她开始相信她的家人和邻居们至少会得到一个允许他们全部或大部分留下的让步。然而一切成空，几乎所有人都离开了。

就在他们搬离之前，斯蒂芬妮开始崩溃。时时有恐慌袭来，她想一个人待在自己的房间里，但房间也让她心跳加快，呼吸急促，所以她去圣何塞的哥哥家住了一个星期，暂时远离这一切。她最后一次回到租赁公寓时，几乎没有和任何人说话，拖走了带着塔吉特（Target）商标的袋子和纸板箱里剩下的东西。搬家期间桑迪也得出门工作，所以就由斯蒂芬妮摇摇晃晃地把家里的大部分家具从皮卡车的车厢里拖到二楼的阳台上。在他们的东西搬进来之后,新的一居室租赁公寓里堆满了成箱的衣服和装满小玩意的购物袋,她也就接受了战斗失败的事实。一个月以来,斯蒂芬妮几乎没怎么吃东西,也没有去上学。她也决定一段时间不去锡耶纳中心,就待在家里,她大部分时间只是在睡觉。下一次抗议活动将由另一栋楼里的另一名少年来组织。

看到自己的女儿崩溃,桑迪几乎也要崩溃了。她也知道他们是幸运的。只有少数从该单元楼搬出的家庭得以留在靠近孩子们学校的红木城居住。他们取得了资格,得到了与圣弗朗西斯中心相关联的补贴公寓,每月费用为1425美元,比之前支付的房租还要少,这似乎是上天的干预。对于4个人住来说,这套租赁公寓太小了,但配备有一个不错的厨房,而且离桑迪做保洁工作的山上的大独立屋很近。斯蒂芬妮没有抱怨。经历了这一切,她已经长大了,现在她也知道他们是幸运的。当斯蒂芬妮的弟弟问为什么他们要住在这么小的房子里时,桑迪的态度是客观的:"我们是富人,因为我们还有地方住。"

第四章

压制计划

住房如何从中产阶级富裕的象征转变成为不平等的引擎？为什么1950年代所促成的以联邦补贴和无穷无尽的高速公路为基础、在离散的社区中纳入廉价郊区住房的决定，就已经埋下了自我毁灭的种子？善意的重建议程如何变成了清除黑人社区的种族主义计划？为什么推动加州成为全美最昂贵州的1970年代经济增长反弹，并非老谋深算的阴谋，而是精心策划的计划？在你理解这一切之前，你必须得先回到1945年9月2日，也就是二战结束的那一天。当时的美国，刚刚经历了持续十五年的萧条、战争和物资配给，面临比眼下更为严重的住房短缺。

房屋建筑商在大萧条期间基本都停止了建设，在战争期间，他们的主要增长领域是加州等地防御中心的临时性住房。不同的家庭挤在一起住。人们甚至住在种植温室和鸡舍里。残旧的有轨电车被作为住房出售。奥马哈市有人发布了一个大冰箱的广告，并指出人可以睡在里面。纽约的一对新婚夫妇在百货公司的橱窗里住了两天，借此将他们正在找租赁公寓广而告之。宿舍、轮班睡眠、改建的车库、露营者的街道、住人的汽车：住房短缺的所有标志都在此处呈现。先是告别战争的婴儿潮，继之以欢迎重返和平的婴儿潮，婴儿数量的激增给住房短缺状态火上浇油。

1947 年，也就是战争结束两年后，被大家称为帕特的旧金山地区检察官埃德蒙·G. 布朗（Edmund G. Brown）受委托撰写了一份关于该市居住状况的报告。该报告提及市场街南区出租屋中的老鼠，以及唐人街家庭挤在"黑暗格子间"中的景象。在附近的北滩，一个病恹恹的七口之家住在潮湿拥挤的租赁公寓里，里面搭接的电线看上去注定将成为未来悲剧性火灾的根源。住房问题通常并不属于地方检察官的分内之事，但帕特·布朗对旧金山人在这般条件中居住，而贫民窟的房东却从中获利颇丰感到愤怒。他安排工作人员开展调查，背后的逻辑是"住房条件差等同于犯罪率高"。

当旧金山还是一个共和党城镇时，布朗就已经是一名共和党人了。但面对如此多的苦难，右翼依然坚守自由市场原则，这让他心灰意冷，所以他在大萧条期间改变了自己的党派。布朗认为，当私人市场无法提供帮助时，政府有责任为人们提供帮助。在完成旧金山住房研究后不久，他长途跋涉到位于萨克拉门托（Sacramento）的州议会大厦，敦促立法机构投票支持一项新的公共住房法案，从而对联邦公共住房计划提供补充。公共住房计划资金已经用光，并且已经为重新授权等待了两年。

加州的共和党立法机关投了反对票，在听证会上，立法者直言不讳，对使用公共资金解决旧金山住房问题的想法表示不屑。布朗将失败归咎于与政治产生瓜葛的房东，第二天他给自己曾经在其面前作证的立法委员会主席写了一封愤怒的信件，信中称听证会是"可耻的"，并指出如果他们自己所在地区也如旧金山一般拥挤，农村地区的州参议员可能就会对财政紧缩持有不同看法了。随后，他继续大声呼吁州政府和联邦政府资助新建住房以帮助缓解短缺，并扩大向那些无力负担的人提供住房补贴的范围。"我们不允许出售劣质和存在缺陷的肉类，因为我们知道这对社区是危险的，"布朗在给《旧金山呐喊通讯》（*San Francisco Call Bulletin*）编辑的一封信中写道，"住房也是如此。贫民窟对社区的健康有害，必须消除。达到这一目的唯一可能的途径是政府的援助和协助。"

另一个工具是重建，或称"贫民窟清理"。在全美范围内，不断恶化的城市住房条件促使一些州成立了新的重建机构，这些机构可以动用征用权与私人开发商合作拆除和重建旧社区。加州追随纽约州，于1945年订立了州重建计划，四年后国会通过了《1949年住房法令》（Housing Act of 1949），提供联邦资金以启动新的更新计划，并加速和补助已经实施的计划。

在旧金山，重建工作是由一些具有进步思想的规划师和建筑师推动的，他们对帕特·布朗在其报告中记录的拥挤和不安全的住房感到震惊。他们将新的建设计划视为利用政府权力摆脱不负责任的贫民窟房东，并摆脱已经过时的小规模城市地块体系的一种方式，他们认为正是小地块导致了过度拥挤。许多人梦想重建城市核心，填入高品质的新住房，这些住房将涵盖不同收入水平并促进种族的融合。

然而，与此同时，美国开始修建战后郊区。战后，随着退伍士兵返乡和婴儿出生加速，美国政府和工业的目标，从打败外国对手转向培育数量庞大的中产阶级，而"中产阶级"是以过上单户独立屋的生活加以定义的。联邦政府呼吁私人建筑商建造 500 万套新房，另外还花费数十亿美元修建高速公路、基础设施以及为退伍军人提供住房贷款。

关于美国是一个"产权社会"的说法有很多神话，而对于维持这些神话，有一种政治是其重要组成部分。这种政治将帕特·布朗要求建造公共住房以缓解拥挤的要求视为一种阴谋，却把联邦政府促进单户独立屋的销售视为发挥作用的自由市场力量。联邦计划也支持建造租赁公寓，但拥有一所自己的独立屋的梦想在美国人心中根深蒂固。租房者被视为失败者，购房者对带小院的独栋独立屋（detached houses）的偏爱植根于比这个国家还要古老的田园观念。排屋① 和住房合作社（cooperatives，产权公寓的前身）等紧凑型建筑注定只能占市场的小部分份额。

这成为房屋建筑商的好日子。除了需求本身激增，联邦政府还采纳了房地产行业的观点，即大萧条期间联邦住房管理局（Federal Housing Administration，FHA）制定的贷款保险计划应继续为私人住房市场提供慷慨的支持，允许更多的人有资格获得抵押贷款，并为单户独立屋创造一个更为广阔的市场。建筑商在 1944 年开工建造了 114000 套房屋。而到 1950 年，开工建造的房屋数量达到 170 万套。新建筑的激增改变了美国的房地

---

① 排屋（row houses）是独立屋的一个变种，外观为多户连在一起的联排别墅，在产权归属上接近独立屋，唯一的区别是，排屋中同邻居共用的墙由两户各自拥有自家那一半墙体的产权，而独立屋没有这种共用墙体。

产业，原本由只同时开发一两个项目的小型房屋建筑商构成的行业，转变为由少量大型区域性建筑商主导的产业。这些大建筑商不断挤压和精简流程，直到户外施工这样混乱无序的领域也成了可与通用汽车装配线相媲美的紧凑工业流程。

莱维特父子公司（Levitt & Sons）堪称典范。这是一家位于纽约州的房屋建筑商，由威廉·莱维特（William Levitt）和他的兄弟阿尔弗雷德（Alfred）经营。莱维特兄弟是最早应用预制墙和屋顶的人，这些预制的墙和屋顶定义了大范围相似造型住宅。随着时间的推移，兄弟俩将房屋建造过程缩减为 27 个步骤，其中，承担单项任务、技术不熟练，以及未加入工会组织的工人只负责粉刷、铺瓷砖或捶打。他们还对自己的公司进行了纵向整合，这样就自行掌控了混凝土和木材的生产。尽管自视清高的文化人对千篇一律的社区颇有微词，但莱维特和其他房屋建筑商所开创的技术堪称真正创新的亮灯时刻（lightbulb moment），使住房价格大幅降低，让美国人过上更好的生活。莱维特公司每天生产几十套新独立屋，并以与租金相当的月供额度出售它们。第一个莱维特小镇（Levittown）开发项目位于纽约市外大约 48 公里处，这 17400 栋独立屋按今天的标准来看相当朴素——双卧室的科德角式①，安装有白色金属橱柜，有一个未经装修的阁楼，面积只有约 74 平方米——售价约为 8000

---

① 科德角式（Cape Cod）是独立屋的一种风格，通常为一层到一层半，大门居中，左右对称，屋顶呈较陡峭的三角形，有天窗或老虎窗，中间有大烟囱，比较适合寒冷气候。

美元，折合为 2019 年的 90000 美元。

随着低密度郊区在每个城市的边缘出现，拥有宽绰空间能满足物质享受的低成本独立屋成为进步的独特象征，也是美国方式曾经获胜的明证。与世界其他地方相比，美国的独立屋很大，满是现代家具和最先进的电器，房子里堆着包装食品和消费品，比如冻麦片、奥利奥饼干、夏威夷潘趣酒、特百惠、包装速食米饭、熟食快餐、培乐多彩泥、飞盘和芭比娃娃。1959 年，时任美国副总统的理查德·尼克松在参观莫斯科的一场美国展览时，向苏联领导人赫鲁晓夫强调了一栋六卧室牧场式独立屋的模型。"苏联的宣传已经提前为俄国人打了预防针，告诉人们在美国展览上看到的牧场式独立屋，差不多和印度的泰姬陵或英国的白金汉宫一样，并不能够作为美国工薪人士住房的典型代表，"《时代周刊》的一篇报道写道，"尼克松特意告诉赫鲁晓夫，这所房子完全在美国工薪阶层家庭的负担范围内。"

假设这些家庭是白人。住宅地块周围有一堵无形的墙，以毫无人性的种族公约的形式矗立着。在这份种族公约之中，禁止有色人种成为业主的规定，与典型房主协会所要求的普普通通的规则一并列出，比如维持自家院落美观，以及不要在屋顶放置广告牌。最重要的是，红线规则禁令之下，即使是富裕家庭也无法获得贷款以购买黑人居住区或混合居住区中的房屋。隔离并不是由战后郊区创造的，但战后郊区却导致了隔离的扩大化和工业化，并把像莱维特小镇这样的住宅地块变成了政府认可的种族隔离：联邦政府向银行和抵押贷款经纪人提供的抵押担保以纯白人居住区为前提条件；人们无法为购置混合种族居住区的住房申请获得由 FHA 支持的贷款。"如果我们把一栋独立屋卖给一户黑人家庭，那么 90% 到 95% 的白人客户都将不会在这个社区买房，"威廉·莱维特在 1954 年接受《星期六晚邮报》采访时说，"那是他们的态度，而不是我们的态度。这不是我们创造的，我们也无法解决它。作为一家公司，我们的立场很简单：我们可以解决住房问题，也可以尝试解决种族问题，但无力将两者结合起来。"

郊区的发展方向很明显，但美国正在开展着一项无人可撼动的建造计划，而加利福尼亚则是全美国形势的集大成者。加州在二战后的增长，正是新的大规模移民的更为深广的延伸。自 1950 年代初开始，就有人将这种现象称为"扩张"（sprawl）。长期以来，四处邀约新人加入一直是金州[①]经济的商业生活方式。到 1945 年，该州依此行事已持续一个多世纪了。无论是使用小册子、广播、流行音乐还是电影，它几乎总是采用通用的宣传方式推销——无外乎好天气和负担得起的独立屋，以及院里的植物明媚蓊郁。

战争年代创造了工业基础，有助于为基于技术的未来经济创造条件，随着被压抑的住房需求在战后开始得到满足，加州人口激增，从 1940 年的 690 万增加到 1950 年的 1060 万和 1960 年的 1570 万。"郊区的独立屋都是用同样的方式建造的。"D.J. 沃尔迪（D. J. Waldie）在《神圣之地》（*Holy Land*）中写道。

---

① 加利福尼亚州别名"金州"（Golden state）。

这是一本讲述了他在洛杉矶县南部莱克伍德的成长的回忆录。"从 1950 年到 1952 年，每天多达 100 栋住房开工，每周超过 500 栋。没有两幅建筑的平面图是相邻的，没有任何邻居住房的阴影能投射到街对面去。"

帕特·布朗回到了萨克拉门托。他离开了旧金山地区检察官的职位，成为加州总检察长，在凭借"增长、增长、增长"的计划持续参与竞选之后，他终于在 1958 年当选为加州第 32 任州长。布朗堪称一名完美的助推者。他是在七年级的表演中得到"帕特"这个绰号的，在表演中他热情饱满地执行老师安排的任务，以"给我自由或给我死亡！"为口号出售自由债券（Liberty Bonds）。同学们给他起了个绰号叫帕特里克·亨利·布朗，这个笑话让他们终生难忘。现在，帕特将加州推销为美国最重要的吸引新人之州。

可是，增长从来都不是加州人普遍认同的概念。重返淘金热时代，你很容易就能够发现明显的反增长情绪。帕特·布朗在 1958 年竞选州长时，已经有相当多的人认为新移民正在破坏他们富足的生活。长期以来，加州的立场一直是一边试图保护这种生活，一边推销它。交通过于拥堵。基础设施实在缺乏。宝贵的开敞空间消弭殆尽。布朗则持相反态度，他将人口增长视为机会均等繁荣的催化剂。他将"问题"重新贴上"挑战"的标签，并发布广告称该州"资源丰富，可供所有人分享"。这是诉诸加州的自豪感。此外，他还相信加州的经济增长和选举人票的成倍增加，正使其成为全美的领先州。如果不迎合新的追随者，就无法领导任何事。

当布朗以 100 万票的优势当选，他就以此为自己的使命。所以他花了很多钱，推动扩大公立大学的计划，增加社会项目的广度，并建造大量高速公路。他为其他州长所望尘莫及的最大成就，是说服选民批准了 17.5 亿美元的新债券（相当于今天的 150 亿美元出头）开始建设加利福尼亚州水利项目，从而为南加州供水提供一个崭新的保障。该项目是一个大型的水坝系统——当时是有史以来最大的州公共工程项目——将河水从多雨的加利福尼亚州高地改道，通过一条 644 公里长的渡槽，穿过干旱的中央山谷，越过特哈查比山脉，引入洛杉矶，这里是人口增长最快的地方。

这就是当时布朗转为民主党人的意义之所在。① 加州选民于 1960 年 11 月批准了该供水项目的资金，不到一年，布朗在新闻镜头前戴着安全帽，隆重地引爆了 300 磅的炸药，一切就此启动。为基础设施项目而动用炸药符合自由派的作风。为河流筑坝符合自由派的作风。在大自然中修建一条六百多公里的渡槽，并建造发电厂，把水和电输送给工业化农场，越过山区送入南边的干旱之地，而一切努力都是为了继续大规模建设新的住宅地块，这也符合自由派的作风。这并非环境掠夺。这是一种渐进式的治理行动，这将为小家伙们创造更美好的生活。此外，人们如此向往搬到加利福尼亚州，布朗似乎认为，如果本州不花费数十亿美元的公共资金邀请他们，简直不可思议。"我们接

---

① 美国的民主党人及其支持者主要是自由派，而共和党人及其支持者主要是保守派。

下来要做什么?"布朗在 1960 年给一家报纸出版商写信说,"难道是在加州周围设置障碍,告知其他任何人都不许进来,因为我们没有足够的水供人使用?"

布朗对新移民的热情如此高涨,以至于在 1962 年初,也就是在他击败理查德·尼克松获得连任之前的几个月,布朗办公室宣布,加州将在当年 12 月 21 日超越纽约州成为全美人口最多的州,并将在年末举行为期四天的聚会,以纪念这一历史性的转折。这一里程碑事件终将到来,确定无疑。但是,说州长办公室中的每个人都可以具体到某天来精准确定该州的人口轨迹,就有点胡扯了。一篇新闻报道指出了这一点,布朗在私人信件中写道,没有人知道确切的日期是哪一天。管它呢。12 月 28 日,他在州议会大厦举行了一场仪式,一群戴着大卫·克洛科特①帽子的骑马男子向他赠送了标有"加州第一"的皮革卷轴,并发射火枪。在接下来的一周里,城市领导人和商会成员佩戴着庆祝的圆徽章,并组织了同时鸣响汽车喇叭的时间。有一次他们甚至长途跋涉到加州与内华达州的边境位置,插下向即将到来的家庭致意的旗帜,欢迎他们来到加利福尼亚。

"加州最近几个月自豪地展示了它晒黑的肌肉,因为它在过去几个月的某个时刻超过了纽约州,成为美利坚合众国人口最多的州,"加州大学伯克利分校政治学者、小说《丑陋的美国人》合著者之一尤金·伯迪克(Eugene Burdick)在 1963 年 4

---

① 大卫·克洛科特(Davy Crockett)是美国的政治家和战斗英雄,曾当选代表田纳西州西部的众议员,因参与得克萨斯独立运动中的阿拉莫战役而战死。

月《纽约时报》的一篇专栏文章中写道,"使统计数据的历史平衡突破 1730 万人口大关的个体,可能是一个新生儿,或是一位乘飞机飞过太浩湖的来自麻省理工学院的年轻物理学者。当然更大的可能是,乘着满载孩子和他们疲惫不堪的父母的旅行车而来的某人。"

瑞克·霍利迪(Rick Holliday)就是这些孩子中的一员。在伯迪克的专栏文章发表几个月之后,霍利迪和家人从匹兹堡千里迢迢越过内华达州边界和唐纳山口而来。车上有 7 个人——父母和他们的 5 个孩子,恰好那天是瑞克的 10 岁生日。除了这个细节,他记得的一件主要事情是,他坐在朝后的座位上,被眼前巨大的山脉和树木惊讶到了。10 岁的年纪已足够大,他可以领会到一家人搬到西海岸是一件改变人生的大事;但还算小朋友,所以他为此兴奋不已,而不像他正值青春期的哥哥那样,为抛下原来的生活而倍感惆怅。几个小时后,这家人在瓦卡维尔的坚果树餐厅停下来,穿过停车场去吃东西时,瑞克在他家的旅行车门后踌躇,想着这是他在加州迈出的最初几步,具有重要意义。这一重要时刻被他父亲吼他下车的喊叫打断了。

瑞克的父亲马尔科姆·霍利迪(Malcolm Holliday)是一位著名的儿科医生,在婴儿肾脏移植领域从事开创性工作。他决定举家搬迁到西部,与帕特·布朗的发展政策密切相关。马尔科姆·霍利迪被从匹兹堡大学挖走,与不断扩张的加州大学建立研究伙伴关系,他计划在这个合作中作出贡献并获得回报:他要供养 5 个孩子读到大学,他的计划是把所有孩子都送到负担得起的加州大学系统读书,这样家庭不至于破产。在坚果树餐厅进餐完毕,一家人驱车前往旧金山郊区奥林达(Orinda),他们住进一栋配有鳄梨绿色冰箱的牧场式风格的独立屋里,并开始参与奇奇怪怪的当地习俗,例如在户外烧烤架上烹饪。瑞克觉得自己此前一直生活在黑白世界中,而到达此地后才终于见识到五颜六色。到达这里的几个月后,他从建筑工地搞到一堆木头,并在附近的河床边上建造了一座树屋,这成为他未来职业生涯的预示。

到 1960 年代,为实现城市现代化和缓解战后拥挤而酝酿的宏伟的重建计划终于开始了。在纽约市,罗伯特·摩西(Robert Moses),这位臭名昭著的"包工头",从未被遴选入公职却成为各种政府机构的领导者(同时领导数个部门),正在推动林肯中心(Lincoln Center)等贫民窟清除项目,也正在推动实现他自己的愿景,即围绕高架高速公路建造一个更加以汽车为中心的大都市。湾区的领导者则远远落后于摩西,在 1950 年代的大部分时间里,他们一直忙于一个街区一个街区地将某些区域指定为破败区,其他甚少作为。当湾区最终准备开建时,显而易见,朝向郊区的开发建设如火如荼,而更加追求平等的重建思想,例如使用联邦资金建立混合收入社区(这是在主要是白人面临住房问题困扰时提出的想法),已失去其政治意义。

也有零星的寄托乌托邦梦想的例子,这些都是由更富远见的规划师们构想的。比如旧金山市有 299 个居住单元的圣弗朗西斯广场(St. Francis Square)住房合作社,这是一个种族融合的工薪阶层居住综合体,由国际码头和仓库联盟与太平洋海事协会养老基金开发。而更多的情况下，重建成为拆除西奥克兰和旧金山菲尔莫尔区（Fillmore District）等地的黑人社区房屋的借口，以此减少人口，并增加由百货公司等企业推动的市政项目，希望吸引中产阶级从郊区重返市中心。

随着城市拆除陈旧公寓、改造旧式建筑并驱逐数以万计的黑人租户，规划师们陷入了一种古老的谬论，即主要从实体角度考虑城市，认为如果拆除旧结构并用新结构取而代之，老旧的贫困区就可以被彻底消灭，进而以某种方式解决美国最古老的种族和经济不平等问题。作家詹姆斯·鲍德温（James Baldwin）称之为"黑人驱逐"。一些流离失所的居民是房主，他们的房产得到了补偿。但大多数流离失所者是租房者，他们要么一无所得，要么只得到微薄的搬迁援助，以及以后可能会重新安置这样模棱两可的承诺，这种承诺甚少兑现。在湾区乃至全美各地，数以万计被依法禁止进入郊区的黑人居民，逃离了他们被推土机推倒的家园并拥入附近的社区，附近社区的房东们开始迅速分隔他们的住房单元［用以出租］，人们开始挤在那种不安全的地方居住。这正是帕特·布朗在1947年的报告中列明的情况。［讽刺的是，］制造这个烂摊子的重建机构，原本是为了解决问题而成立的。

威廉·莱维特在声明中暗示，他的公司可以解决住房问题或种族问题，这相当于承认，房屋建筑商和联邦政府决定禁止黑人家庭入住除少数指定的新住宅地块外的所有其他地区，这相当于巨大的道德债务，其社会成本正被转嫁给后代。由加州起头偿还这笔债务是合适的。1960年代早期大约是社会批评家开始将加州框定为美国文化和政治未来的早期样貌的时刻。这是一种建构，但它的确奏效了：从大规模的住宅地块到好莱坞和时尚潮流，以及刚刚进入后来成为硅谷的地区的新兴微电子行业，加州正在成为全美的领头羊。1963年，帕特·布朗开始他的第二个任期，希望通过一项全国领先的民权立法，这成为早期预兆，表明争取公平住房的斗争将多么丑陋。

当时，威廉·拜伦·拉姆福德（William Byron Rumford）已经担任州议员14年了。拉姆福德是来自伯克利的一位药剂师，是第一位从北加州入选州政府的黑人。他几乎立即就成了一名高效率的立法者，与美国未来的首席大法官厄尔·沃伦（Earl Warren）州长结盟，通过了多项越来越雄心勃勃的民权法案。其中包括一项整合加州国民警卫队的法律，一些遏制教学和学校行政工作中存在偏见的法案，一项禁止保险公司拒绝承保黑人司机的法律。拉姆福德经常与来自洛杉矶的黑人议员奥古斯都·霍金斯（Augustus Hawkins）合作，两人花了十多年时间试图通过一项禁止就业歧视的法案。1959年，《加利福尼亚州公平就业实践法令》最终获得通过，帕特·布朗在上任第一年就签署了该法令。

四年后，拉姆福德在国会大厦的大厅里走来走去，寻找一项法案的共同发起人，该法案后来被称为《拉姆福德法令》（Rumford Act），意在取缔住房销售和租赁中存在的种族歧视。这将是一个重大飞跃——对拉姆福德本人和加州而言皆是如此。《1968年民权法令》将在全国范围内禁止住房歧视，但距此还有五年的时间。虽然加州白人总是自认为比其他地方的美国人更自由和开明,但该州的城市仍是完全隔离的状态。为免有人对此存疑,布朗开始推动制定公平住房法。一份来自该州某特别委员会的报告显示,加州绝大多数黑人聚居于少数几个居住区。一项研究显示,其所关注的时段之内,共建造了35万套房屋,只有不到100套出售给了非白人家庭。与拉姆福德的汽车保险法案甚至《加利福尼亚州公平就业实践法令》相比,禁止住房歧视带来巨大的政治风险,因为它有可能显著改变房地产行业的运作方式以及白人房主如今习以为常的生活状态。

尽管如此,布朗仍然是一位热情的支持者。该法案在州立法大会获得通过,但在较保守的州参议院①遇到了预料之中的麻烦。在参议院,法案的审议由一个关键的委员会执行,该委员会的主席为《拉姆福德法令》听证会一次又一次安排时间,然后一次又一次将其取消。如果该法案能够脱离这个委员会进行投票,则有望在成员分布更广泛的参议院获得通过。可距离议会会期结束仅剩几周时间,它仍然处于困境。此时,一个名为种族平等大会(Congress of Racial Equality,CORE)的团体的成员开始静坐,最终他们在州议会大厦圆形大厅摆放充气床垫睡了一个月。演员保罗·纽曼(Paul Newman)和马龙·白兰度(Marlon Brando)都来探访他们,布朗州长也基本上对抗议活动持赞成态度。在多轮立法拖延战术后,CORE的成员在通往参

---

① 美国州政府的立法机构为两院制,上院称州参议院(senate),下院的名称则因州而异,有的称众议院(house of representatives),有的称代表院(house of delegates),有的称州立法大会(state assembly)。

议院的门前躺下,阻止参议员入内。

在议会会期的最后一天,该法案终于得以听证,并在经过若干修改后由委员会通过。当时,参议院临时议长、来自弗雷斯诺的民主党保守派休·伯恩斯(Hugh Burns),试图通过宣布不会为处理任何法案而打乱顺序来耗尽时间,这就把数百项法案排在了《拉姆福德法令》之前,而时间却只剩几个小时。在另一间会议室里,州立法大会会长杰西·安鲁(Jesse Unruh)于晚上10点左右声称,如果上院不处理待定的立法大会法案(《拉姆福德法令》就是其中之一),立法大会将拒绝接受更多参议院法案,以此向参议院施压。

当上述种种办法皆无法奏效时,两位民主党参议员借助了一项立法技术,通过在特定时间安排对特定法案的辩论而将《拉姆福德法令》推到辩论的前线——根据参议院的规定,不允许对存在问题的法案进行辩论;也就是说,保守派参议员不能再继续拖延直至耗尽时间。当伯恩斯站起来说参议院必须按顺序通过法案时,一位名叫约瑟夫·拉蒂根(Joseph Rattigan)的参议员跳起来说他的动议不可纳入讨论。一番举手表决之后,定于晚上11点对《拉姆福德法令》开展辩论,参议院民主党人在接下来的20分钟内拉票。《拉姆福德法令》在参议院获得通过,被紧急送到立法大会,再次获得通过,并在午夜到来前几分钟被送到布朗的办公桌上以签署批准。约瑟夫·拉蒂根喜极而泣。CORE的抗议者们唱起了歌。胜利如此甜蜜,却又如此短暂。

1911年,为了遏制垄断公司和拥有强大政治权力的铁路公司的影响,由共和党自由派海拉姆·约翰逊(Hiram Johnson)

州长领导的进步改革者设立了一个公民倡议制度,允许加州选民制定和废除法律以及改写州宪法——途径是将他们自己的立法提案写在选票上。任何能够获得相当于上次选举中投给州长票数 5% 的签名的人,都可以在选票上加入他/她自己提议的法律。任何能够获得 8% 签名的人都可以提出修改州宪法的提案。几乎在《拉姆福德法令》通过的同时,加州房地产协会(房地产经纪人行业组织)就开始为一项焦土倡议(scorched-earth initiative)收集签名,该倡议不仅会废止公平住房法,还会修改州宪法,从而使得基于种族而**不**向人们出售或出租房屋的权利神圣不可侵犯。

加州如此,国家亦如此:这是一种建构之物,但它的确奏效了。民权根深蒂固的一个基调是,巨大的胜利,继之以惨败。废除《拉姆福德法令》的议案被称为《第 14 号提案》,是乍现的白人强烈反对的一部分,它使人们早早看到了反对未来民权议案的种族中立语言。加州房地产协会将《第 14 号提案》定性为一场产权之争,而非全然的仇恨和暴力,后者恰是美国南部腹地同期发生的民权斗争的标志〔与阿拉巴马州州长乔治·华莱士(George Wallace)发表臭名昭著的《现在隔离,明天隔离,永远隔离》演讲相距仅一年时间〕。这让白人选民可以心安理得地投票支持实际上是全州范围内的种族隔离法案,而不必觉得这与种族相关。一位共和党州参议员表示,《拉姆福德法令》是迈向"独裁"的一步。

布朗州长抨击《第 14 号提案》是一种恶毒和偏执的想法,很"失礼",他愤怒地反对它。当年秋天,选民以压倒性多数通过了这项提案,这对布朗的未来而言是一个不祥之兆,因为这项提案得到了让他得以连任的许多蓝领白人工会选民的支持。《第14号提案》获得通过,同一场选举中,加州选民也以压倒性多数支持林登·约翰逊(Lyndon Johnson)任总统,他是帕特·布朗在加州所追求的那种自由主义在全美的代表。但这与其说是加州选民前后不一致,不如说是一个例证,说明选民如何在模糊的国家层面从理论上争取公民权利,但当被要求取消自己所在城市或社区的种族隔离时,他们会立即划清界限。虽然以产权作为幌子,但《第14号提案》的投票结果与种族界限高度重合。一些最为一边倒的选区位于奥克兰附近。在圣莱安德罗(San Leandro),白人占多数的地区有80%的选民支持《第14号提案》。而奥克兰市中心黑人占大多数的选区,则以超过90%的票数反对该法案。"你只能从对《第14号提案》的投票中得出一个结论,即白人就是害怕黑人。"布朗在给女儿的信中这样写道。

《第14号提案》最终被加州最高法院废除。该法院在1966年重拾公平住房,以之作为竞选议题,当时布朗在竞选第三个任期,对手是一位名叫罗纳德·里根(Ronald Reagan)的演员和政治新手。里根最终击败布朗而获胜,众多拥护《第14号提案》的白人民主党选民成为他的支持者。在竞选期间,他说向**任何人**出租或出售物业的权利是美国人"最基本和最珍视的权利"之一。

断言里根因为反对公平住房而获胜有点言过其实了。帕特·布朗担任州长8年,他因处理1964年伯克利抗议活动而职业生涯受损。在这场抗议中,数千名学生接管了史布罗广场,作为其言论自由静坐活动的一部分,导致 800 人被捕,继之而来的是铺天盖地的负面新闻报道。一年后,发生瓦茨动乱〔通常被称为瓦茨叛乱(Watts Rebellion)〕,建筑物持续六天阴燃,数十人死亡,1000 人受伤,国民警卫队都被派到了洛杉矶。但是,在《拉姆福德法令》、言论自由运动和瓦茨叛乱之后,里根的竞选活动对摇摆不定的白人选民发出了明确无误的呼吁,即**上述这些人**正在拖累国家。他抨击臃肿的政府,将伯克利的学生描绘成被宠坏的书呆子,并谈论加州街道的"丛林小路"(jungle paths),开创了将(瓦茨)黑人的恐惧与(伯克利)白人自由主义者的怨恨以及(奥兰治县)对税收的反感结合起来的风靡全国的选举策略。

加州选民原本已接受了帕特·布朗的增长计划,但在经历了 20 年的过剩之后,经历了每一条新建高速公路、每一个运动队和每一个住宅地块都被赞誉为进步的标志的 20 年之后,人们渐渐感到厌倦。最早的倦怠迹象之一实际上出现得还要早一些,是在 1950 年代中期,当时旧金山人开始反对一项新建双层高速公路的提案,该高速公路计划沿内河码头(Embarcadero)通到金门大桥。

这是一场很棒的抗争。如果建成,内河码头高速公路将封住数公里长的海湾前部,并将直接通到该市的渡轮大厦前。这仅仅算是庞大的州高速公路计划的开端,该计划旨在让 7 条跨城高速公路覆盖一个并不大的城市——旧金山的面积只有约 120

平方千米，其中几条还将穿越金门大桥公园。计划列明了大部分想让人们知道的州交通干线工程师眼中的湾区未来。对此，内河码头高速公路的一位支持者认为，建成之后，人们从上层公路通过时，可以从行驶的汽车上瞥见海湾和恶魔岛，增加了尽享美景的机会。该项目受到市民群体的强烈反对，以至于旧金山参事委员会（San Francisco Board of Supervisors）拒绝让该州把它建成。"今天，半途而废后留下的路墩仍然矗立在海滨附近，成为公众决心的纪念碑。"十年后《洛杉矶时报》这样写道。

在接下来的几年里，旧金山漠视州规划，只修建了长度为7公里的高速公路。当联邦政府警告说，如果旧金山不再建设更多高速公路，将会损失2.35亿美元的配套资金时，400名主要反对高速公路的抗议者挤满了旧金山参事委员会的会议厅，只要有任何人发言支持拿走华盛顿的钱，他们就在那里发出嘘声，或发出愤怒的嘶吼并扎爆气球。这场日后被称为"高速公路大起义"（Great Freeway Revolts）的事件蔓延到马林县和洛杉矶，并向北蔓延到西雅图。在旧金山，抗议活动引发了地方政治权力的转变，从在市中心集聚的商业、市民和劳工群体手中，转移到更为小型化的以邻里为中心的群体之手，这些团体在针对高速公路的抗争中被激活后，变得非常擅长组织。

到1960年代中期，认为加州的增长过度且无节制的想法已成为当地政治的主流，并因之催生了相应的书籍［《加州，去啊，去……》（California Going, Going...）］、歌曲［《小盒子》（Little Boxes）］和杂志文章［《加州：太多了，太快了？》（California: Too Much, Too Soon?）］。就像开初的"高速公路大起义"一样，这些批评通常是合理的。旧金山拆除了维多利亚时代的建筑，开发商们开始在农场中翻整土地，交通干线工程师则建造了多层立交桥。加州式增长的逻辑引申似乎是，城市不过是办公室和高速公路的组合，山丘不过是相同设计批量修建的独立屋（tract houses）的建造之地，海湾不过是供堆砌混凝土构筑物之所。但对于一个名为"拯救海湾"（Save the Bay）的组织来说，规划者正在实施的计划，可能将把旧金山湾的大部分地区变成垃圾填埋场。

"每个在加利福尼亚生活过几个月的人都会记得，某个令人愉悦的果园现今已被铲平并修建成工厂或购物中心，某个最喜欢的野餐地点已经被平整出来建造了相同设计批量修建的独立屋，水清沙白的海滩已经被铺砌成停车场，活泼清澈的溪流被埋在涵洞里，质朴的乡间小道被改造成汽车呼啸而过的交通干线。"《旧金山纪事报》的环境作家哈罗德·吉列姆（Harold Gilliam）这样写道。

1965年，麦克米伦出版公司出版了环保主义者雷蒙德·达斯曼所著的《加利福尼亚的毁灭》（*The Destruction of California*）一书，这被解读为一个标志，即纽约州一家重要出版社将加州的预言者地位视为对全美的警示。达斯曼以1963年初开车经过海湾大桥到达旧金山的记忆作为此书的开篇。当时为了使与纽约州的人口竞赛戏剧化，在帕特·布朗的鼓励下，州交通干线部门安设了纽约州与加州人口对照的计数器，其上呈现了加州每小时都有数十人的增加，而纽约州的人口则几乎没有任何增长。达斯曼认为新增添的人口并不值得庆祝，他在书中继续写道，加州只需要采用不以增长为导向的规划，就可让这样的增长消停下来。

"这意味着不鼓励新产业进入某一地区，"他写道，"这意味着不得最大限度地去开发我们的水资源，因而不为促成城市或工业进一步增长而供水，也不会让新的农业区投入生产。这意味着不去新建那些发电站或新修那些高速公路。在不通水电的地区，房地产开发项目也就不会建设。任何行业都不会在没有空间、电力或水的情况下发展。人们不会奔赴没有新工作机会或新住房的地方，即便来了也不会留下。并非排斥移民，但新进移民将是愿意去竞争现有工作机会和住房空间的少数群体。"

《加利福尼亚的毁灭》只是1962—1968年间出版的一系列著作之一，这些著作共同抨击以扩张为中心的增长模式，并呼吁规划师、活动家和执政者们发起一项纠正性行动计划。这究竟是如何发生的，并不那么明确。在1960年代中期，现今我们称为"环保主义"（environmentalism）的广为人知的意识形态尚处于萌芽阶段。相比于今天人们熟知的环保主义，它与古老的"资源保护主义"（conservationism）有更多的共同点。塞拉俱乐部（The Sierra Club）是一个小型区域组织，像他们这样的环保活动家们关心的事项，主要集中在诸如保护水道免受企业化农业的影响，以及通过反对采掘业来对偏远地区的自然和野生动物提供保护等。

也正是在新郊区之内，环保主义扩展成为一场群众运动。这些郊区的新建激起了反增长的熊熊怒火。美国的自有住房率从1940年的约44%跃升至1970年的63%；1966年，美国有史以来头一回郊区人口超过了城市中心人口数量。突然间，一大群不同收入水平的美国人（尽管绝大多数仍然是白人）生活在更大的院落空间之中，他们与动物和植物有了更多接触，担心这样的生活环境会被进一步的扩张摧毁。郊区与其说是自然，不如说是自然的相似之物。郊区使得草坪成为骄傲，并使美国人养狗数量翻了两番。尽管如此，还是有很大一群美国人越来越重视户外生活，并对维持至少半野生状态的空间充满兴趣。这种认知正在扩展"环境"的定义，把城市边缘以及偏远的湖泊和森林都纳入其中。

随着塞拉俱乐部开始涉足城市政治并着手解决公园保护等问题，其郊区成员数量增加，环保主义发展成为一种强有力的政治工具。与旧日的资源保护主义不同，它能够在居住区层级动员大多数人。大地块住宅条例（large-lot home ordinance）更具有环保主义意味，因为这让更多草坪得以保留。开敞空间是遛狗的地方。毒物来自你从空气中吸入的烟雾和人们在居住区植物上使用的毒药。在1970年的第一个地球日期间，参与率最高的群体之一是位于高房价低密度郊区的中学师生，一项较为常见的环保活动是集体捡垃圾。全球思维，本地行动。

停止扩张的良好意图很快变成阻止一切的借口。1970年，罗纳德·里根签署了《加利福尼亚州环境质量法令》（California Environmental Quality Act，简称CEQA），这是一项具有里程碑意义的法律，与1969年的《全国环境政策法令》（National Environmental Policy Act）以及随后成立的美国环境保护署并驾齐驱。CEQA（音"西库瓦"）要求城市开展分析并采取措施，以缓解其在审查当地土地使用决策时识别出的所有环境影响。加州很快就发现围绕新住房开发的环境影响诉讼激增——与真正的环保主义目标相反，这些诉讼更多围绕现有社区中的密集"填充式"开发项目提出，而非针对大众（本应该）关注的边缘城市扩张。

在1970年代初期，大湾区每年大约建造45000套住房。1972—1975年间，共有29000个开发项目被提起环境诉讼；到1976年，加州编订的环境影响报告数量是联邦政府的4倍。1972年，塞拉俱乐部旧金山分会反对一项为硅谷周围就业机会丰富的郊区提供更多供水的地方债券，理由是这会在造成旧金山人口减少的同时助长扩张式增长。几个月后，该团体支持以限制城市周围建筑高度来阻止高密度建设的提案。在1973年的一宗较为有名的案例中，旧金山一位年仅16岁的童子军成员都能够利用CEQA让一个有200套住房单元的产权公寓建设项目暂停一年半。

就在里根即将卸任并转而利用他在加州积累起的反税收/反政府声誉搭建总统竞选平台时，崭新的更具环保意识的加州化身落到了帕特·布朗的儿子杰里身上，他于1974年当选加州州长，时年36岁。杰里·布朗（Jerry Brown）是耶鲁大学法学院的毕业生①，在前往加州大学伯克利分校读大学之前，他曾接受了持续三年的耶稣会牧师培训。虽然他以哲学漫谈而闻

---

① 杰里·布朗曾在加州大学伯克利分校学习古典文学，他于1964年取得耶鲁大学法学院的法学博士学位。

名,并获得了"月光州长"的绰号,但他的治理似乎植根于天主教禁欲主义以及一种近乎不变的信念,即始终坚信非常糟糕的事情即将发生,可能是经济衰退,也可能是核灾难。在他发表于1976年的第一次州情咨文演讲中,他宣称这是"有所限制的时代":

> 我们面对着一项崭新的挑战。这并非我们的前人所面对的那种挑战。对他们来说,任务在于如何应对巨大的增长。但对我们而言,任务更加微妙且艰巨。在我们近期的大部分时间里,经济和环境都产生了盈余,可以借此为崭新的社会项目提供资助……美国很富裕,但并没有我们被引导去相信的那样富有。选择做一件事,可能就得放下另一件事。简而言之,我们将进入一个有所限制的时代。

布朗在旧金山长大,他记得自己曾在自家独立住宅前打触式橄榄球①比赛而很少受到汽车干扰。他目睹了半岛南部从广阔的农场变成大量写字楼和崭新的住宅地块。他就像哈罗德·吉列姆等作家所谈论的那种人,知晓增长正在把开阔的田野和山坡耗尽。年轻的布朗州长以憎恨高速公路、拒绝与为其父亲竞选提供资金的富有开发商接触,以及分发经济学家 E.F. 舒马赫

---

① 橄榄球的一种业余变体。不同于正式的橄榄球比赛需要将对方球员扑倒,打触式橄榄球只需接触到对方球员的身体即可。

所著的《小而美》(Small Is Beautiful)一书而闻名，该书主张一种低消费的生活方式，即舒马赫所谓"佛教经济学"。

杰里·布朗的生活就像他所宣扬的那样，乘坐商务舱飞行，不去住州长官邸，而是睡在萨克拉门托一间租赁公寓地板上摆放的床垫上。虽然他追求一种包容各方的议程，比如使州政府雇员多样化，提出一项反对贷款歧视的法律，并不断谈论环境，但民主党人对他吝啬的预算以及他对社会计划有效性的怀疑感到无尽的沮丧。对某些人来说，他成了加州的象征。在加州，看起来自由的人们已经对需要投入金钱和行动去解决的重大社会问题提不起兴趣了，他们转而关注简单并具有象征意义的事情，例如在地球日清理垃圾。

"像大多数美国西部人一样，加州人坚定地支持清新的空气、开敞的空间、平等以及体面的住房，坚决反对烟雾、肮脏的溪流、通货膨胀和圣巴巴拉的大量石油泄漏，"亚瑟·布劳斯坦（Arthur Blaustein）在1977年《哈泼斯杂志》的一篇文章中写道，"但除此之外，承诺也在消退。在文化炒作的表象背后，新的西方政治本质上沦为了旧日自私的利己主义，并没有为纠正社会、经济和政治不平等付出努力，而只是为选民提供了笼罩在强烈的个人主义或深刻的禁欲主义外衣下的含混不清的精神向上流动性。'新行动主义'（new activism）是一种积极投向被动状态的心态，这种心态拒绝承担哪怕是最轻微的个人不便，以代表我们社会中苦难最深的人道出苦情。"

最重要的是，塑造了杰里·布朗州长第一任期特征的事件——它将永远改变美国，改变房地产市场，并成为加州历史上最具破坏性的力量——就是通货膨胀。1970年代初，在石油输出国组织削减了石油产量并宣布因美国在赎罪日战争中支持以色列而对其实施禁运后，美国消费品价格飙升，并持续十年上涨，有的年份上涨幅度甚至超过10%。这本应是在发展中国家才可能发生的事件，习惯于安稳的美国人完全没有准备。竟然会有这么一天，他们去超市，发现自己买不起一周前买的主食了。此外，他们会发现自己的电费上涨了20%。每年年底，人们都担心自己的加薪无法跟上生活成本的上涨——通常的确如此，而像为孩子读大学存多少钱这样的长期储蓄计划则被彻底画上了问号。整整十年，每位总统都在谈论通货膨胀。整整十年，没有一个人能够解决通货膨胀问题。

当历史学家回顾"大通胀"时，他们将其标记为美国人开始对其领导人失去信心的时刻——越南战争和水门事件于事无补——也是经济开始变得更加凶险和更加不平等的时刻。彼时彼刻，工会会员人数正在以自由落体之势下降。彼时彼刻，中产阶级的工厂就业岗位开始被抹除，首席执行官的薪酬开始抬高到现今这种恬不知耻的水平。1970年代受人瞩目的另一个原因在于：这也是住宅房地产转变为良好金融投资的时刻。大约在1970年之前，房价的上涨速度都没有超过股市，美国人仍然仅仅把房屋视为居住之所。他们当然没有设想过在房子上**亏**钱，但当他们考虑出售房屋能得到多少钱时，他们视之为储存的钱，而非成倍增加的钱。

这种状况在1970年代初期开始发生变化，当时房屋价格与其他所有东西的价格一样飙升。对年轻夫妇而言，这简直是毁灭性的。他们希望能够把被通货膨胀侵蚀得所剩无几的薪水积攒起来，以支付第一套房子的首付。然而，对于已经拥有房屋的人来说，薪资购买力的下降，被所拥有的房产如同热门股票一样猛涨的事实所抵消。这就为反对在住家附近开发的众多理由增加了强大的经济动机。自有住房不仅突然变得格外有利可图，而且还可以作为对其他方面价格上涨的金融对冲，因为大多数房主都有固定利率的抵押贷款，每月还款额度永远不变。此外，与租房者不同的是，他们还可以从联邦税单中扣除抵押贷款利息和房地产税。

到 1970 年代末，随着房产在美国家庭财富中所占的份额越来越大，郊区城市越来越大胆地通过了增长暂停政策以延缓新开发的步伐，通过了大地块区划条例以保证谁买到了正在建造的少量住房谁就会赚钱。在 1977 年一篇关于增长控制的论文中，时任南加州大学法学教授的罗伯特·埃里克森（Robert Ellickson）将郊区房主描述为"谋利的垄断联盟"（a profit-making cartel）。他进一步警告说，在郊区拥有土地所有权的家庭数量少且同质化，正是詹姆斯·麦迪逊（James Madison）在《联邦党人文集》中一直警告的那种非民主的"小政府"："社会越小，组成它的政党和利益群体可能就越缺乏多样性；政党和利益群体越缺乏多样性，同一政党的多数席位就越多；构成多数群体的个体数越少，他们所覆盖的范围越小，就越容易协调和执行他们的压制计划。"

威廉·费舍尔（William Fischel）称他们为"房主选民"（homevoters）。费舍尔是一位经济学家，他在 1970 年代和 1980

年代发展出一种郊区行为理论,最后将其命名为"房主选民假说"。这个理论是这样的:住房是一种孤注一掷的投资。你不能像对待股票一样将投资分散化,也不能为价值下跌购买保险。如果房屋被毁,人们可以拿回他们的钱,因为可以购买火灾保险、洪水保险和地震保险。但是房主**不能**为最担心的事情购买保险——如果居住区变得很糟糕,他们就会被困在没人愿意买的房子里。

于是就开始了恶性循环,房价上涨得越多,人们买房就越吃力,新房主对其投资加以保护的动力就越大,房价上涨得就越多,奋力买房的人就越多。如此循环往复。根据谷歌针对旧书籍开展的分析,在 1970 年代,"房价"从一个甚少使用的词变成了格外常见的词汇,它的使用频率是"股票价格"的数倍。这十年里,"排他性区划"(exclusionary zoning)和"增长管理"(growth management)这两个词从少见变成了常见。不久之后,"NIMBY"(邻避主义)也步入此列。

对于二十几岁开启城市规划师职业生涯的年轻人而言,这是个奇怪的时代,瑞克·霍利迪当时正在从事这一行业。瑞克毕业于伯克利,这是对他父亲举家搬迁到拥有廉价大学体系的加州这一决定的回报。他接受了 1970 年代的道德思想,即最好的住房类型是密集建造的可负担住房,最好由国家出资并以环保的方式建造。后来,瑞克开始实习以了解他所选职业的执业和实践方式。他在实习岗位得到的体会是,规划学院教给你的东西与现实生活教给你的东西并不相同。他在莫拉加的实习经历正是一个生动的展示。他在奥林达的郊区长大，而莫拉加就在此附近。瑞克的工作之一是，根据每个地块上允许建造的住房类型，在城市分区正交地图上填充不同色调。单户住房是黄色的。黄色也是他唯一使用的颜色标记。

不久之后，他认为莫拉加不适合他，所以去读研究生了，同样是读规划专业。当然，这样做的主要目的是试图推迟步入成年人之列的时间。瑞克学习的课程很乏味，比如规划分区和市政融资。一天，在一位朋友的建议下，他翘了本应去上的课，坐在了一位名叫唐·特纳（Don Terner）的教授的课堂中。唐·特纳以住房研究而闻名。他帮助创办了一个非营利组织——正是"人类家园"（Habitat for Humanity）的前身。他还将布朗克斯区的居民组织成合作社，运用公共资金修复破旧的租赁公寓，这样他们就住得起了。特纳讲了一些故事逗乐全班同学，比如合作社成员坚持让他和大家一起干活儿，并且总是把最糟糕的工作分配给他（比如铲出地下室中占屋者留下的污物粪便）。然而有一次，他的工作场所因头顶盘旋的直升机和一队黑色豪华轿车的到来而陷入混乱，后来发现吉米·卡特（Jimmy Carter）总统坐在其中一辆车中。

瑞克一回到家就告诉他的妻子南希，他想成为西海岸的唐·特纳，并准备把读研期间接下来的时间用于撰写一篇有关某个方案的论文，该方案试图在奥克兰复制布朗克斯的住房合作社项目。特纳帮助瑞克将论文转化为一项新法律提案，这项法律旨在拨出数十万美元的资助，帮助低收入居民修复当地建筑物。一年后，瑞克和特纳前往州议会大厦，试图用瑞克的毕业论文说服议员们提供某种用于建筑修复的州补助金。他们推动通过了一项法案，不久后杰里·布朗任命特纳为该州住房和社区发展部的负责人。

瑞克留在湾区并找到一份工作，帮助海沃德市（Hayward）设计一项方案，让私人开发商提供城市土地（其成本可以从税收中扣除）。随后该市将在土地上建造低收入者可负担的住房。只有一个问题待处理。这得回溯到1950年，试图撤销《拉姆福德法令》的房地产经纪人群体推动通过了另一项宪法修正案，被称为《第34条》。这条修正案规定，城市不能在没有获得选民批准的情况下建造公共住房，这近乎终结了公共住房建设，即便洛杉矶这样的大城市也是如此。批准在海沃德市修建公共住房的可能性几乎为零，但瑞克决定去争取，并在为该市工作的同时推动了征求"同意"的运动，这可能是非法的。当然，这项议案失败了。瑞克告诉南希他将辞去工作。但他并没有真这么做，而是尝试了一个新的主意。

这个新主意是，找一家开发商来用城市资金建造补贴住房，这就能让政府摆脱建造的职责，从而终结《第34条》的约束。市政府同意了这个计划，瑞克所要做的就是找到一家开发商。他去找了一个名为"伊甸园住房"（Eden Housing）的志愿者组织，该组织在联邦《民权法案》通过后成立，旨在推动公平住房法律的实施，现在正在帮助低收入家庭建造房屋。瑞克告诉他们，海沃德市希望为可负担住房的开发商提供大量资金，这意味着"伊甸园住房"可以申请经费来雇用员工和修建补贴住房。哦，顺便说一下，如果他们得到这项资助的话，他本人希望能够运营这个组织。

换句话说，瑞克试图让海沃德市拿出一些本应该花在公共住房上的钱，用这些钱来让自己成为一家非营利开发商的负责人。在他得到这个职位之后，他按照《SB 910》法案向州政府申请拨款，这是他与唐·特纳共同创建的项目，作为他硕士论文的一部分。这也是特纳正在萨克拉门托运行的方案！如果真有那么一个有上进心的报社记者，决定跟随书面文件的线索去探询为何这样一个 25 岁的年轻人，知晓的唯一项目可能是他父母家后面的树堡，怎么就突然之间变成了政府签约的开发商，那他可能会徒劳无功一头雾水。但是，如果你想要让警惕的公众同意修建补贴住房，那么这些就是你必须要的花招。不管怎么说，他每年能赚 14000 美元。

根据其定义差不多可以看出，政府的基本概念是将一个有组织的社会的成本分摊到所有民众身上。你不可能为一幢独立屋设置一个消防站，并且除非某个街区非常富裕，否则你不可能为十幢或十五幢独立屋设置一个消防站，也不可能为之布设警力、下水道系统、公园、图书馆、电力、供水等一切公共服务。这一数学事实，往往限制了一座城市在抵制新增长方面能走多远。社会生活的成本在不同时期由不同的人承担，这几乎是与生命周期相关的自然法则，这也就解释了为什么广泛且不断增长的税基是健康政府的核心所在。用更接地气的话来讲：永远反对增长的城市，要么将走向分崩离析，要么将使得城中的房主背负上高得吓人的房产税。

后一种情况在 1970 年代后期开始发生。房主从房价上涨中取得的意外收获，被税务官员们扣销。随着当地房价的上涨，税务官员稳步抬高了房产税。税收增加 50% 的故事变得司空见惯。随着城市金库的膨胀，邻居们来到评估员的办公室，争辩说对他们征税的账单可能会导致他们弃家而走。这为一位名叫霍华德·贾维斯（Howard Jarvis）的"讨人厌者"①创造了一个灵光乍现的瞬间。贾维斯是犹他州一位富有的企业家，他在 1930 年代搬到了洛杉矶，并在此处拥有多家制造企业。他于 1962 年退休，随后度过了与政府开销对抗的黄金岁月。从那以后，他成了一个众所周知的怪人，在市议会、教育委员会和县监事会现身已经是家常便饭，以至于政府官员经常会将分配给他的几分钟作证时间作为离会休息或打个电话的机会。从 1968 年到 1977 年，贾维斯进行了三次尝试，试图收集足够的签名，以支持一项在全州范围内冻结房产税的倡议。为了对他的第三次尝试加以宣传，他发起了一场花样百出的洛杉矶市市长竞选活动，正如他在自传《我怒不可遏：税收抗议及其领袖的独家揭秘》（*I'm Mad as Hell: The Exclusive Story of the Tax Revolt and Its Leader*）中所写的那样。那年暮春，当州政府通知说他的请愿书并没有得到足够的有效签名以获得投票资格时，他第二天就开始为新的请愿书收集签名。

---

① 原文为 gadfly，本意是牛虻，比喻为使别人做某事而对其进行骚扰或批评的讨人厌者。

隐藏在加州公民创议制度（initiative system）[①]之下的部分逻辑在于，让民选官员对他们应该代表的人民作出更积极的回应。这是一支无情的政治温度计，比标准选举严格得多，因为该制度与标准选举不同，允许通过创议来制定法律。而这些法律不可被立法机构改变：经由创议制定的法律，只能通过人民的又一次投票来改变。这正是该制度的主要缺点之一，即它会导致极端的政治决策——也是难以改变的决策，在如此行事的过程中，短期的混乱成为长期的法律。贾维斯认为，他的房产税倡议的目的是使税收更加平等，但他最终达成的结果与此截然相反。

二十年前，当帕特·布朗劝服加州人民接受他的增长计划时，他是通过广泛征收新税来做到的。现在则有一种心态浮现，即新人——无论是真正的新移民还是想要新买房的加州本地人——应该承担更多的州财政负担。因此，一堆新增加的开发商费用立即被转嫁到新购房者身上，并将诸如新公园和基础设施等费用的较大份额转移到了新来的居民身上。贾维斯1978年的倡议后来被称为《第13号提案》（Proposition 13），它将进一步增大这种差异。《第13号提案》要求选民通过一项宪法修正案，据此房产税将立即复归1976年的数值，自此之后，无论房屋价值如何，每年房产税的涨幅都不得超过2%。房产只有在出

---

① 公民立法创议权是公民所享有的一种权利，通常独立于立法机关，公民有权在政治选举中提出法律议案和宪法修正案，决定法律议案和宪法修正案生效或不生效。法律议案和宪法修正案可以向全体选民提出，也可以向立法机关提出，但必须由达到一定人数的公民集体提出。

售后才能重新估值。这意味着，假设加州的房屋继续升值（事实也的确如此），那么新近购买房屋的任何人都必须支付比马路对面的邻居高得多的房产税，即使两户邻居住在相同设计、批量修建的独立屋中。

随着反税热潮席卷全州，贾维斯的团队收集了所需数量两倍的签名，1978年，《第13号提案》以接近三分之二的票数获得通过。在接下来的几十年里，《第13号提案》将导致加州的住房危机变得愈发严重，因为该提案让邻避主义成为一项比抬高房产税更有利可图的活动，也因为该提案阻止城市增加住房，避免了因增加住房导致的地方财政紧张。尽管没有增加房产税，但也避开了新建住房的成本，这个成本可能会超过城市抬高房产税所得到的收入。票选之前，帕特·布朗曾这样说："如果我想要摧毁这个国家，那我就支持贾维斯修正案。"杰里·布朗则断言这将是一头"怪兽"。

然而，结果出来之后，杰里·布朗却称其为"十年来民主进程最有力的表现"，并着手改革加州财政。杰里·布朗执掌的加州政府长期以来持续推动一种更加包容并以城市为中心的增长模式，他的若干班底成员后来成为公认的具有环保思想且以公共交通为导向的设计运动的先行者，这种运动正是家喻户晓的"新都市主义"（new urbanism）。在《第13号提案》之后，政府试图进一步强化这一理念。杰里·布朗辩称，他父亲所引导的加州扩张已经结束，加州已无力承担扩张的成本。他在1979年的州情咨文发言中说："我们将不得不把发展重点放在城市和旧郊区，而我们这样做的同时，增加密度不可避免。"

这正是强烈反对郊区开发的行动者长期以来在理论上争论和强调的问题。无论在城市还是在郊区，对开发的反感情绪通常都很强烈。向外扩张是建造住房的简单方法，因为这样的扩张只是迁离了农场和牛群，农场和牛群都不会对成群结队拥入的新人有所抱怨，而且相比于在城市内部的逼仄空间中建造，边缘土地的建造成本也低得多。填充式开发可能更精明、更环保、服务成本更低，但扩张式增长意味着在没有人的地方建造房屋，而填充则意味着在有人的地方建造房屋。正如瑞克·霍利迪在为地块涂上黄色的实习经历中所学到的，学生在规划学院学到的东西，以及环境设计专家在办公室向州长讲述的东西，并不是房主选民们真正想要的东西。扩张是一种政治矛盾，既包含其失败的逻辑，也包含了导致其增长模式几乎不可能停止的投票形势。

到1980年，由于住房成本难以为继，并且在全州范围内出现了租金管制立法，杰里·布朗发布了一项行政命令，要求一个可负担住房工作团队着手去破解平均房屋价值超过10万美元的危机。两个月后，也是这个工作团队第一次会议的一周之后，瑞克成为受邀参加洛杉矶一次私人早餐活动的50名开发商之一。早餐会上，布朗承诺对州住房政策进行"根本性改革"。当年晚些时候，他签署了一揽子住房法案和一项行政命令，旨在加快住房建设，促使城市从区域的角度思考问题，并让不同收入水平的人都住有所居。

两年后，就在他离任前夕，布朗签署了另一项法案，名为《住房责任法令》（Housing Accountability Act）。该法案允许人们对那些积极地试图阻止高密度开发的城市提出诉讼。几乎没有任何关于该法案如何通过的记录,也没有什么值得大惊小怪的东西。多年来,该法案就在那里,少有人注意到它,也少有人使用它,直到几十年后的某一天,索尼娅·特劳斯在报纸上读到一篇关于该法案的文章,心想:"啊哈,就是它!"

第五章

起诉郊区

托尼·拉吉斯（Tony Lagiss）是一位精力充沛的老房地产经纪人，他独自住在鹿山路上一幢陈旧的双卧室孟加拉式独立屋中，住房旁边是一间宾馆和一栋小写字楼，他在那里经营自己的生意。他的房子不值钱。但其周围土地的价值以百万美元计算——134亩坡地紧邻24号高速公路，与旧金山湾区捷运系统车站及构成加州拉斐特（Lafayette）市中心的商铺、星巴克和超市所在的狭长地带相距很短的车程。靠近高速公路和城镇，为拉吉斯提供了有利可图的空间。自1940年代从商船队中退出回国以来，他就在湾区拥有了自己的土地，在接下来的几十年里，随着推土机将东湾变成旧金山的城郊住宅区，他见证了自己的投资升值。拉吉斯在1950年代和1960年代的大部分时间里，都在法庭上与州政府就建造24号高速公路的政府决定导致他的地产受损进行抗争，最终达成和解，其中包括未公开的现金补偿和一份协议，列明他可以保有高速公路未占用的那部分地块。在拉斐特，他以向市政厅和当地报纸邮寄打印着抗税字眼的冗长文章而闻名，他还开着一辆黄色的奥兹莫比尔在城里转悠，牌照上用大写字母写着"拉吉斯"。

虽然并没有多少人知道这一点，但拉斐特最古老的秘密之一就埋在拉吉斯的土地之下。秘密可回溯到几十年前，当时加州正处于快速增长阶段，该地区正在从一片环绕着磨坊水车的农场演变成富裕的通勤郊区，与奥克兰仅一条隧道之隔，乘坐湾区捷运去往旧金山只需要 31 分钟，该县把拉吉斯的土地区划设定为高密度租赁公寓。1950 年代，拉斐特似乎正处在这样的发展轨迹之中。拉斐特的人口从 1950 年的 5000 人跃升至 1965 年的 19000 人，到 1968 年停止增长，拉斐特被合并到一座城市之中，如此这般，这座城市就可以从拉斐特手中攫取土地使用权并阻止其继续增长了。合并游戏奏效了。几十年后，湾区的人口翻了一番，而拉斐特则稳定在 25000 名居民，人们用"小镇"和"半农村"等词来描述当地的特征。许多邻居似乎认为拉吉斯那块 134 亩的土地是受保护的开敞空间，未来不会进行开发。

事实并非如此。这座城市的很多人以及搬进鹿山路上方山坡上价值数百万美元的住宅的众多高管和体育明星都不知道，拉吉斯的土地一直保持着 1950 年代高增长愿景下的分区规划。理论上讲，如果开发商愿意，可以在那里建造 800 套租赁公寓，而且肯定有开发商愿意这样做。该地块堪称房地产开发的黄金地段，毗邻高速公路、城中心和湾区捷运，位置绝佳。早在 2002 年拉吉斯八十多岁时，该市就试图用一份规划文件宣布这样的意图——将其地块重新分区为低密度的单户独立屋，以匹配山上的富人住宅，从而把跃跃欲试的开发商们吓退。那年晚些时候，长期担任拉斐特城市执政官的史蒂夫·福尔克（Steve Falk）要求市议会正式降低这块土地的区划密度，并要求准备

15万美元,以支付启动上述过程所需的多种行政和法律费用。市议会认为15万美元太贵了,因此该地块仍保持原区划,空置并等待开发提案。

申请终于在2011年3月到来。如果文件没有这么厚这么齐备,史蒂夫可能会认为这是一个玩笑。根据提交给该市规划部门的文件,托尼·拉吉斯的女儿安娜·玛丽亚·德特默(Anna Maria Dettmer)与一位名叫丹尼斯·奥布赖恩(Dennis O'Brien)的开发商合作,提出了一个由14座楼宇共315套租赁公寓构成的建筑群方案,它们分布在鹿山地块上。申请文件中将其称为"拉斐特排屋"(Terraces of Lafayette)[①]。史蒂夫隐藏在心里的盘算是,"排屋"将是拉斐特史上最大的开发项目,而且绝无仅有。他认为申请中所列出的规模只是一种谈判策略。开发商提出修建315套租赁公寓,邻居们被吓坏了,开发商就缩减规模,这样大家就都赢了。

另一方面,根本不可能按照申请方案执行,开发商和史蒂夫都对此心知肚明。短短几年之前,因为同一地块上仅仅建造14栋独立屋的提案就导致邻居们在市议会的讨论中炸了锅。绝无可能让那些人接受沿着山修建315套租赁公寓,也毫无可能让那些人接受把315套减少到215套或115套租赁公寓的方案,甚至他们可能根本无法接受任何与建造租赁公寓有关的方案。

---

① 英国英语里的 terrace house 或 terraced house 大致相当于美式英语里的 row house。详见第94页脚注。

这就只剩下两种可能性。要么是拉吉斯的女儿在与一个不知道拉斐特如何行事的白痴开发商合作，要么这个开发商知晓了史蒂夫所不知道的事情。当然，开发商也并非白痴。丹尼斯·奥布赖恩自1960年代以来一直在湾区建造房屋，并且是桥梁房屋（BRIDGE Housing）的董事会成员，这是一家由瑞克·霍利迪和唐·特纳于1983年创立的可负担住房开发公司。无论丹尼斯·奥布赖恩玩什么把戏，史蒂夫·福尔克都一无所知。

果然不出所料，市议会很快就开始对该地块重新开展区划，以确保在其上建造4栋以上的独立屋就被视为非法。几个月之后，奥布赖恩在寄送给市政厅的一封信中展示了他的策略。信中说，奥布赖恩的公司打算让"排屋"项目的租金低于市场租金，此外，按照加利福尼亚政府法规第65589.5条所列的规定，如果该市一意孤行地对这块土地重新开展降低密度的分区规划，公司可以起诉市政府。史蒂夫并不熟悉第65589.5条的内容。他和拉斐特政府的其他成员在随后几周收到法律意见书后才知晓，第65589.5条是一项名为《住房责任法令》的法律。这项法律列明，市政府不能仅仅因为开发商提议修建政府不喜欢的项目而对土地重新开展区划，也不得仅仅因为拉斐特政府自己的计划而对土地重新分区。

尽管《住房责任法令》有案可查已持续几十年，但开发商很少使用它。这也正是为什么拉斐特政府没有人能提前知晓奥布赖恩的打算。在公开场合，开发商会告诉你他们不会使用《住房责任法令》，因为他们做梦也想不到要起诉反响热烈的本地社区，或起诉与他们保持良好工作关系且受人尊敬的市议会。

私下里他们会说，与一群邻避主义者去比赛谁尿得更远毫无意义，因为这只会激怒当地从政者，并启发市议会日后提出某提案把他们的生活搞得一团糟。奥布赖恩是例外。作为竞争对手的别家开发商告诉他，无论他提出什么方案，拉斐特政府都会打压，所以他应该带着确实有效的威胁进来。他的确找到了一个筹码。只用去了几周时间，史蒂夫·福尔克和拉斐特政府的其他成员就意识到奥布赖恩已经合法地把他们套牢了，但邻居们并不明白，而且对拉斐特政府未能立即驳回开发商建造租赁公寓的提案感到愤怒。

"交通拥堵""太激进""不尊重""负担太重""尴尬""气炸了""胆大妄为""非常都市化"和"将导致犯罪率升高"，这是人们在早期的公开会议上对这一项目发表的感言。"深感不安""不堪入目""怪物""不可思议""简直令人发指""强烈反对""范围过于广泛""过多""半农村""极其错误""遮挡视线""不一致""不符合""缺乏特色"和"房产价值将受损"则是人们在信中写下的评价。"该项目会给我们已经拥挤且资金不足的学校带来压力。""我不明白为什么拉斐特会在旧金山通勤距离范围内已经有足够住房供应的情况下批准增加住房。""如果批准了这个项目，就不要再指望我将来为你们投票了。""我非常担心，在与一所高中如此接近的地方建一组多单位的租赁公寓大楼，"一位女士这样写道，"让青少年们与这样一栋容纳315户不同类型家庭/租户的大楼相接触，将导致青少年与我们努力想让他们远离的诸多因素发生接触。"

拉斐特市议会于每个月的第2个和第4个星期一在图书馆

旁边的礼堂开会,议员们坐在 30 厘米高的讲台上,面前是姓名牌和细长的麦克风。听众们坐在朝向他们的一排排椅子上,旁边放置了一张公共桌子,检察官和其他工作人员在那里坐成一排等待提问。史蒂夫·福尔克通常在工作人员身后几米处,独自坐在消防出口旁的椅子上,以便视野尽可能开阔,并占据有利位置以观察每次会议的动态。史蒂夫周末会画抽象画。在持续观察了项目开发的斗争之后,分区规划的对象已经深深地渗透到他的头脑中,他涂画的那些不规则网格之上散布着彩色方框的油画,成为他房间的装饰。担任城市执政官有点像担任城市首席执行官,尤其是在像拉斐特这样的小城,连市议会都是兼职运行的。但这仍然是属于人民的民主。而拥有哈佛大学肯尼迪政府学院硕士学位的史蒂夫认为,在议会开会期间,让他坐在一旁,远离人们的视线,是对这种思想的尊重。出于同样的原因,除非他做报告,否则他几乎从不在议会会议上发言。

并不是说他认为自己就市议会的决定提供建议就是错误的或超出限制的。他只是更愿意私下提供建议,这样每当有重大且具有争议的投票进行时,参与投票的面孔都是民选机构成员。拉斐特排屋就是这种情况。经过几次会议,史蒂夫已经知晓了项目将如何进行下去。首先将有为时两年的设计审查和历史评估,以及环境报告和规划听证会。随后,开发项目会被提交给市议会批准,而选民会成群结队地抗议。市议会将否决该项目,丹尼斯·奥布赖恩随即提起诉讼,而该市将花费数月(或更长时间)陷入一场代价高昂的诉讼,并且极有可能败诉。史蒂夫的感觉是,如果他能做任何事情来阻止这种后果,都算是为公众利益服务。所以2013年的某一天，在大约50人来到市议会的会议上对排屋项目大发脾气之后，史蒂夫在闭门会议环节与市议会商议，询问他是否可以致电丹尼斯·奥布赖恩要求一次私人会见，也许这样做他们可以达成协议。但市议会怀疑这是否可行。市议会已经接受了一种命运，即他们拒绝该项目，被起诉，然后交由法官去评判。即便如此，最糟糕的情况也就是谈崩，他们会如意料之中那样被起诉。如果史蒂夫愿意插手，他可以去试试看。

史蒂夫在研究生院读书时上过谈判课，他一直牢记的一课是，当人们面对食物讨价还价时会更加理性。为了准备与丹尼斯·奥布赖恩的会面，他从办公室走到一家熟食店，买了新鲜的法棍面包、一盘布里干酪和几串红提。他把食物放在会议室的桌子上，把面包切成片，摆好涂抹奶酪的小刀，周围摆放红提。当丹尼斯·奥布赖恩走进市政厅参加会面时，他就和那些提子的颜色差不多。史蒂夫承认，在接下来的几个小时里，他将成为奥布赖恩吐槽两年以来经历的挫折的全盘接受者。但在此之前，他想让每个人都吃些东西。这就是史蒂夫在桌旁落座时对在座的各位说的话。房间里一片安静。史蒂夫解释了原因，因为他曾经参加过谈判课，知道人们面对食物时的态度更好。房间里仍然一片寂静。史蒂夫看着丹尼斯·奥布赖恩说："丹尼斯，你看，我甚至都不认识你，但在我们说话之前，你必须吃点东西，哪怕只吃一颗提子。"这至少把人们逗笑了。史蒂夫保持严肃，说他是认真的，在房间里的每个人都吃了桌子上的食物之后，他才会开始会议。对于史蒂夫之外的其他人来说，会议看起来变成了某个晚宴的会议室版本,主持人试图安排所有座位和对话,当然也像在派对中一样,就算你卡壳无话可说了也没关系,所以每个人都抓了一些面包、奶酪和提子吃。

除食物之外,房间里还有一块白板,史蒂夫在白板上画了一张带有3个圆圈的维恩图。居民、开发商、城市。居民的希望是车流量少,修建的独立屋不超过4栋。开发商希望赚取利润,在地块上开发远不止4栋独立屋。城市政府则想安抚邻居们。在315套和4套之间,在哪个数量上可以达成共识?最初的谈话进行得很顺利,经过几个小时的交谈、在白板上写写画画和吃提子,房间中的各位同意再开一次会。第二次会议则扩展成了十几次会议和几次电话会议。经过许多小时的讨论和在白板上写写画画以及吃东西,丹尼斯·奥布赖恩决定提交一份关于44栋单户独立屋的新方案。除缩小项目规模外,奥布赖恩同意对开发进行方位调整,使车流远离已经堵塞的十字路口,并为城市修建一个运动场和遛狗公园。

这就是为什么开发商说为了获得建筑许可证,自己被市政府勒索了。这也正是这件事的处理方式,因为无论如何,目前从理论上而言,白板上的每个圆圈都填满了各方想要的东西。愤怒的邻居们得到的是,开发密度差不多缩减到十分之一,他们的居住区附近不会有租赁公寓,以及致力于让小汽车远远离他们家旁边的十字路口的交通圈。丹尼斯·奥布赖恩可以建造和出售44栋独立屋,并且市政府暗中承诺修建流程会非常顺畅。这座城市则得到了一些游憩设施,可以作为开发商的让步来向居民展示,并可以笼络一小群支持者。

史蒂夫经常使用"灌香肠"的比喻，这件事无疑就是香肠了，但他已经从与丹尼斯·奥布赖恩的商讨中走出来了，感觉自己就像一个A+级公务员，在解决冲突时能够立即顶上去。一个月后，他向松了口气、心情愉快的市议会提出了新计划。"鉴于开发商已表示，如果该项目被否决，他将对本市提起诉讼，而且考虑到该潜在诉讼给本市带来的风险，尤其是与《住房责任法令》相关的风险……"史蒂夫在新项目方案陈述结束时这样告诉市议会，希望明确告知他们这是最后也是最终的选择。

然后：再等两年。又是两年的申请和研究以及环境影响报告。又一个两年的时间里，史蒂夫收到怒气冲冲的来信，看着邻居们对这个项目方案的抱怨。最终，市议会定于2015年8月10日对新项目方案进行投票。44栋独立屋仍然比许多邻居希望的要多，但租赁公寓大楼现在已经不再修建了，一些居民也已经因史蒂夫为给他们提供一个新运动场和遛狗公园所付出的努力而态度摇摆。所有这些都足以说服市议会投票通过该项目，并为当前已经持续四年的流程画上句号。大约在会议前一周，史蒂夫坐在办公桌前，接到一个他从未听说过的女人打来的电话。她的名字是索尼娅·特劳斯。

史蒂夫·福尔克参加分区规划和土地使用会议已有25年了。但他从未听闻有人抱怨项目规模太小，直到索尼娅打电话给他的那一天。索尼娅毕竟是索尼娅！她主动向史蒂夫表示，她正在寻求对该市提起诉讼的相关建议。这也是闻所未闻的。当然史蒂夫试图劝她不要提起诉讼。他说："你选错了起诉对象。"像拉斐特这样的小郊区城市，无论应该做什么来鼓励住房建设和增加密度，史蒂夫都相信该市正在这样做。湾区捷运车站周围到处都是新建的租赁公寓，在过去的十年里，该市对除前述项目之外所有提交给规划部门的多户住宅项目都开了绿灯。新建单户独立屋与多户住宅套数数量比为1∶8。奥布赖恩的项目提案是个例外，但史蒂夫告诉索尼娅，如果她自己开车来拉斐特逛逛，会亲眼发现这个项目与城市主义者的梦想相去甚远。项目地点距离城中心1公里多，位于山丘底部，靠近没有人行道的公路。① 住在那里的人无法步行到达任何地方。通话大约持续了一个小时，史蒂夫挂断了电话，感觉自己似乎说服了索尼娅放弃她的计划。但是，显然这是不可能的。

  本来8月份的会议中，拉斐特市议会将批准通过丹尼斯·奥布赖恩的新建单户独立屋项目，但会议召开之前四天，索尼娅向史蒂夫发送了一封来自 SF BARF 的信，正式威胁说要提起诉讼。接下来的星期一，在市议会会议之前，史蒂夫坐在房间一侧他惯常的位置，看着人们拥入图书馆礼堂，此时他注意到一伙年轻人似乎在为一场恶作剧而跃跃欲试、兴奋不已。用来发表意见的麦克风前已经有很多人了。自丹尼斯·奥布赖恩首次提出他的项目方案以来，住在托尼·拉吉斯这块土地上方山坡上的邻居们成立了一个名为"拯救拉斐特"的非营利组织。他

---

① 原文此句为：The site was a mile from downtown, toward the bottom of a high-speed hill with no sidewalks. 其中"toward the bottom of a high-speed hill"可能存在笔误。

们最初反对共有 315 套住宅单元的租赁公寓大楼，随后又致力于阻止建设 44 栋独立屋的替代方案。几年前，当史蒂夫将新项目方案视为可以显著降低未来密度的良好折中方案时，参与创立"拯救拉斐特"组织的软件销售员迈克尔·格里菲思表示，这是一种误导，数字 44 并不比 315 小，因为独立屋和租赁公寓风马牛不相及。

另一位批评者是名叫苏珊·坎德尔的核工程师。坎德尔对该项目的地震研究提出了异议，辩称拟建足球场所在位置坡度太陡峭。在会议召开前的几个月里，她已经发送了 6 封关于施工过程中可能产生致癌粉尘的信件。关于灰尘问题的信函连篇累牍，长达 30 页，上面有图表、地图、空气质量报告、方程式、感叹号、大写字母和重复了一遍又一遍的"癌症"一词。现在，许多人都准备作证说，如果该项目获得批准，可能会导致附近一所高中的学生过早死亡。史蒂夫在消防出口旁安坐下来，看着 SF BARF 同"拯救拉斐特"之间的冲突和激辩。

布莱恩·汉隆（Brian Hanlon）：考虑到对新住房的迫切需求，尤其是人们对新建中等收入住房的迫切需求，现在这样做真是太糟糕了。

索尼娅·特劳斯：像营业税这样的常规政治程序，不同意见方都有机会露面并说出他们是支持还是反对。但是，对当前这样一个新项目来说，情况又如何呢？按照最初的方案将有七百多人搬进来住，更不用说，在项目的整个生命周期内将有数万人住在里面。我们不知道他们是谁。甚至有些人都还没有出生。因此，无论你收到多少封来自反对者的来信，都必须设想，你所作出的决定，将会为数千人提供"家"，或是把他们拒之门外。

伊恩·卡伦：来自我的居住区之外的各方都在让我接受这种生活质量的下降，这让我感到不安。

迭戈·阿吉拉尔·卡纳巴尔：让我告诉你们一些事吧，关于加州背负沉重租金负担的居民的生活质量。我把收入的50%花在房租上。这相当于我每两个月的工资中将有整整一个月的工资用于房租。

罗伯特·麦基：那些不在这儿生活的人，让我告诉你们，住在拉斐特的人是佼佼者。到达这里需要付出很多努力，而留在这里则需要付出更多努力……你可能觉得这里有点太贵了。美国这么大，你可以搬家。你不必留在这里。

利奥拉·坦华科：嗨，我是利奥拉·坦华科，我是负担不起住在这里的成本所以活该直接永远离开的年轻人之一。

阿曼德·多马列夫斯基：我今晚来到这里，本来希望就成本和收益进行合理的对话。我希望谈论到底是保留社区特色还是建造可负担住房单元的话题。但事与愿违，我听到的却是这个——我听说我是一个"低端人口"。我听说所有因为想住在这个社区、因为想拥有负担得起的住房而花了两个小时来这里的人，他们都是"低端人口",他们都是一种成本和一种负担。没有任何人是"低端人口"。人人都是有益之人。让我们来谈谈人口增加所带来的经济效益,而不是简单地把他们当作成本。

大多数时候,索尼娅似乎都不去深入思考如何把特定的举动或抗议融入更大的战略,但拉斐特是一个少有的情况,她实际上已经有了长期作战的计划。她的全职活动者生涯即将迎来一周年,并在此期间证明了 SF BARF 具备强有力的理念,它可以吸引成员,也能吸引到赞助人。尽管如此,SF BARF 到底是什么,仍然不清楚。严格来说,它什么都不是。并没有任何一个合法组织的名称为 SF BARF。它的存在仅限于邮件列表、谷歌群组和索尼娅建立的简陋网页。如果她想发起一场有所依托的运动,并确保自己能吸引更稳定的成员和更多捐助者,她需要建立一个真正的非营利组织,有明确的宗旨,并为此筹集资金。

为此,她与一位名叫布莱恩·汉隆的行动者合作,后者和索尼娅一样,研究生退学后搬到了湾区。布莱恩是一位不折不扣的时髦人士,留着胡子,穿着紧身牛仔裤,对天然酿造的葡萄酒和固定齿轮自行车很挑剔。他通过典型的旧金山进路参与了住房行动,即参加驱逐抗议活动,并与举着写有"技术 = 死亡"等标语的牌子的人一起游行。然后他与他的抗议者同伴和旧金山租客联盟发生了一系列争执,因为他认为新住房开发是好的,而租房者团体却因受到误导而加以反对。之后他开始向朋友们抱怨，左派只知道批评和测试纯洁度，为此他很沮丧。正是在某次这样的咆哮之中，一位老朋友告诉布莱恩，自己认识一个名叫索尼娅的女人，她有许多跟他一样的关于住房的观点，所以，他真的应该去和她谈谈。

当时布莱恩在美国国家森林局从事一份平淡无奇的文职工作，政府工作的时间安排让他有充足的空闲去骑自行车和参加业余活动。很快，他将精力投入到阅读住房政策和参加规划会议上，在这些会议的公众评议阶段，他经常与索尼娅一前一后发言。因为对政治的缓慢步调感到沮丧，布莱恩也开始考虑创建一个合法的非营利组织以回避法律上的刁难，他所设想的非营利组织将对排外的郊区提起种族歧视诉讼（这是公平住房团体们自 1960 年代以来一直在做的事情），希望以此让法官允许他们建造房屋。

而索尼娅先行一步，她仔细推敲了《住房责任法令》，在拉斐特找到了一个潜在的个案，并从杰里米·斯托佩尔曼那里又筹集到 10 万美元，用以聘请一位律师来提起诉讼。由于临近法定期限，索尼娅通过照抄《住房责任法令》中的旧案例并将有关拉斐特的详细信息粘贴进去的方式，亲自撰写了诉讼文件，并于 2015 年底代表自己和 SF BARF 提起了诉讼。这就把布莱恩的公平住房理念搁置到了一边，并使得推行《住房责任法令》成为加州租房者法律宣传与教育基金（California Renters Legal Advocacy & Education Fund，后文简称为 CaRLA）的主旨任务，该组织正是索尼娅起诉拉斐特之前她与布莱恩共同创立的正式注册的非营利组织。"三十五年来，试图劝说地方当局建造住房的那些虚弱无力的自由主义者们彻底失败了，"布莱恩在CaRLA的第一次公共活动中这样宣称，该活动在教会区社区中心的一个小教室举行，"那么，为什么不直接起诉郊区呢？"

  这次公共活动包括与两名律师和一名经济学家展开的小组讨论。布莱恩自己动手准备了一桌子葡萄酒、柿子和蓝灰色茄子蘸酱，配上饼干和一个追根溯源的故事。最后，小组共同仔细检查了索尼娅提起的针对拉斐特的诉讼，指控拉斐特市非法威逼丹尼斯·奥布赖恩放弃他原先计划的包含315套住宅单元的租赁公寓建设项目，用该市现已批准的44栋独立屋的妥协方案取而代之。

  索尼娅诉讼案最讽刺的地方是，没有人比丹尼斯·奥布赖恩本人更不希望她起诉拉斐特。奥布赖恩花了四年时间和数百万美元提出两个完全不同的项目方案。现在他的项目许可证即将到手，却受到了一个在申请程序开始之时甚至压根儿不存在的团体的威胁。他们通过一些扭曲的逻辑，作为旧项目方案的代表来起诉这座城市以及他本人——实质上就是代表他自己来起诉他自己。情况变得更糟了。作为与市政府签订的开发协议的一部分，奥布赖恩签署了一项标准损害赔偿条款，承担该项目的法律责任。这意味着他必须花钱保护该市免受索尼娅的攻击。在她起诉之前，奥布赖恩曾要求索尼娅停手。这就相当于向她暗示，如果她继续提起诉讼，将对自己无任何好处，毕竟她是一位寻求支持和大笔捐款的新晋住房活动家，而他则是一位有权有势的开发商，在美国最大的非营利性可负担住房开发商委员会中占有一席之地。无论如何，索尼娅还是去做了。

当开发商为己所用时，她是开发商的托儿，而这次开发商挡住了她的路。

她费了一番周折才找到律师接案。有代表开发商起诉城市的律师，代表愤怒的邻居起诉城市的律师，以及为城市辩护的律师。索尼娅要起诉的对象却是一座城市和一个开发商，与此同时也将激怒邻居们，因此她面对的是几乎不可能完成的任务，即找到一个对土地使用法律相当熟悉但对老主顾们毫无忠诚度可言的律师。后来有一天，她在旧金山伦理委员会的一场听证会上，听到一位名叫瑞安·帕特森（Ryan Patterson）的律师对一项新披露的提案提出异议。她对异议内容本身并没有什么兴趣。让她感兴趣的是，在帕特森的评论中，他说他的律师事务所有时候代表开发商，有时代表社区团体（换而言之就是"两面派"）。听证会结束后，索尼娅走到他面前，说有一个案子希望和他一起讨论。

瑞安·帕特森是旧金山的一名租房者，他同情 SF BARF 的事业，同时也是一位少见的曾在施瓦辛格政府实习过的加州共和党人。他为一家律师事务所工作，该事务所的次级专长之一是起诉政府。他对财产权持有强硬立场，因为他在一个保守的前矿业小镇长大，父母是小企业主。理智来看的话，索尼娅的案子算是一种冒险——而且绝无可能取胜。帕特森的工作是说服法官，拉斐特市强迫丹尼斯·奥布赖恩建造 44 栋独立屋，而不是 315 套租赁公寓，这是不公平的；而丹尼斯·奥布赖恩则坐在另一边，嘴中时不时说着"不，他们并没有这样做"。可以预见，法官站在拉斐特市一边，但在索尼娅威胁要上诉之后，该市——其实是丹尼斯·奥布赖恩本人——同意支付 CaRLA 的律师费。奥布赖恩现在已经为同一案件的双方据理力争，并为双方都支付了费用。

即使失败，拉斐特案对索尼娅来说意义也超过其本身，这个案子进一步提高了她的形象，并产出了大量的新闻报道。第二年夏天，开放慈善基金会，也就是赞助迎臂小镇会议的那家非营利组织，向 CaRLA 提供了 30 万美元的赠款。在赠款的"风险和保留意见"部分，开放慈善基金会写道："特劳斯在管理正式组织方面的经验有限，而且她的公众形象呈现出一定程度的非正式性，我们担心这可能会限制她作为较正式机构的领导者的效果，尽管我们相信以上种种有助于她在过去引起人们对这个问题的关注。"这一声明得到了彭博社一篇关于索尼娅的文章的脚注的支持。在其中，记者写道，当他向索尼娅索要一张他可以放进文章中的照片时，她通过电子邮件发送了一张手拿区划法课本的照片，另一张则是身着比基尼的照片。

索尼娅与拉斐特的事情了结了，但拉斐特的法律诉讼并未结束。史蒂夫·福尔克参加了 8 月 10 日的市议会会议，他以为即将见证一项投票，从而使他的城市远离代价高昂的诉讼，转向他认为合理的妥协。但事与愿违，他目睹的是流程将继续拖延几年的迹象，以及他在拉斐特政府职业生涯的终结。那是因为，当索尼娅在法庭上忙于与拉斐特市抗争时，"拯救拉斐特"组织已经开始收集签名进行全民公投，试图撤销市议会对丹尼斯·奥布赖恩新项目的批准。当拉斐特市试图辩称公投不合法时，"拯救拉斐特"提起了诉讼。因此，在好不容易从指控该住房开发项目规模太小的诉讼中挣脱出来之后，史蒂夫现在正在应付第二起诉讼，而诉讼的理由是项目规模太大，因此想阻止它。

美国郊区呈现出两种类型的扩张。第一种扩张由高速公路、相同设计批量修建的独立屋以及单向交通所引导，这是不断扩大的汽车景观的特征。第二种扩张较少被人们看到也较少被谈论，即政府的同步扩张，拉斐特正是因此而创建的。要了解拉斐特如何成为一座城市以及为何成为一座城市很重要，你首先得把城市作为一个特权阶级来理解。美国宪法论及联邦政府以及各州。县比州低一级，是州政府的分支机构。市则比前三个更难以定义。从法律上讲，它们都是你可以称为独立治理区的区域——在地理上有明确界定的小地区。对于这些地区，其所在州明令允许市政府制定并通过适用于其管辖区域的法律，管理城市的人称之为"地方管控"。而当他们获知这种控制只能在所在州允许的范围内时，总是不免错愕。

在20世纪上半叶，作为城市的特权通常仅为大中型地区所保留。它们并非全然是纽约或芝加哥这样的大城市，但也并不是一堆像拉斐特这样的小城市。那个时候的郊区一般都在非建制县的土地之上，当规模大到开始设想自行组建城市的时候，往往会被更大的城市吞并。这种情况从1950年代开始发生变化。因为战后郊区的繁荣以及与之相关的种族和经济排斥的冲动，当时人们创建了一系列新的地块。这些地块上的人希望能够通过自己的法律——尤其是与他们自己的土地使用相关的法规，而他们需要将其合并为城市来达到这一目的。

这造成了一个难题。成为一个可以通过法律并提供服务的城市这种特权，是与为政府功能买单的实际能力相互绑定的，达不到一定规模的话难以做到。如果一个社区要承担创建自己的警力、消防部门和建筑规范的费用，那它要么足够富有，可以为上述种种出资，要么足够大，可以将成本分摊到宽广的区域。可是战后郊区罕于达到上述两种条件。战后郊区居民基本是中产阶级且人数少，居民对缴纳高额房产税的前景反应激烈。1950年代和1960年代的住房开发项目都渴望掌握自己的命运，但缺乏支付能力。接下来，莱克伍德（Lakewood）出场了。

就其设计而言，城市史会把加州的莱克伍德视为洛杉矶版的长岛莱维特小镇。莱克伍德是一个拥有17500家住户的大型住房开发项目，位于洛杉矶县的南端，紧邻长滩市。它在同类项目中排名第二，可谓郊区中的"汉堡王"。但莱克伍德至少在一个方面是独一无二的：与未合并成市的莱维特小镇不同，它已经成了一座成熟的城市。莱克伍德通过防御性合并规避来自长滩市的吞并威胁。其独特之处在于，莱克伍德并没有以正常方式成为一座城市，即通过收缴大量税款并用这笔钱雇用警察、消防员和街道清扫工来实现，莱克伍德市的创立者提出了一项方案，向县政府和私人承包商支付费用，由他们经营除少数城市服务之外的所有服务。它可谓美国第一座"合约城市"。

莱克伍德的方案释放了一种市政技术，通过将成本分摊到整个县来降低取得地方管控所需跨越的财政障碍。在接下来的几十年中，合约政府以及出台的鼓励合并的其他政策，例如允许城市出台自己的销售税以及控制政府收款的法律，使洛杉矶县的大都市区分解成数十个郊区片区。莱克伍德于1954年成为城市。就洛杉矶县而言，1956年有4座新城市；1960年有26座新城市；到了1970年，共有32座新城市，有70万居民。

合并的推动者们将新城市的激增视为消费者选择的一场革命。由加州大学洛杉矶分校经济学家查尔斯·蒂布特（Charles Tiebout）领导的一群地方政府理论家们开始推出一种观点，即美国都会区正在变得如同超市货架一般。有些家庭想要一个有很多公园的城市。还有一些家庭想要一个有着擅长数学的高中的地方。有些人不想要多余的装饰，想要的是低税收。一个拥有许多独立城市的地区，会成为一个拥有众多快乐满意的居民的地区。人们只需要搬到他们比较喜欢的地方居住，而不必抱怨他们的政府。

这至少算是一种观点。随着大都市区被分裂为数十个主要以"欢迎来到_____"为标志来相互区分的新城市，中产阶级以及可以选择搬到任何想去的地方的富裕的白人们发现，规模较小、服务密集度较低的城市以更低的价格为他们提供了更好的政府。但能达成这一目的的一个主要原因在于，这些城市通过地块规划将贫困人口排除在外，这样实际上是避开了承担昂贵的社会服务费用。一座着眼于降低运营成本的城市，必定是一座尽其所能吸引可产生最多税收的人事物的城市，同时也是把那些可能需要可负担住房或经济援助的人拒之门外的城市。

为达到上述目的，"维持地方管控"通常是对地块规划和土地使用保持控制的委婉说法，城市可以借此决定到底是建造租赁公寓还是建造单户独立屋这样的事情，并制定关于房屋应该修建多大以及成本大致多少的规定——这些基本上也就决定了什么类型的人可以搬到何地去居住。可以看出，合约城市几乎从未外包过的，近乎占据了这些城市政府全部业务并动用其大部分实际雇员的功能的，正是城市的规划部门。"莱克伍德方案的城市，本质上是白人政治运动。"加里·J. 米勒在《合约城市》（Cities by Contract）中写道。

1950 年，康普顿（Compton）是一座多元化且运作良好的城市，拥有稳固的税基并同时容纳高、中、低收入家庭。在 1950 年代后期和 1960 年代，随着高收入白人家庭迁往莱克伍德，高收入黑人家庭迁往附近的卡森（Carson），康普顿的贫困人口猛增。在其邻市们忙于提升低税收、低服务政府的效率之时，康普顿则忙于为洛杉矶地区提供更高密度的住房，而这恰是莱克伍德等合约城市所摒弃的。到 1970 年，在康普顿的税基由于汽车经销商迁往莱克伍德而进一步受到侵损之后，该市的暴力犯罪率猛增了 25 倍，其低收入和贫困家庭所占人口比例增加到了三分之二，而 1950 年时这一比例只有四分之一。康普顿市开始增税。而莱克伍德的税额则在降低。相信"购买"城市如同"购买"百货，即等同于相信，贫穷家庭和非白人家庭选择在其所居住的地方定居，是他们把所处地区走遍并调查了所有可选方案之后深思熟虑的决定，亦即，他们所选择和期盼的正是一个犯罪率高、住房拥挤且高税收的城市政府。

对于真正在莱克伍德长大的孩子们来说，一切似乎并没有那么险恶。史蒂夫·福尔克就是其中之一。他曾骑着施温·斯丁格雷自行车或踩着巴内滑板在这座城市新铺砌的街道上漫游，他就这样度过了他的童年。当史蒂夫于1979年从莱克伍德高中毕业时，他身上充满了美国人的乐观主义精神并坚信未来会更好。在一座毫无历史可言的城市中，莱克伍德的家庭在未定街区的未命名街道购买了未建造的房屋，学校和社会支持系统从未经过验证，但似乎没有人怀疑这一切的有效性。这些住宅地块大同小异，就视觉效果而言枯燥无趣，但看到每个人都过着平等的生活，可能也会激发社会灵感。史蒂夫和他的朋友们都住在同样风格的房子里，都去同一个购物中心和同一所学校。他们也从未思考过谁更富有，因为他们看起来都一样，而且他们从未被告知过这种平等是如何设计和制造出来的。

史蒂夫从来没有重返他长大的城市或去类似城市居住的计划。他的职业生涯始于为长滩和旧金山的预算部门处理数据，同时他一直在寻找通向某城市执政官办公室的路线。说起来很尴尬，史蒂夫就住在相距拉斐特只有几公里的旧金山，但当他接受助理城市执政官职位面试时，他几乎没有听说过这座城市。这份工作促使他第一次穿越横穿奥克兰山的考尔德科隧道。在隧道的另一端，他第一次看到了"圣洁的加利福尼亚！"的景象，那是未被开发的橡树山丘，周围环绕着绿色的草和荧光黄色的芥菜花，透过挡风玻璃可以看到魔鬼山。**这就是**把拉斐特说成"半农村"的含义。这是一个完美的地方，有着完美的天气，与美国城市化程度最高的地方之一相距很短的车程。史蒂夫想要得到这份工作并在此地生活。而他也得偿所愿，几年后还晋升为城市执政官，这远远超出了他的预期。

史蒂夫·福尔克职业生涯的大部分时间都在为一个排外的郊区服务。根本没有办法绕过这个。拉斐特本身就是一座合约城市，而他的工作则是与承包商打交道并监管几十名全职雇员，其中许多人都在规划部门工作，这也正是这座城市存在的原因。不过，他仍然不认为自己是"迎臂主义者"所认为的"郊区恶魔"。远远不是。早在索尼娅·特劳斯提起诉讼之前，史蒂夫就一直在想方设法解决排外和密集的问题。他最引以为豪的成就是拉斐特的城中心，他把一排半空的沿街店面改造成了适合步行的市中心。湾区捷运附近有一栋底层为零售百货的租赁公寓，还有一组拥有 75 套住房的住宅建筑群。史蒂夫曾经使用重建资金为老年人和残障人士建造补贴性可负担住房。虽然该计划遭到居民的嘲笑，他们指责这威胁到了他们的房产价值，但这个计划仍然获得通过。在内部开展工作，意味着略微推动，然后在情势变热时退缩。除了使用"灌香肠"这种陈词滥调的比喻，史蒂夫还喜欢反复引述"政治是关乎可能性的艺术"。丹尼斯·奥布赖恩的拟建租赁公寓项目是不可能的。所以他以 44 栋独立屋的开发方案做了妥协，比邻居们愿意接受的开发数量多出了 40 套。按照史蒂夫"从内而外改变"的思维方式，好的妥协就是好的胜利。

但在鹿山这场艰难的拉锯战中，史蒂夫开始对住房活动家产生共鸣，而不再赞同他养儿育女的地方和投身事业的城市。他的儿子住在旧金山，和一群室友同住，却也得支付高额房租。

他的女儿是纽约的一名舞者。他难以亲眼看到他的孩子们为房租苦苦挣扎,所以一开始他并不认为索尼娅说的可能是有道理的。

2016年年中,年近八十岁的杰里·布朗在他第二任州长任职期间,在当年的预算中附上了一项全面的提案,允许开发商依照"当然权利"(as of right)建造城市租赁公寓——也就是说,无须得到城市的批准。这是对地方管控和州/城市的威胁,相当于父母威胁要带走顽皮孩子最喜欢的玩具。像拉斐特这样的城市就非常生气。史蒂夫却与他的同事们相悖,他决定写一份幕僚报告,建议市议会投票支持州长限制其权力的想法。"其认识到,因为没有任何一座城市认为自己会对可负担能力危机产生影响(因此几乎没有动力去尝试),所以必须在全地区或全州范围内出台解决方案。"史蒂夫在写给市议会的信件中这样评述布朗的计划。

这是一个异端的立场。史蒂夫深知这一点。仅仅写一份关于它的备忘录,就会招致反击。他的下一步行动是将报告放在即将举行的市议会议程上,这样整个城市都必须对此进行公开讨论。这样做无异于彻头彻尾的离经叛道。如果在几年前他刚接触城市管理和拉斐特时就这样做,那可能算是职业自杀。现在他快要退休了,有一份时长18个月的离职大礼包,包括福利在内价值近50万美元。这是拉斐特市议会专门给他的,目的是让城市执政官办公室免受选举周期思维的影响。

居民们仍然很愤怒。史蒂夫将在会议上提交他关于杰里·布朗住房提案的报告的那天,苏珊·坎德尔在早晨8点47

分通过电子邮件发送了一封信。"我们是一座小城市，周围环绕着非常大的城市，我们的资金有限，"她这样写道，"我认为我们的城市执政官如果继续提这种建议的话，那他应该属于另一座城市，一座比我们现在的城市大得多的城市。"当天晚上的公共评论环节坎德尔对着麦克风说了很多相同的话，还有接二连三的其他许多话。"不可信""无能""狡猾地操纵市议会"以及"应该受到公开、明确的谴责"，这是选民们对史蒂夫的其他一些评价。

议会讨论并驳回了史蒂夫的报告，杰里·布朗的提案也夭折了。那年晚些时候，史蒂夫在其年度绩效评估期间做了一次闭门谈话。此后不久，到了他下一次合同谈判的时候，"拯救拉斐特"组织的成员们赶来参加城市会议，以抗议史蒂夫的离职补偿金。没有人告诉史蒂夫为何他的聘任合同成了政治分歧点，但"拯救拉斐特"组织仍然纠缠于诉讼，他们要求进行全民公决，以撤销市议会对开发 44 栋独立屋这一妥协方案的批准。在诉讼审结之前，法院禁止丹尼斯·奥布赖恩开工建设。史蒂夫认为，发生这样的事情是因为，"拯救拉斐特"组织中的某个人已经开始研究如何才能够解聘他，并且意识到离职大礼包太过昂贵而让人望而却步。

"我建议不要再拖延一年。"苏珊·坎德尔在谈到史蒂夫的合同时这样告诉市议会。

"从广义上讲，这座城市一直在采取令全市居民感到不安的行动，"下一位发言人，来自"拯救拉斐特"组织的迈克尔·格里菲思这样说，"我并不是在这里表达个人情绪，我说的是，这是需要考虑的事情。没有人喜欢被卷入诉讼。"

一名市议会成员后来反驳说,被起诉并非市政府的错。这大概是为了提醒格里菲思——"'拯救拉斐特'组织的迈克尔·格里菲思"才是目前提起诉讼的人。

"如果市民们认为对话顺利,他们就不会提起诉讼。"格里菲思反驳道。

次年2月,法院裁定"拯救拉斐特"的公投可以继续进行。丹尼斯·奥布赖恩在不断增加的项目开发成本清单中增加了一名活动顾问。这笔钱也被浪费了。公投在6月通过,而此时两个与"拯救拉斐特"有关联的人已经开始为进入市议会开展竞选活动,其中一人是苏珊·坎德尔。奥布赖恩确实藏着一招保险政策:议会从未真正对整场斗争的导火索——最初的315套租赁公寓的开发方案——进行投票,这意味着他可以旧事重提。他反对公投的主旨是:"如果你们投票反对修建44座独立屋,那么我将修建315套租赁公寓。""拯救拉斐特"组织的成员们认为这是在虚张声势。事实并非如此:在公投通过后不久,奥布赖恩恢复了他在2011年提交的最初开发方案的申请工作。如果市议会拒绝,他随时可以根据《住房责任法令》起诉他们。

史蒂夫可以想象到,这又要消耗另一位城市执政官职业生涯的七年时间。但继旨在取消与奥布赖恩达成的交易的公投之后,他已下定决心不再担任城市执政官。他为争取妥协所付出的努力付之东流,市民通过投票否决了他,而他现在面临的前景是,那些希望他离开的人将入选市议会。朋友告诉他,他应该坚持下去,等待被解聘,这样他就可以从那张丰厚的离职补偿支票中获利。但那似乎是在浪费生命。他知道现在应该离开了,他不会为了钱而拖延下去。

在他辞职的那天,当市议会会议宣布开始时,史蒂夫一反常态地坐在职员桌旁。领读效忠誓言通常是授予杰出公民或童子军的荣誉,所以当市长要求史蒂夫这样做时,房间里的人们就可以看出将要有事情发生了。宣誓完毕后,市长说史蒂夫有话要说。此时,史蒂夫已经开始哽咽。他低头看着面前的纸张,告诉在座的诸位,他将朗读辞职信的部分内容。他朗读的那部分很有礼貌。说的是他如何热爱这座城市,如何为自己的成就感到自豪,并相信拉斐特是文明和民主参与的典范,这座城市拥有颇具天分和极为专业的班底。

等他说完,全场鸦雀无声,市长说他们都需要一点时间来理解他宣布的事情。随后,市议会说了一些好话,史蒂夫点了点头表示感谢,这一切看上去那么热烈和积极,以至于没有人想过要细究史蒂夫开始时的细节,那就是为何他只朗读了信的一部分内容。信件的其他段落,就打印在他面前摆放的纸张上,几个小时前,市议会的成员已经收到了发送到他们各自收件箱中的全文。很快,他们就会让信件全文在网上四处传播,这将促使记者打电话给史蒂夫以进行采访。但是史蒂夫不是来演戏的,所以他对这些人置之不理,自己享受着幸福的结局,他知道这一切终将发生。

"对于一个小城镇来说,拉斐特的土地使用、住房和政治挑战出乎意料地复杂,"他在完整的信中这样写道,"本城拥有一流的学校、宁静的街道、靠近旧金山的便利以及被许多老橡树围绕的优美的山谷,这些让这里成为生活和养家糊口的完美之地——事实上,它如此完美,以至于许多人都想搬来这里生活。因此,拉斐特一直承受着发展的压力。其实,这座城市1968年所列出的目标是保持半乡村特色,而自组建成市以来,拉斐特鼓舞人心的使命就是利用其市政权力来避开湾区那种不可阻挡的城市化进程。"

"然而,在这五十年期间,科学家们对地球大气层有了更多的了解,并得出结论——人类活动和碳排放是造成气候变化的原因。海平面在上升,海洋在变暖,大气在变暖,陆地在变暖,冰在融化,极端高温以及野火和飓风正在愈发频繁,降雨模式正在发生变化,海洋变得酸性更强。这些为人类带来的风险和后果无论怎样强调都不为过。

"所有城市——即使是小城市——都有责任去应对我们这个时代最重大的挑战:气候变化、收入不平等和住房可负担性。我相信在湾区捷运车站附近增加多户住宅是拉斐特为承担上述责任而尽其所能的最佳方式,因此我越来越难以支持、倡导或实施阻挠交通密度的政策。我的良心不允许我这样做。"

第六章

第二个住房一揽子法案

斯科特·维纳（Scott Wiener）的政治超能力在于，每当陷入争斗之时，他似乎总能以超然中立者的身份从中摆脱出来。维纳代表卡斯特罗区入选旧金山参事委员会（相当于旧金山的市议会）。他第一次引起媒体关注，且让他的名字在整个城市家喻户晓，正是他提议禁止在公共场所裸体的时候。人们对此津津乐道。斯科特·维纳撰写了一项法案，规定任何5岁以上的人在任何公共街道上"暴露他／她的生殖器、会阴或肛门部位"都是违法的。他之所以写这个法案，是因为在温暖的日子里旧金山任由那些尚未晒成棕色的裸体男人在人行道上游逛，这项由来已久的传统已经升级为一种喧嚣景象，裸体主义者们开始在一个被称为"裸体小站"的十字路口附近大规模聚集。

这里是旧金山，维纳为试图终止这种恶作剧所付出的努力，招致了以言论自由为名的抗议和市政厅台阶上的"裸体"示威。几个星期以来，维纳一直被认为是一个保守的大煞风景者，但实际上这只能算是比较务实的工作。卡斯特罗的商家深感裸体主义者烦人。而他是卡斯特罗区选出的代表。他尽职尽责地接听电话。法案经参事委员会通过之后，来了男女六人，他们在会议厅内脱下衣服，后来在副警长的护送下离开。维纳穿着西装坐在那里，看起来就像刚刚把旧金山从它自身中拯救出来的家伙。

维纳是哈佛法学院毕业生，也是产出颇丰的立法者，身高2米，很瘦，戴着眼镜，胡须时有时无。他始终举止冷静，他说话的声音被另类报纸《旧金山周报》描述为"像一个人在语音邮件中口述自己姓名那样单调"。他持续两年把夜间、周末和午休时间用于在预期服务地区敲开15000扇门，之后他被选入参事委员会。在任期间，他因半夜打电话给他的班子并在凌晨3点发长长的文字信息而出名。维纳对旧金山在流程之上累加流程的嗜好持悲观态度，他专门撰写高度技术性的法案，旨在消除官僚主义，将权力从选民转移到市政部门，并简化地方许可和环境流程，以便能够更容易地开展建设。他围绕着如此多不同的主题通过了如此多不同的法案，以至于选民似乎永远不确定他在做什么，只是觉得他看起来很能干，而且显然能胜任很多工作。

由于他对开发持支持态度，并且愿意解决诸如快闪裸体主义者聚集这样关乎生活品质的问题，维纳被旧金山政界称为"温和派"。温和派对于旧金山而言是一个意味深长的词汇，而在旧金山之外却毫无意义。当谈到国家问题时，这座城市的大部分人都像斯科特·维纳那样：一个极具自由主义作风的民主党人，在工会记分卡上获得了100%的评分，[①]并且支持枪支管制、增加所得税、大麻合法化、单一付款人医保、由国家资助堕胎、

---

① 意即在各种问题上他总是投票支持工会的立场。

由国家资助性别确认手术、风车，以及水力压裂禁令①。但在地方选举中，这一切都无关紧要。首先是因为这些都无法作为差异点，其次是因为城市政治围绕着邻里争论展开，而联邦政府几乎无须考虑这类事宜。旧金山就其政治上的整体相似性提出的解决方案是创建两个超地方派系，为超地方问题而战。他们被称为温和派（the moderates）和进步派（the progressives），亦即"mods"和"progs"。

进步派的标签一开始是为了表示"比该市已然非常自由主义的建制派更自由主义"，当地进步派在2000年的选举后崭露头角。旧金山当时刚从全市选举转变为地区选举，让一群永远无法在全市竞选中获胜的极左翼居住区活动者获得了参事委员会席位。尽管取得了胜利，但他们不确定如何从反叛转变为领导，由进步派控制的委员会在接下来的几年里制定了旧金山独有的法律（例如禁止销售开心乐园餐的法案），出现了旧金山独有的人物（例如城市监督官克里斯·戴利，他曾试图阻止蓝天使②从这座城市上空飞越，并曾发誓每次委员会会议都以"他妈的"一词开始），掩盖了一系列更为具体的成就（比如建立包容性区划规则，要求开发商在市场价格住房开发项目中建造补贴住房，这些规则在当时被认为是激进的，但现在已被广泛接受）。

---

① 水力压裂（fracking）是一种油气能源开采技术，将含有一定化学物质的水灌入页岩层，利用液压碎裂岩石以释放并使用石油、天然气，从而降低成本，提高产量。水力压裂技术被认为有污染环境的隐患，因此遭到一些人士的反对。

② 即美国海军蓝色天使飞行表演队。

进步派难以掌握权力，因为他们是工会、社区团体和城市资助的非营利组织等团体的奇怪混合体，这些组织就去向何方的信念难以达成一致，把他们团结在一起的是对开发商和商业利益的共同仇恨。可以预见的是，在大萧条期间，随着失业率上升，选民转而支持谈论创造就业机会的政客，他们则被赶下了台。但到了2015年，进步派重返政治舞台，因为这座城市对于租金上涨、私人巴士、优步车倍增以及斯科特·维纳的政治主张的厌恶与日俱增。斯科特·维纳喜欢建筑，却讨厌流程。

问题是，至少在住房方面，很难准确说出"温和派／进步派"标签的实际含义——基本上所有旧金山政客在国家政治舞台上都会被认为是进步派，也很难准确说出它们分别代表什么样的选区和权力结构。可以近乎公平地说，当地进步派倾向于支持更多的政府管控，但这种管控的范围过于宽泛，足以将家财万贯的白人保存主义者①与拉丁裔租户权利的倡导者归为同一类别。还可以大致公平地说，当地温和派往往更青睐开发商，但前提是"青睐"的定义足够宽泛，包括公然凭借裙带关系的营利性开发商和希望能更容易地在富裕社区建造补贴住房的非营利组织。

维纳拒绝接受为他贴上的派系标签，并否认自己是温和派。在旧金山，只有一个反对死刑并绑着皮革带子参加当地BDSM

---

① 保存主义者（preservationists）主要指主张保存历史遗迹和传统的人，但也可用于指主张保存语言或环境的人。用于后者时，不同于资源保护主义者强调环境的工具价值，保存主义者强调的是环境的内在价值。

节日游行的男同性恋者,才必须争辩自己真的是左派。维纳的反对变成了他在选民会议室中的一贯论调,他认为这个标签没有真正的意义,认为这在于旧金山对"进步派"的怪异定义——在旧金山,为单户住宅区的神圣不可侵犯而战的富裕房主必须以某种方式与反对绅士化的贫穷租房者保持一致——那是不对的。在大多数情况下,他没有辜负他自称的独立。2011年,他是旧金山商会中意识形态最为前后一致的监事。也就是说,他是典型的温和派。时隔两年,他成了三夹板——里外不是人。维纳曾经同时激怒了旧金山租客联盟和该市最臭名昭著的驱逐者之一。

他真正擅长的在于案卷——他撰写了很多法案,并通过了很多法案——他一点一滴地解决问题,孤立反对者并建立一种成熟负责的形象,以此推动事情发展。典型的例子是 2015 年的一项法案,该法案取消了对所有单元皆得到补贴的租赁公寓所施加的有条件使用许可证的要求。如果开发商想在特定地块上建造某些不被自动许可的建筑物,那么就需要获得有条件使用许可证。就本质而言,这就要求特定类型的开发项目(如连锁商店)去费力乞求这张许可证。维纳的法案相当于一项声明,即可负担住房项目不应该乞讨以获得许可。

这也算是给邻避主义者的诱饵。这是一项取消许可证的提案,而这种许可证原本为社区提供了一个扼杀新项目的最佳机会:保存主义者如何能忍住不去市政厅抗议?在市场价格住房开发的情况下,提议破除许可证障碍,就存在一个明显易招致攻击的软肋——"赠予开发商"。而现在,这点已经消弭于无形。

在旧金山，可负担住房项目几乎普遍由聘用工会劳工的非营利开发商承担，且得到市政府的帮助。维纳关于取消可负担住房项目必须申请有条件使用许可证这一规定的提议，相当于向劳工友好组织提供好处，而这些组织是为诸如教师、社会工作者和有固定收入的老年人等修房子的。

在该法案的一次早期听证会上，房主们做了辩护性发言，表示他们不喜欢这个想法，但自己并非邻避主义者，只要把可负担住房修建在"恰当的地方"，就没有任何问题。怪异之处是，社区住房组织委员会竟然与这些房主结盟。社区住房组织委员会是一个具有政治影响力的团体，在当地被称为"啾啾"，并自称为"旧金山可负担住房运动的代言人"。

啾啾的创始人卡尔文·韦尔奇（Calvin Welch）有一头灰色头发，扎着马尾辫，是城市非营利组织界的头目，也是高速公路抵制运动①的后裔。据当地传说，在1975年大选期间，他同意联手支持未来的市长乔治·莫斯科尼，自此开始从海特-阿什伯里社区②成员转变为令人生畏的政治权力掮客。从那时起，韦尔奇就成为当地进步派的建筑师，并且在自1980年代以来几乎所有重要的开发斗争中都留下了自己的印记。这给了他令人钦佩的声誉，因为该市大部分新增可负担住房存量都归功于他；

---

① 1960年代在美国爆发了大规模的高速公路抵制运动（the freeway revolts）。该运动起自旧金山，后蔓延到美国多个城市。抗议者以集会、请愿、诉讼等方式表达不满，抵制因高速公路导致的社区割裂、房屋拆迁以及环境破坏等问题。

② 海特-阿什伯里（Haight-Ashbury）原为工人住宅区，后来成为嬉皮士聚集区。

当然,他也得到了一个不那么光彩的名声,即被视为专门从被称为"社区投入"的官僚主义运作中榨取金钱和影响力的人。

啾啾是一个强大的联盟,与一切进步派一样,联盟的目标充斥着内部冲突和矛盾。其成员包括可负担住房开发商和租户组织者,他们在理论上支持让建造可负担住房的流程更加简捷;成员中还包括一群反增长的邻里群体,他们通常持反对态度。实际上,该联盟的运作建立在隐性交易之上,位于城市东区的活动家们获得城市资金来建造补贴住房和支持非营利组织,这体现出"旧金山价值观";而位于城市西区的房主则将他们的社区与新开发项目(包括可负担住房)隔离开来。这是旧金山政治虚伪的核心之处,这也是建立房主和租户团体联盟的一种权衡。

当听证会讨论斯科特·维纳关于简化补贴住房建造流程的提议时,卡尔文·韦尔奇出席了会议,并在公开评论中表示他反对该法案,他威胁说这将导致本应团结在一起的团体分裂。他的意思是,维纳的立法如此有利于可负担住房开发商,以至于他们如果不与邻里团体分道扬镳来支持该立法提案简直就是疯了。这是(1)确定无疑的,以及(2)斯科特·维纳对此也心知肚明。

出席会议的还有一些非营利建筑商,他们到会作证表示支持。到会的还有布克·T. 华盛顿社区服务中心的执行主任帕特·斯科特,她描述了一个地狱般的诉讼场景,以此敦促人们让该法案通过。她的组织正在为摆脱寄养制度(臭名昭著的通往无家可归的途径)的孩子修建可负担住房,但诉讼徒增了数百万美元的成本和在流程中耗掉的5年时间。当韦尔奇辩称布克·T.华盛顿社区的故事具有误导性时,你会突然进入到这样一种局面:这座城市的左翼在为寄养儿童争取一个家,而所谓属于温和派的斯科特·维纳则在尽力帮助他们。这就是分裂反对派的意义,果然法案通过了。

旧金山的政治可谓"不晋则退"。尽管旧金山大名鼎鼎,有许许多多金钱和许许多多雄心勃勃的人,但这座城市的人口只有88万,只比俄亥俄州哥伦布市的人口略多一点。旧金山参事委员会有11个席位,另外还有1名市长、1.5个①国会议员和3个州议会席位。除了自1987年以来由南希·佩洛西占据的国会主要席位,其他所有职位都受到任期限制,因此这的确算是"不晋则退"。这意味着任何想有所作为的人最终都会与政治盟友或老朋友对峙。斯科特·维纳是一位雄心勃勃且受过良好教育的政治家,他相信自己终有所成。在参事委员会的大部分时间里,他与甘大为、邱信福和简·金共事,这三位同样雄心勃勃且受过良好教育的政治家,也都下定决心要么升迁要么出局。

除了"不晋则退",旧金山的政治可能也称得上"团团伙伙"。甘、邱和维纳都一起读了哈佛法学院,而就读于加州大学伯克利分校法学院的金曾经与邱是室友。甘和维纳在哈佛就读期间是好朋友(甘也是同性恋,维纳是他最早的出柜对象之一),并且曾经一起竞选过当地民主党的委员会席位。在他们双双取胜且维纳升任民主党主席后,甘和邱投票把他们的老朋友

---

① 第十四国会选区包括该市的一小部分。——原注

从位子上拉了下来。维纳显然已经原谅了这件事，因为当邱在2014年州议会竞选中与甘竞争时，他支持了邱。邱显然把他的老室友丢在了脑后，因为在他竞选获胜后不久，当维纳和金在2016年州参议院竞选中对峙时，他支持的是维纳而不是金。

如果斯科特·维纳能够让自己成功入选加州参议院，那将是一件大事。这可不是什么可怜兮兮的地方办公室。加州有4000万人口，尽管加州议会相对较小。加州参议院有40个席位，因此每位参议员代表大约100万人，比美国众议院议员所代表的人数还多。对于一位擅长制定新法律的政治家来说，这是一个掌握强大权力的职位。在早期的竞选活动中，维纳已经在谈论一项在全州范围内引入住房立法的计划，这将远远超出他在委员会中推动的那些微不足道的许可法。但他首先必须要赢得竞选。

在全美范围内，无论是湾区还是其他任何地方，每当召集由规划师、开发商和租户支持者组成的跨政治派别工作团队，来制订解决当地住房负担能力问题的路线图时，都会浮现出相同的基础方案。首先，城市交通便利且最受欢迎的居住区中没有足够的住房，因此需要在这些地方建造更多更高的房子。其次，美国的任何地方都没有充足的可负担住房，因此需要为那些负担不起私人市场所造住房的人提供更多补贴。总而言之，需要更多的住房，也应当为需要住房的人提供更多的补贴：这个双边等式构成了良好住房政策的中间视图。住房**政治**是另一回事。住房**政治**可归结为某人所代表的是住房补贴与住房供应等式的哪一侧。根据住房政治，花费大部分时间谈论补贴和租金控制的人是可负担住房的支持者；而那些谈论让私人市场建造住房的流程更简单的人，则是开发商的托儿。

竞选时间到了，斯科特·维纳要么是旧金山最心直口快的增加住房的支持者，要么是该市最大的开发商的托儿，这取决于从谁的口中说出来。多年来，他通过简化许可证流程和与开发商相处时的泰然自若赢得了声誉。他也是旧金山少有的在其所在地区推动大项目的城市监事。维纳经常试图提醒人们，尽管他支持让建造市场价格住房的流程变得更简单，但他也同样支持租金控制。他比大多数人都做得更多，使得建造补贴住房变得更加容易，并且他几乎对每一项可负担住房税都投了赞成票。但平衡对旧金山而言并不是有多大用处的品质，所以，对于这个城市中相当多的人来说，维纳被视为开发商的托儿。

2015年，当维纳开始竞选参议员时，旧金山的政治开始升级为全面战争。11月的投票实际上是对科技行业的公投，其中包括为可负担住房筹集资金和对爱彼迎租赁加以管控的措施。最有争议的想法被称为《I号提案》，它是由维纳的老朋友甘推动的。这是一项对教会区所有新建市场价住房项目实施18个月暂停的举措，这基本上将关停该市最受欢迎、公共交通设施最丰富的街区之一的所有新开发项目。维纳反对这个方案，逻辑在于，这只会使供应问题愈发恶化，并且一个街区项目的暂停将成为其他所有街区项目暂停的诱导性因素。但这项措施在租房者中很受欢迎，他们认为这是对科技产业的抵抗，也是对绅士化竖起的中指。维纳在一年中的大部分时间里都要面对人们的大吼大叫，甚至有游行示威者在他的产权公寓外聚集，他们举着写有"支持暂停任务"的标语牌。

《I号提案》最终未获得通过，但它成为一个研究案例，表明在满是租房者的城市中（三分之二的旧金山人是租户），住房开发的政治是多么艰难，难度堪比在周边郊区。那年选举日，当维纳外出参加竞选时，一位名叫迈克尔·汉金森（Michael Hankinson）的政治学家和一个40人的团队在旧金山的投票站分发调查问卷。汉金森的调查显示，尽管租房者们都认为旧金山的住房严重短缺，但大多数人仍然对其居住区中的新开发项目持反对态度，因为担心这会加速绅士化。也就是说，拉斐特的房主担心附近地段的住房开发会导致自己的房产价值下降，而教会区的租房者则担心周边的住房开发会导致他们的房租上涨，二者如何投票，并没有什么差别。汉金森在他的论文中写道："简而言之，更多住房供应所带来的长期好处，被眼下流离失所的短期威胁所遮掩。"他的论文题目为《租房者何时表现得像房主？高租金、价格焦虑和邻避主义》。

斯科特·维纳非常清楚这种态度，他不难理解个中原因。他所要做的就是从他在参事委员会会议厅的座位上向外望去，看着前来就新住房提案发表评论的人。反对者基本上是可爱的老太太和四面楚歌的房客，还有对邻居性格担心不已的房主。而那些赞成者则是开发商。你几乎指望不上任何一个正常人说这座城市住房不够，所以需要更多住房，至少在索尼娅出现之前这从没有发生过。所以当然，他开始鼓励她。

对项目暂停开展投票的五周后，在12月一个飘着小雨的周日早晨，维纳一改平日的西装革履，他身着牛仔裤和阿迪达斯，走进市场街一个联合办公空间，在一场支持住房开发的邻里社团会议上发言，索尼娅称其为有史以来第一场"迎臂主义大会"。10 点过一点，维纳到达的时候，索尼娅正站在一块白色书写板前致欢迎词，有四十多人前来参会，他们在看起来并不匹配的家具上落座或站立在铺着地毯的地板上。这是一场典型的迎臂活动，参会者都是千禧一代和专业人士，其中只有少数人参与过除投票外的其他政治活动。"我在参事委员会任职的最初几年里，感觉这真是一个非常孤独的地方，因为这些自封的所谓住房倡导者，其实却身体力行地反对着住房建设，"维纳面对这群人这样发言，"现在如此多年轻人参与到这个过程之中。不是因为你听命于任何一位政客或任何一个团体，而是因为你身涉其中，你在以真实的方式谈论'我在这个城市中的未来是什么样的？我将住在哪里？我将在何处养家糊口？'"

此时，索尼娅已经开始通过当地媒体确立自己的地位，她在会议上的姿态与她的风格一致，充满了激昂和好斗的语气。CaRLA 正要提起针对拉斐特的诉讼，而最近有一个小新闻，说索尼娅和其他人正在努力为当地的塞拉俱乐部招募新成员，以便把支持开发高密度住房的成员选入该组织的委员会（塞拉俱乐部旧金山分会曾经与一栋包含 9 套可负担住房共 66 套住房单元的租赁公寓楼作斗争，理由是它会摧毁一间历史悠久的暖气片店铺）。"旧金山有一种自说自话的进步政治腔调——'封锁这座城市，'"维纳在发言中说，"只是封锁城市，不要建造新的公共交通，不要让人们随随便便进出城市、上班下班。不要因为你想使社区高档化就安设新的公交系统，不要建造更多的住房——只要把这个城市封锁起来。如果我们围着城市挖一条护城河，把鳄鱼放进去，这样或许就可以阻止人们进来了。"

第二年，SF BARF 在公开会议上引起的骚动，开始凝结为迎臂党派这样的结果。新的篇章也已在南加州乃至全美各地掀开。让我们回到旧金山这一原爆点的市场，迎臂会议的组织者索尼娅开始变得愈发刻意政治化。这是拜一位名叫劳拉·富特·克拉克（Laura Foote Clark）的女士所赐。她来自华盛顿特区，与她的丈夫一起搬到了旧金山。劳拉初到湾区，在科技公司从事销售工作，同时也在寻求了解当地政治。这促使她参与邱信福竞选集会的志愿者活动，并开始与下一代年轻的潜在候选人合作。在意识到住房问题是一个有效的取胜事宜后，劳拉成立了一个名为"旧金山增长"（Grow SF）的组织，并效仿索尼娅，发表了义愤填膺的公众评论。

劳拉像索尼娅一样自信而好辩，但这并不是说她们完全一样。索尼娅的粗糙接近于行为艺术，她将 SF BARF 描述为"行动至上主义"[①]，任何人都可以做任何他们想做的事情，只要他们真正去做。这不仅仅是一种动力。这是一种自我保护的手段，让那些无法自我激励的人不必坚持下去，索尼娅也就不必为组织建设投入大量情绪劳动。索尼娅最厌烦的事情莫过于参加会议的人期待自己的观点得到赞美。她曾经说过，不明白为什么

---

① 行动至上主义（do-ocracy）是一种组织结构，在这种结构中，个人为自己选择角色和任务并予以执行，责任在于做事的人，而非官员。

女人会抱怨"男言之瘾"①，这并非因为她不觉得男言之瘾令人厌烦，而是因为如果任何人在谈话中有了这种苗头，她都会立即掐断它。因此，她从来没有承受过长时间的男言之瘾，所以她对此不加考虑。这也正是她设计自己的"俱乐部"时所持有的心态：很多时候，别人告诉她如何经营 SF BARF 或建议她更改名称，索尼娅并非以争论来回应，而是热情地告诉对方，如果你对自己的想法兴奋不已，就赶紧离开这里自己去做吧。索尼娅做事一直从小处着手，因为她无法应对做大事所需要的妥协。

劳拉则想做大事，而且越大越好。她想要一个围绕当地住房问题的合适的政治俱乐部，就像塞拉俱乐部之于环保主义一样。因此，索尼娅带着挥之不去的怪异性格和伟大想法确立了自己的原型创始人地位，劳拉则默默扮演着一个具有运营意识的建设者的角色。她接受了日常现实，例如需要与人手牵手，以及加入俱乐部的大多数人都希望被告知如何去做这样的事实。这并非毫无优势可言。劳拉拥有观念推广者的好斗性和粗鲁到近乎辱骂的词汇，"白痴"和"无能"等词被她频频使用。她还倾向于用诸如"这只是一无是处的释放美德的信号"之类的短句来驳斥充满善意但在政治上不可取的想法。

劳拉在拍巴掌示意房间中的人保持安静时，或命令某人堆放椅子时，是最快乐的。虽然没有人直接宣布，但是她组织活

---

① 男言之瘾（mansplaining）又译为男性说教，由"man"（男性）和"splaining"（explaining，解释）组合而成，带有贬义，指某些人（尤其是男性）以居高临下的姿态向他人（尤其是女性）说教，且认定对方所知甚少或不把对方的观点当一回事，也指男性向女性解释她已知的事。

动的动力使 SF BARF 这个名字走向了终结。让斯科特·维纳这样的政治家在下雨的星期天沉溺于你的"代表大会"是一回事,而被视为真正的参与者和俱乐部,并将其背书印在竞选用具上是另一回事(即使在旧金山,竞选用具上也不会出现"BARF"字样)。当然,这并不是说大声发声毫无用处。在遇到索尼娅之前,劳拉曾试图让"旧金山增长"成为一个成熟而内敛的亲住房开发团体,却发现它可谓暗淡无光。劳拉得到的教训是,无论随后出现的俱乐部是什么样子的,都应该兼具 SF BARF 的态度和"旧金山增长"的雄心,所以,如果某个地方出现了一个金发姑娘成立的组织,那可以继续保持粗鲁以得到关注,但也不能太过粗鲁以至于不具政治竞争力。

从本质上讲,劳拉理解了索尼娅不愿承认的事情,那就是,你想让建造住房变得更容易,同时还谈论供应经济学的重要性,这一切都很好,但在现实世界中,在政治领域中,你不能指望干掉一堆敌人然后从真空中产生更好的政策。你必须建立起自己的队伍来控制它。劳拉毫不掩饰自己想成为权力掮客的愿望,她告诉人们她想成为"下一个白兰"(白兰是唐人街令人敬畏的活动家,《旧金山杂志》上曾登载了一张她手握蝙蝠的照片)。就提升一个新兴组织的影响力来说,没有比结交高阶行政职位的朋友更好的方式了。那个夏天,劳拉调动了群体的能量以支持斯科特·维纳的参议员竞选。

这并不容易。简·金是当地进步派的成员,她支持暂停住房开发项目,而且她比斯科特·维纳更酷。简·金曾在竞选广告中展示过跆拳道,她曾是一个名为"奇怪"的独立乐队中的贝斯手，还曾是社区组织者，以从营利性开发商手中千方百计地争取可负担住房而闻名。金的竞选活动甚至让新近在全美声名鹊起的伯尼·桑德斯飞往加州为她助选。维纳有更多的钱和更多的地方支持，但伯尼为金助选的优势也是切切实实的，这导致维纳的多点领先优势无法保持，金则在夏季初选中险胜。在许多州，斯科特·维纳都可能会获得支持，但加州采用了开放式初选制度，所有选民，不仅仅是民主党人和共和党人，都能在选举的第一轮中投票。得票前两名者将在大选中对峙，即使他们来自同一个政党也是如此。所以初选中选出的是大选的参与者，大选将一决胜负。

在选举的最后几个月，劳拉和索尼娅成立了迎臂独立支出委员会，该委员会筹集了大约10万美元，为斯科特·维纳和其他候选人做宣传。这变成了一个组织训练营，大家从中学到了所有无聊但必要的本领，在选举结束后这一组织继续运行，并取名为"迎臂行动"。他们必须学习如何在线筹集资金并正确报告捐款情况；去找到一台打印机来制作由志愿者分发给选民的光面袖珍卡片；去了解免责声明应在的位置和字体大小；去得到选民名册并用软件来确定哪些人最有可能接受迎臂运动的消息。劳拉还办了一份每周两期的刊物，并开始举办畅饮欢乐时光活动，将当地的住房政治转变为那些年轻专业人士希望参与的事情，而这些人原本通常对市政厅避之唯恐不及，甚至无法说出其代表的姓名。

选举日那天，共有80名志愿者分散在街道上进行活动，领导者全部是女性，此外就是"连帽衫核心小组"的年轻人，其中许多是软件工程师,他们全天请假,逐户敲门、分发传单并在旧金山城铁车站挥动标志,直到 8 点投票结束。后来在斯科特·维纳举办的派对上,在一家名为"情郎"的酒吧里,人们在电视上观看了选举唱票结果,并从竞选工作人员的大喊大叫中获知了当地最新消息。维纳的竞选很有望成功,迎臂运动领域似乎即将迎来一个更强大的盟友。但突然之间,人们转移了焦点。这是因为电视屏幕的顶部出现了新闻,唐纳德·J. 特朗普即将成为美利坚合众国总统。人们开始谈论一个假设的"苏菲的抉择"①,即他们可以牺牲斯科特·维纳,用他的失败来换取希拉里·克林顿的胜利。午夜时分,酒吧里安静了下来,数百名不知所措的人盯着他们的手机,想努力弄明白唐纳德·J. 特朗普真正成为总统意味着什么。斯科特·维纳的一位朋友说,那天晚上赢得参议院竞选,就好比在"9·11"这天过生日。

选举八天后,当旧金山仍处于大选后的某种悲痛情绪中时,索尼娅和其他几位迎臂运动者来到参事委员会会议上,敦促该市直接批准位于拉丁裔人口众多的教会区的一个拥有 157 套住房单元的住房项目,而非对其相关诉请进行投票。邻里团体认为,在批准该项目之前必须研究其对绅士化产生的影响。这是旧金山邻里团体之前多次提出却遭挫败的论点。并且,在前几个月,绝大多数参事委员,包括一些来自进步派的成员,投票

---

① 来自同名电影,电影中苏菲是一位犹太妈妈,在二战中纳粹要把她的一个孩子送去集中营,让她在一儿一女中做出选择。所以"苏菲的抉择"意为两难的选择,或者说没法选择,都不能舍弃。

反对过类似的诉请。就连教会区的代表，也即住房项目暂停运动公众代言人甘大为，都被公认将投票支持该项目。

正是为了这个可能的批准，一位名叫文森特·吴的软件工程师，作为热心的迎臂运动成员，在公众评论期间站到了麦克风前。"我们阻止绅士化浪潮的唯一办法，就是为富人建造居住地，否则他们将会像我一样行事——我和好几个人拼抢教会区的一个地下室，"他说，"如果我们不为有钱人建造可供居住的单位，我们都知道会发生什么。他们将与中等收入住房的居民就存量住房开展竞争，我们知道谁会赢，钱多的人会赢。"吴的评论在反绅士化团体中遭到诋毁，但很快索尼娅的评论就把批评的火力引过去了。在吴离开麦克风四秒钟后，索尼娅站到了麦克风前。

作为简短演讲的开篇，索尼娅指出，在会议早些时候有人反对该项目，理由是这会把"陌生人"带入社区。"在特朗普统治的美国，我们已经为各地的排外主义深感不安，"索尼娅说，"当你来到参事委员会并说你不想你的邻居中出现新的、不同的人时，你和全国各地不喜欢新移民的美国人完全一样。这是同样的态度。这是**完全**相同的态度。"——能听到人群中的喘息声，还有"继续"的叫喊声——"所以基本上，你要么是那种愿意让新人进入你的社区的人，要么是那种想让与你不同的人远离你的居住区的人。"

甘大为 1970 年出生于危地马拉的巴里奥斯港。在他 11 岁的时候，经济不景气，他的家人第一次尝试偷渡到美国。他们在墨西卡利边境的栅栏下挖洞，但当天晚上略晚些时候，当他们在墓地中躲藏时,一架直升机的强光照亮了周围的地面。他们刚刚踏上通往美国生活的路途,就遇到了蛇头,然后一路跟着,直到移民及归化局的工作人员拦下他们。工作人员怀疑这辆低速行驶的汽车中塞满了非法移民,事实上确实如此。甘大为和他的家人被关进一间牢房,后来又被遣送回家。四年后他们再次尝试,在蒂华纳成功偷渡入境。他们在南洛杉矶定居。甘大为的父亲在危地马拉是一名气象学家,但在美国却开始了作为一名木匠的崭新职业生涯。甘大为以优秀的成绩毕业于杰斐逊高中,随后就读于斯坦福大学和哈佛法学院,在那里他与斯科特·维纳成了朋友。

唐纳德·J.特朗普当选一周后,甘作为旧金山拉丁文化区的当选代表坐在那里,听索尼娅把抱怨新来的技术人员的妇女与建造隔离墙以阻挡墨西哥"强奸犯"的候任总统进行类比。甘原本来参加听证会是打算投票反对住房项目的诉请,就像他投票反对各种类似的诉请一样。然后就到了投票的时间。"对于那些总是想知道'公众评论是否有影响?公众评论会改变想法吗?'的人,我认为这次听证会是一个完美的答案,"他说,"我要特别感谢BARF的代表,他们今天帮助我改变了想法。"甘大为继续说,他之前并不认为这样的诉请有什么好的,并发现其法律逻辑可疑,但现在,纯粹是因为索尼娅的评论,他将投票支持这个诉请。

在关于住房短缺和供需的所有讨论中,一个叫作"权力"的概念被淹没了。当索尼娅起诉拉斐特,或当迎臂主义者出现在硅谷的公共麦克风前大喊大叫时,它符合与强权者作斗争这样一种令人舒适的叙事。然而，在绅士化地区，他们代表了邻里团体所反抗的那种权力的根源。迎臂组织成员在科技公司拥有高薪职位，他们组织严密，受过良好教育。他们从百万富翁和亿万富翁那里获得资助，需要做的就只是出席几次会议，但在几个月的时间里，他们获得的媒体和政治关注，比那些早已成立数十年的住房团体在整个生命周期里得到的全部关注还要多。在这个事件的升级之中隐含着一条古老的美国要旨，即只有影响到白人的问题才成其为问题。

这并不会使增加住房供应的观点成为一种错误。湾区持续创造的就业机会远多于住房数量，因此住房短缺问题只会变得更糟。甘大为后来说，他对自己曾经支持住房项目暂停感到遗憾，他原则上同意迎臂主义者们所说的关于这座城市需要更多住房的大部分观点（气咻咻的参会者们大多都不知道，甘与索尼娅在公众听证会外面的大理石走廊里关系融洽）。但这次交流成为住房开发政治中存在巨大争议的一个醒目的例子，也说明了为什么住房永远不会像一个双边等式那样简单——一边是补贴，另一边是住房开发。

几个月后，索尼娅和甘大为进行了一次补救行动。某天晚上，索尼娅和劳拉坐在索尼娅的沙发上看手机，她们读到一篇关于帕兰提尔技术公司的文章，这是由彼得·泰尔支持的一家大数据公司。泰尔是身价亿万美元的科技投资人，也是特朗普的放任自由主义的支持者。文章中列出了该公司正在开发监控软件，以利用手机日志和犯罪记录，来帮助美国移民及海关执法局寻找和驱逐相关人员。碰巧的是，索尼娅知道泰尔住在哪里。几个月前,当唐纳德·J. 特朗普成为总统的想法仍然显得荒谬时,她去那里与泰尔共进早餐并谈论捐赠事宜(泰尔同意给她一些钱,然后又撤回了)。读完这篇文章后,索尼娅和劳拉决定翻看选举期间积累的越来越长的联系人名单,召集一次紧急行动。她们准备在彼得·泰尔的家门口组织集体抗议,并邀请甘参加。

就这样,在一个阳光明媚的周六下午,索尼娅、劳拉、甘大为和其他 50 个人聚集在泰尔价值 2500 万美元、足足有 9 间卧室的独立屋前。"我们来到这里的原因是,向试图与特朗普成为同谋、一起做事的人呼吁。"甘通过扩音器说。"如果你的公司是同谋,现在我们是时候与之抗争了。"劳拉随后说。"说好的放任自由主义者呢?"索尼娅对着泰尔家的一扇窗户大喊,"说好的劳工的迁徙自由呢?"后来,在这群人高呼"我是人,我不是数据"之后,索尼娅、劳拉、甘以及加入他们的其他数十人,在泰尔家的门廊上合影留念。

在斯科特·维纳抵达萨克拉门托的前一年,州长杰里·布朗在住房问题上又回归了他在 1970 年代所持有的立场,提出了一项未获通过的立法,这项立法阐明了他希望通过立法机构获得的住房开发的蓝图。布朗的提议是,他将签署一份预算,在经济大萧条之后补充他在萧条时期削减的部分可负担住房资金,但前提是立法机构批准一项精简措施,对符合当地分区法规且有 10%—20% 的住房单元保留给收入低于中位数的人的住房项目提供许可,从而使之避开市议会和规划委员会的流程。这些项目也应免受环境诉讼的影响。(史蒂夫·福尔克写了一份支持这个想法的备忘录,导致邻居们群情激愤,呼吁他下台。)

当提案被递交到州议会大厦时,各个城市、环保组织和建筑工会纷纷群起而攻之。不同团体各有所需——城市希望对可以在哪里建房子有更多的发言权,环保主义者希望能够开展更多的环境审查,工会希望提供有利于工人的现行工资标准保证——但让这些组织团结起来的原因在于一种恐惧:如果建设住房变得更容易,他们将失去对住房项目的影响力。这就解释了为何住房建设法律如此难以简化:这是一个充满了政治利益的复杂过程。谈判破裂,州长的提案夭折。尽管如此,布朗却建立起一项颇具潜力的住房问题应对框架:如果立法机构的民主党人向他提交某种流程精简法案,他们就可以得到他先前削减的部分可负担住房资金。

第二年,加州的立法机构推出了大约130份住房法案。灾难总是会促生法案。干旱期间有了水法案,火灾过后有了消防法案,地震后有了地震法案。现在,住房成本已成为加州的灾难。鉴于立法机关提出了如此多的住房相关法案,因此,几乎毫无疑问,每次正式会议结束时都会通过与住房有关的某些事项,问题是应该签署哪个法案或哪些法案。民主党人已经在编写各种可负担住房资金法案,邱信福等立法者多年来一直在推动这些法案。但杰里·布朗明确表示,除非有人给他提供一份精简法案,否则他不会给钱,以免加州以一种琐碎且昂贵的流程征收新税。

斯科特·维纳在他宣誓就职的那天提出了这样的法案,这样做他就让自己处于一种主动的位置——既然他已经起草了一项立法，他的同事就必须让该立法通过才能获得他们想要的钱。维纳的法案初稿只是若干精简的句子，加上一些规定，这些规定可以向一年前曾抵制布朗提案的工会保证工人会获得更高的工资。他还必须撰写一份最终可能会出现在州长办公桌上的真正法案，而对于这份法案的撰写，他必须预料到会议期间不可避免会出现的来自各种特殊利益集团的终止令。

这是一位名叫安妮·弗莱曼（Annie Fryman）的立法助理抵达萨克拉门托后被分配的第一份工作。安妮是一个迎臂主义者。她在肯塔基州长大，父亲是烟农，后来她去往西部进入斯坦福就读，毕业后住在旧金山，想成为一名建筑师并希望能够负担得起房租。她帮助劳拉创办"旧金山增长"组织，很大程度上是为了推动她所设计的双拼房，她试图获得批准，然后她又卷入了政治之中，对住房建造必经的烦琐流程感到愤怒。后来她离开了建筑行业，在斯科特·维纳的参事委员会办公室工作。她之前从未在政府部门工作过，甚至从未有过这样的打算。但现在，24岁的她正在协助为美国最大的州编写一项崭新且重要的住房立法（同时她还在努力为自己找到一间新的租赁公寓）。

安妮首先制作了一份电子表格，列出了对杰里·布朗一年前的精简流程提案表示反对的各个团体，并列出了其各自反对的理由：市长（地方管控）、绿党（环境审查）、可负担住房倡导者（区划审查）、工会（工资）。她的工作是让每个团体都能开心地支持维纳的法案，或者至少不要试图扼杀它，但又不要让他们高兴过头了，以至于最终通过的精简法案毫无用处。

这个过程通常会从一名立法助理致电各位恰当的人士以说服他们给予支持开始，但因为她对州议会大厦和政治都不熟悉，安妮不得不通过第一轮电话确定哪些人才是真正合适的人。接下来的几个月是与工会、可负担住房团体和州长住房办公室的会议，以及无数次致电各个城市。她与其他助手和立法委员们一起喝咖啡，并绕着州议会公园一边散步一边开会。当法案起草完毕有待进行些许调整时，安妮向对迎臂运动持友好态度的律师和城市规划工作人员拨通了第二轮"技术援助"电话。"技术援助"是让官僚帮忙堵住潜在漏洞的委婉说法。在整个加州范围内，曾为史蒂夫·福尔克工作的城市规划师们对邻避主义者试图左右他们的工作深感沮丧，以至于现在都非常乐意暗中向维纳办公室提出建议，告知如何以市长和市议会无法忽视的方式编写法案。

维纳应对立法战的办法是向对手传达出如下信息，即他可以战胜任何不同意见者。他定期与反对者会面，并努力把他们所关注的问题制成电子表格，随后填补小漏洞，然后提出大问题，重新构建论点，填补更多小漏洞，提出更多问题，又重新构建一些问题，迫使他们倾听他滑稽的声音，在会面结束后迅速回复他们的电子邮件，发回冗长的技术性反对意见，如此循环往复，直到最后对手和他们的工作人员疲倦不堪，无法继续抗议。

这就是维纳的行事方式，达成了自己的目的，同时保持了并未陷入阴沟政治的好人声誉。他从来都不讨人厌。他不擅长威胁。他用关注压倒了人们，并明确表示，无论你何时拒绝他，他都会非常努力地说服你直至你赞同，拒绝他就相当于要求自己的办公室溺毙于无边无际的工作之中。维纳并没有什么个人生活可言，他的员工大多是单身，没有孩子。他长时间投入工作，几乎每周工作 7 天，似乎在向州议会大厦宣告，我谅你不敢像我这样推动员工努力工作。我谅你不敢忽视你的孩子。我会这样做。我根本就没有孩子。

维纳以工作为棍棒的策略在有人试图攻击时最为明显。当啾啾公开反对他的精简法案并给参议院写了一封被维纳认为不诚实的信时，他让安妮起草了一份长达 8 页的回信。回信的语气是别惹我，但信中提供的信息就像是，我谅你不敢坐下来给我写更长的回函。当加利福尼亚城市联盟表示《SB 35》法案应豁免富裕的海岸社区时，维纳让安妮耗费两天时间起草了一份 10 页的回应，然后将其打印在厚实的彩色纸张上，像明星学生的读书报告那样装订。下一周的周五下午，她步行前往 119 个议会众议员和参议员的办公室，亲自递送每一份文件。

在那个夏天，州议会大厦所经历的有点像迎臂运动的毕业典礼。当安妮·弗莱曼为维纳的精简法案争取支持时，布莱恩·汉隆则在努力通过一位名叫南希·斯金纳（Nancy Skinner）的伯克利参议员推动另一项住房法案。该法案被称为《SB 167》，着眼于更新《住房责任法令》，以便让索尼娅和他本人更容易起诉城市。此时，索尼娅即将输掉与拉斐特的官司，布莱恩在被聘为 CaRLA 的第二名全职员工后刚刚辞掉国家森林局的工作。他从奥克兰到萨克拉门托坐了很长时间的火车。火车使用了日本固定齿轮，他称之为"闪光的小马宝莉"。就其文本而言,《SB 167》并没有对《住房责任法令》进行太多改动,但通过将"实质性"等词改为"多数",就使城市在未来要击败 CaRLA 变得困难得多。如果城市因缩小住房开发项目规模被起诉且败诉,《SB 167》将对城市处以高额罚款,还会迫使城市为对方支付律师费,其目的正是让城市放弃抵制。

参议院的领导者喜欢维纳的法案,因此第一次委员会听证会迅速通过了《SB 35》。听证会毫无戏剧性可言,尽管有一伙旧金山人开车过来,但这个插曲只能算提供了娱乐价值。劳拉·富特·克拉克,作为新兴职业"迎臂行动"的崭新面孔,当获邀作为"租房倡导者"在参会人员面前作证时,她坐在前方一张特设的桌子旁,而不是像在旧金山时那样不得不参与公众评论的集体发言。此时,她迎来了自己的毕业时刻。并不是说她的同伴们不在场。劳拉在前排就座,但房间的后面挤满了连帽衫核心小组留着胡子的成员和一个身着连衣裙、头戴复活节帽子的男人。这一幕让斯科特·维纳的参议员同事们开始给他发短信,询问为何将旧金山传送到萨克拉门托。维纳回短信说他们应该感到幸运,因为在旧金山,每段公众评论持续两分钟。而在萨克拉门托,每个人只有几秒钟的时间。第一位迎臂主义者走到麦克风前开始讲述一串车轱辘话,他对两种言论加以类比:"我不是种族主义者,但是……"和"我知道我们需要更多住房,但是……"。此时毫无耐心的委员会主席打断了这个人,并告诉人们他希望发言者只需要说出他们是谁,他们的立场是什么,谢谢。

第二次委员会听证会的主席来自久有邻避主义恶名的马林

县,因此他绝对不会投票支持这项法案。不过没关系,他只有一票。但是参议员之间达成了一个协议,他们要保持对彼此的礼貌,因此会跟随主席的投票,而不是让其他成员联合起来投票反对他——这被称为"踢皮球"(rolling)——所以在听证会之前,维纳不得不通过温和的方式告诉主席,他已经做好了被推三阻四的准备,并打定主意一定会说服他同意。这是一个以战应战的例子。正如斯科特·维纳这样的初级参议员在决定对待主席何时踢皮球和何时不踢皮球时必须谨慎一样,主席们在决定何时不向参议院领导者提供他们想要的东西时也必须小心。

  接踵而至的是工会领导,也就是前一年扼杀精简法案的那些人。他们威胁要让他们的人把下一部法案同样扼杀掉,除非他们在维纳已经允诺的工资标准之外还能获得一笔培训资金。来自全州各地的工会随后向维纳的办公室发送了一堆长达数页的信件,称他提议的在加州主要城市以较快速度建造住房可能会导致大灭绝。在萨克拉门托,工会几乎是无所不能的。在参议院委员会进行最后投票前的深夜,该法案似乎就要胎死腹中了,然而,在晚上 11 点左右,杰里·布朗办公室派来了一位天使,建议工会领导们冷静下来。就这样,他们觉得,建造房屋毕竟不会真的导致大灭绝,而且他们的成员还能获得回报。法案得以在委员会通过。

  一旦明确一系列法案将向前推进,立法者也将不得不妥协和交换选票,从而补充可负担住房资金。杰里·布朗将等到他想要的精简,其他参议员和立法大会成员也就开始将他们各自的法案进行混合了。资金和监管削减曾经简单明了的结合,发展成层层叠叠的资金和贷款计划以及税收抵免方案，终至 15 项法案出台，萨克拉门托称之为"住房一揽子法案"。这样的体量使其最后的批准成为一种自我实现的预言。它为十几名立法者提供了某种可供宣告的东西，让他们都希望互相支持，然后回去就"我正在解决住房危机"发表演讲。如此多的法案也意味着对手会分心，他们总得弄清楚想要对抗哪些法案。如果想提出反对的话，15 项住房法案可是好大一堆纸，正如安妮·弗莱曼所熟知的那样，去州议会大厦的每个办公室递送材料就要花差不多一天时间。

住房一揽子法案在会议的最后一天得以通过。这并不容易。邱信福不得不将一项气候法案挟持为"人质"，以确保立法大会的民主党人投票通过住房法案。在参议院，一些实际属于温和派的民主党人不愿意投票支持以增加税收的方式为可负担住房创造新的资金来源。经过一番角力，又向其中加了些甜头，15 项法案全部被送到杰里·布朗面前签署了。那天晚上，劳拉向迎臂行动成员发送了一封充满溢美之词和感叹号的祝贺邮件，并邀请他们在教会区一家喧闹的加勒比餐厅的密室庆祝。斯科特·维纳和邱信福同意前来，并接受他们的掌声。

他们迟到了，政客们都这样，但这样也很好，因为这留给这群人很多时间来喝桑格利亚汽酒和吃鸡翅。劳拉兴奋地转发了斯科特和邱信福前来酒吧所乘车辆的最新消息。"即将到达。""马上就到。""就要出现了。"当最终宣布迎臂运动的英雄们已经到了外面时，人群冲到密室的入口，看着身高 2 米的维纳的脑袋在酒吧人群上方移动，他和邱开心地走向密室中这群欢呼着"耶""哇哦"的人。一进门,他们就站到了楼梯的中间,开始对着这群醉醺醺的迎臂运动者讲话。

"今晚心情好吗?"邱问房间中的人。

邱因为频频提问、用力过猛而名声不那么好,比如:"房间里有'X'①吗?"

"全加州的人都在说,你知道我们需要更多的住房,但不能在我家后院修建——去他的吧,"邱说,"我们应该说什么?"

"去他的吧!"人群以呼喊回应。

"去他的吧!"邱应和着。

斯科特·维纳很少在公共场合咒骂。一年前,当他参加迎臂运动大会时,他最无所顾忌的愤怒表达是"BS"(废话)这个缩写词。那天晚上,他以陈年旧事开始了他的胜利演讲,讲述了多年前他在参事委员会任职时,唯一来倡议建造新住房的人是一个开发商。看看他们眼下的情境。他们发起了一场真正的运动。这场演讲似乎是维纳的又一次好叔叔般鼓舞人心的演讲,充满了务实的指导和热情的鼓励,还有太多的"呃"。然而事情发生了变化。也许是胜利的兴奋,或者是房间中的热度或桑格利亚汽酒的刺激,随着演讲接近尾声,维纳提高了声音,开始与邱信福竞相大声发言,用断断续续的语句为人群带来冲击,承诺这并非结束,这只是开始。"我们有动力,有风在推动我们向前,我们会一遍又一遍地回去抗争,直到人们真正能够负担得起**他妈的在这里居住**。"

---

① X 在此指的是 X 世代。

一个月后,也就是 2017 年 9 月,包括索尼娅、布莱恩和劳拉在内的迎臂主义者们收到了 VIP 邀请,到场见证杰里·布朗签署全部 15 项住房法案——在可以俯瞰旧金山湾的一个可负担住房建筑群的草坪上。他们穿着西装和连衣裙现身,在活动开始前就已经混杂在政客、新闻摄影机和塞着耳机面无表情的保镖中间。有一个台子和一张带有州长印章的演讲台,旁边放着一张小木桌,州长办公室在全州各地进行的签字仪式都如此这般。活动开始后,一下子签署如此多项住房法案的麻烦立现,主持人陆续邀请了 14 个人——参议员和立法大会成员、工会领袖、可负担住房倡导者,以及旧金山、奥克兰和洛杉矶的市长——他们都上台来并依次对着麦克风发言。

"帐篷。""营地。""扫地出门。""超级通勤者。""加州梦岌岌可危。"

"解决方案。""解决问题。""行动。""加强。""挽起袖子。""把这个搞定。""越过终点线。""奉献精神和领导力。""历史性。"

"开始。""第一步。""我们期待在这一势头的基础上再接再厉。""明年我还有一些法案给你们。"

"谢谢。""谢谢。""谢谢。"

"我要感谢。""我要感谢。""我要感谢。"

"我听说我们每人有一分钟发言时间,但如果我们今天早上穿过贝克斯菲尔德,我们会得到两分钟。"

"让我们为住房喝彩!"

"我们今天感觉如何?"

"今天房子里有住户吗？"

仪式结束时，劳拉哭了。杰里·布朗没有哭。布朗曾两次担任加利福尼亚州州长，两次经历住房可负担性危机。在住房法案通过后的一个月里，报纸上充斥着"加州邻避主义者出局，迎臂运动者入局"之类的头条新闻。不管像劳拉这样三十多岁的年轻人感到多么惊奇，杰里·布朗应该还记得在劳拉出生的七年前，他签署了一份共包括10项法案的一揽子住房法案。他可能会认为，当斯科特·维纳上台宣布这是关乎住房的崭新一天时，听起来就如同1980年《洛杉矶时报》的一篇专栏文章所描述的"崭新一天"。文章说，布朗州长对可负担住房的关注已经向地方政府传递了这样一个信号，如果他们不采取措施建造更多的住房，"加州政府就会（去建造）"。在前面的14位发言者对着话筒发言完毕几分钟后，终于轮到州长发言，持续了整个上午的欢呼和自我祝贺的火苗被杰里·布朗一篇极长却颇富哲理的演讲所浇灭。

"我无法再讲出什么新内容了，因为前面诸位都已经说过了，但我还是忍不住要添加一个注释，"布朗说，"我们来谈谈挖一道沟。不，这不是沟渠。这不是沟渠。看，所有这些规则都是像你们这样的人推动通过的。面对现实吧。市政府和州政府做了所有这些好事，能源效率、更好的隔热保暖性能，更多这个和更多那个，随便你能想到的任何东西，都很好。但是，正如我常说的，物极必反，福兮祸之所伏。所以，现在你们试图清理一些不好的东西，但其实不好的东西也有很多好处，这就是悖论。我们想要拥有安全、美观、适宜的居住区，以及所有其他的东西,我们却也受限于许许多多的规则。所以现在我们必须想办法精简,我们正在凭借这些法案来达成目的。因为这样一种资本主义制度,我们需要提供资金。我的意思是,这种制度很强大。但它太强大了,你无法控制它。当人们凭借资本主义制度的一切而赚得盆满钵满时,他们就会开始挥霍并哄抬房价。这正是我们此时此刻的处境。我知道你们中没有人想降低那些人们努力奋斗买来的房屋的价值。因此,从某种意义上说,我们所讨论的并不是降低价格,虽然我们正在讨论这个,所以事实就是如此。充满许许多多的悖论,充满许许多多的复杂性。"

蓄势待发的运动和志得意满的运动之间只有一线之隔。在住房一揽子法案通过后的几周内,迎臂活动者们开始转向后者。年底,劳拉举办了一场迎臂庆典,数百名衣冠楚楚的人聚集在宴会厅吃自助餐,他们喝了很多酒,台上正在进行颁奖典礼,邱信福(提问"屋里有迎臂主义者吗?"的那位)称之为"住房领域的奥斯卡金像奖"。一些奖项是严肃的,例如"最佳住房立法者",它被授予斯科特·维纳(实至名归)。一些奖项则不然,比如"最糟糕的公众评论",颁发给一位在伯克利规划会议上现身的女子,她当时摇晃着一个很小的西葫芦瓜,作为因住房建设导致过度遮阴所造成的损害的证据。西葫芦女士不在场,所以一个戴着恐龙面具的男子代表她接受了颁奖。

第七章

老办法

在住房危机中看到这种景象，可谓超现实的魔幻一幕：数十幢矩形租赁公寓，散布在旧金山东北方向40公里处的一个停车场。这些公寓对外开有门窗，内部也安设了厨房和卫浴空间。它们是现成的庇护所，但现在每个单元都被抬高放在支撑它们的桩子上，外面用白色塑料包裹着，它们被静静地放置在铁丝网围栏后面。这既是一个实验，也是瑞克·霍利迪最新的住宅项目。这个开发项目共有316个公寓单元，如果一切顺利，将在2018年底获得批准，之后不久将在奥克兰用来安置低收入租户和以前的无家可归者。实验地点在几百米外的一个仓库，二战期间工人们曾在那里制造潜艇的潜望镜。现在，这里是生产住宅的工厂，房子从装配线上接二连三滑下来，仿佛是新生产出来的福特轿车。

空间的每个角落都弥漫着木材刚切割开来的香气。射钉枪的砰砰声断断续续，台锯的刺耳噪音此起彼落。水泥地板上洒满了锯屑和备用钉子。还有大约150名头戴安全帽的工人，不停地在 $3.4 \times 3.7 \times 21.4$ 米的长方块中穿梭忙碌，而这些长方块的房子采用滑轨和滑轮在房间各处滑动，在此过程中，管道、墙壁和家具装置等都装配完毕，最终呈现出一套租赁公寓的样貌。

瑞克现年 65 岁,已经正式步入老年,他开玩笑说自己是住房行业的阿甘①。在加州大迁徙期间,他坐在父母的旅行车后排。1980 年,杰里·布朗与房屋建筑商共进私人早餐讨论第一个住房一揽子法案时,他也在场。他与人共同创立了美国最大的可负担住房组织之一,帮助启动了旧金山的职住一体阁楼公寓(live/work loft)热潮,也是第一位在西奥克兰进行再投资的开发商。讲述瑞克的故事,还得提及一次严重的心脏病发作,他趴倒在地,自行车倒在他身边,如果不是陌生人发现后拨打了 911,他可能因此丧命。而与他亦师亦友的导师及商业伙伴唐·特纳则不幸丧生于一次空难,在 1996 年与美国商务部部长罗恩·布朗一起前往克罗地亚商务出访期间遽然离世。

走过漫长人生,经历曲折起伏,生活的许多方面却依旧保持着原貌。瑞克高中时初识妻子南希,在法定饮酒年龄之前就迎娶了她,现在他们仍然在一起,住在与他们儿时的家相距只有几公里的地方。他也依然喜欢建造房子。加州仍处于住房危机之中。加州人民抗议绅士化,渴望更多住宅,呼吁强化租金控制。加州中产阶级逃往得克萨斯州,宣称本州已经完蛋以至无法居住,这样的故事连篇累牍。愤怒的千禧一代接替了愤怒的婴儿潮一代②,

---

① 电影《阿甘正传》中的主人公。
② 在美国,"婴儿潮"一代是指二战结束后,1946 年初至 1964 年底期间出生的人,人数大约有 7800 万。这一批人赶上了上世纪 70 年代至 90 年代美国的经济繁荣,他们中的许多人在青年、中年时期投资房地产或股票,本以为可以在年老时积累一笔较为可观的财富,使自己的退休生活有保障。然而,2008 年爆发的金融危机让这一代许多人的投资打了水漂,他们恐怕要面临困窘的退休生活。

城市租赁公寓短缺取代了郊区相同设计批量修建的独立屋短缺。如此种种，就像对他二十几岁的那个年代的映射。切实令人大跌眼镜的是，杰里·布朗竟然又一次担任州长。

有一阵子，瑞克曾胸怀退隐山林的秘密计划。但事与愿违，他在职业生涯后期兜兜转转又绕回来开办了一个住宅工厂，现在他大部分时间都用在工厂里。与其说这是一个项目，不如说是一个围绕着世纪难题的开局。这个世纪问题就是，是否有可能在车间中把房子的大部分建造完成，从而让房屋建造速度更快且成本更低。瑞克追求效率，而现状让他震惊又恼怒，因为建筑成本持续上升，对加州造成威胁，可能使其陷入更深的住房危机。他告诉南希，这个行业如此混乱，他不忍心就此退休。

也许真的如他所说。他一辈子工于心计，而且就像每一个房地产开发商一样，他拥有一种可怕的乐观主义，认为他可以梦想成真，能够应付每一家银行、每一张许可证和每一次阻碍他寻求出路的抗议。这是他在孩提时代搭建树屋时常常陷入的沉迷状态：他相信自己总能找到解决办法。瑞克一生都在把这种乐观态度应用于新建筑，而现在他将其进行转移，用以对抗不断上涨的建筑成本。不论输赢，不管发达抑或破产，建造一座住宅工厂都将是他这部电影的结尾，也是他的最终项目。

如果让瑞克把他的职业生涯聚焦到一个时刻，一个关键的转折点，所有一切都因之而起、随之而来，他会说这样的时刻不止一个，而是两个。第一个关键时刻是1977年他作为研究生走进加州大学伯克利分校唐·特纳的教室那一天。第二个关键时刻则是几年之后，一位匿名捐赠者捐出60万美元帮助解决当地的住房问题,这笔钱最终被用于创建一个名为"桥梁房屋"的非营利开发公司。对于如何使用这笔资金,机构的顾问们反复讨论了几个月,后来机构监管者们决定开始寻找一个管理人并为其提供种子资金。瑞克当时运营着伊甸园住房组织,他决定要成为那个人,便提交了申请。

麻烦的是,唐·特纳也在申请该职位。唐·特纳当时作为杰里·布朗手下的住房和社区发展主管,任期正要结束,即将待岗。瑞克与桥梁房屋的一名董事会成员会面,对方跟他说,29岁太年轻了,不太可能获得高位。总而言之,更有经验的住房专家唐·特纳可能会获得这一职位。然后他问瑞克是否认识唐。瑞克回答说岂止是认识,还相当熟悉。这就是瑞克和他的老教授成为桥梁房屋联合创始人的经过。

唐·特纳在担任杰里·布朗的住房主管期间,为最后一个项目编写了一份长达67页的报告,名为《改善住房的101个步骤》。与1980年代有关加州住房的许多文件一样,这份文件也提出了许多有关"更多改变……"的建议,比如在工作场所和交通枢纽附近建造房屋,又如利用州立法律更高的权威使地方市镇难以抵制新的住宅开发。报告还用整整一章的篇幅阐述了融资和降低新建住房成本的方法。正是这些构成了桥梁房屋的精神根基。

瑞克和唐师生二人不愿效仿其他非营利住房组织,这些组织大多是效率低下且以社区为中心的弱小组织。他们俩想要创建大型的区域开发公司,并从像林肯地产公司这样的营利性组织获得启发。林肯地产公司位于达拉斯,建造无电梯步入式花园租赁公寓,其住宅可预期、舒适且便宜。桥梁房屋的准则是"量大、质优、经济适用",其创始人通过采用标准化和可复制的高效率,以市场价格模式建造财政补贴租赁公寓来实现这一目标。

他们运用非营利组织的光环效应,就像商人运用财力一样。桥梁房屋的第一个项目是在利弗莫尔(Livermore)开发的166个公寓单元,其中60%的单元是市场价格,40%的单元是可负担住房。桥梁房屋的运作方式是与一家营利性开发商合作,然后利用其"做善事"的形象说服城市划出一块土地,以便市场价格出租单元的资金可以补贴可负担住房单元较低的租金。加州制定了一整套重新开发未充分利用的学校场地的计划,桥梁房屋将就此与营利性开发商再次携手,合作进入非营利组织拥有优先权的领域,以便能够利用公司规模及资金优势,降低每单元的建造成本,同时扩大可负担住房的供应规模。

这些交易中的每一笔都以显而易见的事实为基础,但要政府官员理解这一事实有时却异常困难。事实是,大部分土地的价值都与允许在那块地上建多少房子有关,而建多少这一规则由政府制定。在第一个共166个住房单元的开发项目中,只需组织一些会议,加上一次投票表决、一堆文件和一些政治意愿,就能立即让土地价值翻番,足以支持66套面向中等收入家庭的劳动力补贴住房单元。从本质上说,桥梁房屋是在向加州政府展示过度狂热的分区法规如何使可开发土地变得昂贵,然后说服政府通过改变规则允许更高的密度,以解锁可负担住房资金这一"免费的午餐"——尽管从来没有人用这样的方式谈论过这件事。

这是一项很棒也很重要的工作。但是，这项工作之必要，以及它竟然需要由一家非营利组织来关照那些过去由正常的市场开发商关照的人群这一事实，暴露了住房体系中的一个漏洞，而且还把焦点转移了，使之不再对准真正的穷人。桥梁房屋为当时就要被高昂的住房成本赶出加州的教师和消防员建造中等收入者租赁公寓。然而，与此同时，城市街道上开始出现一种令人震惊的新型贫困。

研究人员用"无家可归"和"真正没有栖身之地"这类短语来加以描述，因为在1980年代"真正"这个词仍然是必要的。一直到1970年代后期，当人们描述穷街陋巷式的贫困时，几乎还是指那些在废弃建筑里占屋而居的老人，又或是供膳寄宿处以及恐怖小旅馆里的枯槁老人。许多人严重残疾、成为瘾君子并患有精神疾病，然而他们大多有房子住——虽然这些住处条件不佳且存在危险，但仍然有床和卫浴空间，可供遮风避雨。而眼下，则出现了越来越多的乞丐和睡在公园长椅上的人，还有整夜推着杂物车的"购物袋女士"①。

最初的解释是1981年的深度经济衰退。当随后的经济复苏未能解决这一问题时，新理论不断出现，并因党派不同而倾向于提供不同的解释。右翼指责社会孤立感、结婚率下降以及

---

① 指一些流浪妇女，不直接乞讨，但不拒绝接受人们的给予。除了可以装东西的购物袋之外没有其他的财物。会停留在某处，路过的人无法忽视，也无法驱赶她们。

毒品问题。左翼则指责时任总统罗纳德·里根对社会保障网的大幅削减，这使得住房倡导者将1980年代前半期称为"饥饿年代"。街头无家可归者激增，与之相伴的是相关研究的爆发，社会学家与《地球边缘：1980年代无家可归者的增长》(*Over the Edge: The Growth of Homelessness in the 1980s*)、《无家可归者》(*The Homeless*)等书的共同论调是，当真正的原因似乎涉及方方面面的不同因素时，很难去对其中某一种因素单独追责。高薪工作岗位正在减少，失业期从几个月延长到几年，大卖场等地方只有工资最低的岗位激增。于是诞生了一个庞大的新下层阶级，这些成年人全职工作，但仍然难以支付水电费，也需要食品券的帮助。那些生活在最底层的人下陷得更深，已达到"深度贫困"的程度，年收入仅为几千美元，甚至达不到贫困线标准的一半。这一群体的人数在整个1980年代一直在增长，到2018年占了贫困家庭的一半左右。

贫穷一直与人们相伴，穷人在好工作附近生活总是很艰难。殖民地时代有四处奔波的工人和"身强力壮的乞丐"，而内战后的城市化则以拥挤不堪且安全欠缺的唐屋①为标志，这些在《另一半人怎样生活》(*How the Other Half Lives*)等书中有所记载。然后是大萧条时期，出现了因沙尘暴而流离失所的人和胡佛村②。上述种种灾难和街头无家可归者之间的差别在于，灾难大

---

① 唐屋，tenement 或 tenement house，在美国最初指分单元出租的大型建筑，19世纪因城市化和贫富差距扩大而变得过度拥挤且脏乱差。
② 美国大萧条期间，时任总统胡佛的名字被用作贬义，一些棚户区被称为"胡佛村"(Hoovervilles)。

体上可以用经济的起起落落来解释。这意味着当就业机会改善时，住房条件也会改善。

而新出现的事物，也就是眼下真正的无家可归者，似乎与就业人数、利率水平、国外战争或银行挤兑都没有关系。相反，无家可归者已经成为美国现今变得多么残酷和动荡的最极端例证。就好像这个国家已经开始专门为人们创造新的生存方式并听之任之，同时放弃了对他们提供扶助的计划。单人住户在增多，同时获取毒品的便捷程度也在提高——到 1980 年代，嗑一口快克可能只要 2.5 美元，给那些买不起可卡因的人也带来了短暂的快感——这些共同削弱了家庭纽带，使人们更容易坠入深渊。

自无家可归问题刚一出现直至今日，有种始终如一的论调，认为民权时代的"去机构化"运动可以解释大多数的街头流浪现象。这场运动清空了州立精神病院，但没有为病人提供任何其他去处。这种说法很好用，因为它将指责从社会与经济因素转移到了个体的大脑，让我们确信这不是住房问题，甚至不是贫困问题，而是别的问题，且是我们无法控制的，从而消除公众的罪恶感。在里根政府的激励下，无家可归问题最早的许多研究几乎都是为了强化这个心理健康说法而设计的。

这是一个很容易推广的说辞，因为长期无处栖身的人群尽管只占全部无家可归者的一小部分，但在其他人看来却占相当大比例，而他们的状态显得很差很痛苦。然而，虽然心理健康问题与无家可归之间存在明显的联系，但接二连三的研究表明，去机构化无法解释所有现象，甚至可以说无法为大部分无家可归现象提供解释。除最极端的情况外，很难清楚描述什么时候心理问题会导致无家可归，什么时候无家可归会导致心理问题。

1979 年，哥伦比亚大学的两名研究生对露宿街头的人展开了研究——这可能是有史以来的头一回，他们创造出"无家可归者"（homeless）这一标签，希望将公众的话题从"流浪乞丐"和"无业游民"这类短语扭转过来。他们发现许多睡在地铁长椅和中央车站大厅的人已经失去了获取可负担住房的机会。洛杉矶、波士顿和其他地方的各种研究也得出了非常一致的结论。

在 1960 年代和 1970 年代，当廉价住房充裕时，城市是倦怠者的避难所。一个人可以是缺乏技能且有点失常的酗酒短工，但他仍然能找到夜间睡觉的地方。但是，遍及全美的重建计划在拆除黑人社区的同时，也摧毁了成千上万的提供单人住处和共用卫浴空间的分租屋①与"笼式旅馆"②，从而摧毁了万不得已时最后的庇护所的关键供应。在此后的几十年里，城市更新、住房歧视以及廉价出租房转为产权公寓与住房合作社的综合作用使得国家的可负担住房短缺，比需要它们的家庭少了 700 万套。

几十年来，典型的无家可归者是有酗酒问题的白人。现在，无家可归人群与这个国家一样多样化——妇女、家庭、任性的青少年和更多的非白人，他们在加州等地的避难所及户外营地

---

① 分租屋（rooming houses）又称多租户独立屋（multi-tenant houses），是被私人房东分租给多个租户的独立屋，通常每个租户承租一间卧室，全体租户共用厨房，通常还共用卫生间，是单身成年人最便宜的住房之一。
② 笼式旅馆（cage hotels）是一种廉价旅馆，房间很小，通常是以简易隔断隔开的铺位，只提供极少的床上用品，有公用卫浴空间。

的调查中都占有一席之地。住房危机越严重,"无家可归"就越指向"贫穷"。到 2018 年,美国约有 55 万人无家可归,其中约三分之一是住在公园、桥下或汽车里的无栖身之所的人群。

加州有大约 13 万名无家可归者,高居全美之首。全美露宿街头无栖身之所的人群中,加州约占一半。还有如此多其他地方少有听闻的悲惨故事密集出现。比如,谷歌总部附近街道上一排排流浪者的拖车;萨克拉门托有几十个人在亚美利加河岸边的临时木筏上居住,这样他们自己还有他们的财物在冬季洪水来临时就不至于被水淹没;莫德斯托一名熟睡的妇女,在加州交通部清理她的营地时被一辆前卸式铲车压死。

在西奥克兰,就在离瑞克·霍利迪办公室不远处,一个长达 1.6 公里的无家可归者营地横跨一条未开发的泥土地,位于临街道路和高速公路之间。这是一个由露营车和蓝色防水布组成的密集小社区,其中存在着包含社会福利金支票、深夜收集废品与剥离铜芯的工作在内的微型经济。这里有洗涤槽、晾衣绳等便利设施,还有一个烧火加热的浴缸,定期排水并借助附近的消防栓重新注满水。白天大部分时间营地都很安静,远处汽车以每小时 113 公里的速度驶过时发出的声音类似于平静的海浪声。晚上人们则使用灯具和电视照亮营地,这些用电是从高速公路照明线路上偷来的。

这个小社区也有许多故事。有关冰毒成瘾,有关过去被拘捕的大麻吸食者,有关被遗弃的儿童,有关潜逃多年等;还有大规模裁员、房屋止赎、丈夫家暴、中风瘫痪等各种故事;以及像这样的情形——从前专门帮人搬家,然后背部受伤,之后每月领取 1300 美元伤残补助，某次被驱逐之后，突然某天上午 11 点开始在一个脏兮兮的停车场里坐在沙发上喝着啤酒，旁边有一只吠叫的狗和破败的电器，故事就是这样发生的，一环扣一环。

营地内部和附近的其他地方有一项引人注意的统计数据：许多居住者出生于 1955—1965 年之间。汤米·古德勒克，1964 年出生。里贾娜·理查德，也是 1964 年。安德鲁·阿兰布鲁，1958 年出生。这些人和其他类似的人，这些在街头成为老年人的无家可归者，都属于晚期婴儿潮一代。他们在 1970 年代末和 1980 年代初残酷的连续经济衰退期间步入成年，随后是长达数十年的工人阶级工资低迷和住房成本上涨。

自 1980 年代现代无家可归现象开始出现以来，这一同期出生的人群在无家可归人口中所占的比例最大，而且他们无家可归的可能性是仅按代际进行预测所得结果的 3 倍。没有谁是完美的，糟糕的人生决定比比皆是，这一点每代人都是一样的。但是，由于他们出生在错误的时间，在一个不稳定的时期踏入社会经济之中，他们在生活的每个阶段所做出的糟糕决定，都产生了更严重的后果，并造成了更深层的财务影响。

无家可归者在某一个群体中如此集中，而这个群体的生活在每次经济衰退中都处于错误的一边，这又是一个例证，表明大量的无家可归者并不能用毒品和精神疾病来解释——尽管这两种情况肯定会加剧无家可归的程度——真正的原因在于经济，没有了好的工作机会和负担得起的居所的经济。这一经济加上同样的政治就决定了当经济机会不足时，把社会中最脆弱的人（跨性别者、残疾人和 50 岁以上的成年人在无家可归人口中的比例过高）抓起来一扔了之是可以接受的。无家可归问题通常被描述为复杂的问题，就个体而言也是如此。但是，"这怎么会在美国发生？"这一最深层次的问题，其实有最简单的答案：是我们让它发生的。

当社会上的某些事情变得如此糟糕，它往往是某种非常广泛的一致认可所带来的结果，而不是政治领域中遍地皆是的各种小分歧所能导致的。争论隐约可见：究竟哪届政府应该为住房状况变得如此不稳定负责？在美国每年前后矛盾的 700 亿美元自有住房补贴花费中，这个或那个计划有权增加多少份额？这些补贴通过资本利得递延税和抵押贷款利息扣除等税收优惠进行，使得房主可以从联邦所得税中扣除房屋贷款的利息。这些税收减免共同构成了一个庞大的中产阶级上层的福利计划，鼓励人们购买更大更贵的房子。但因为这些福利最大的受益者是纽约和加利福尼亚州等深蓝地区高成本城市的居民，所以即使是通常持自由派立场的政客也会反对任何减少减免的尝试。这些计划给了预算进行自动运作的权利，也就意味着不管花掉政府多少钱，人们都能得到税收减免。

相比之下，像每年耗资约 200 亿美元的《第 8 款房客补助》，即住房选择券这样的方案，已被证明在减少无家可归者方面非常有效，而且成本远低于不得人心的替代方案：让人们住帐篷并悲惨地停留在人行道上，消耗警力资源，以及将急诊室当成公立医院使用。这项房客补助方案必须得到国会的反复重新激活，而且，与有持续保障的中产阶级房主计划不同，资金一旦用完，补助券也就没了。这就是为什么许多大城市领取补助券要么需要排队长达数十年，要么因需求太多直接无限期地停止了这些排队。这种天壤之别的讯息就摆在那里，持续了几十年，无论哪一方掌权，无论堆成山的证据如何表明这些补助券的效果有多好。这一讯息的启示就是：美国愿意为房主提供的贷款补贴已经达到足以满足其贪心的程度，但是提起贫穷的租房者，其中大多数人租住的是市场价格公寓，这部分人面临的问题对美国来说却只是一个不值得优先考虑的微不足道的小问题。

2017 年 3 月，圣迭戈县公共卫生官员威尔玛·J.伍登博士接到一位流行病学家的电话，告知甲型肝炎正在当地无家可归人群中传播。疫情的暴发是卫生条件欠佳和住所狭小的结果，通常可追溯到监狱、宿舍、教室和其他人群拥挤区。那一年，圣迭戈县大约有 9000 人无家可归，其中最糟糕的情形是凑合着使用防水布和蹦极绳搭建的棚屋，或者远离公路聚集到峡谷与河床形成的隐藏社区里。疫情暴发只是时间问题。

该县在那个 3 月确诊了 28 例新发甲型肝炎病例。接下来的 4 月，确诊病例跃升至 51 例，再下个月增至 86 例，到夏末该县月新增病例接近 100 例，而该地区通常每年甲肝病例不过几十例。成群的护士和外展工作人员开着面包车争先恐后地赶去提供了 121921 针疫苗接种。街道清洁工开始对人行道进行消毒，城市在市中心安装了弹出式洗手台。

随着病例成百成百地累积，并出现 20 例死亡，焦虑的父母们开始拨打县卫生热线，相关新闻报道也激增，当地旅游业受到了冲击。终于，当地商人出资建造了 3 座充气帐篷构造物。

这3座建筑由一个非营利住房组织运营,就在市中心附近,步行不远便可抵达教士队的棒球场。内部铺着双层床,附近有一排排水槽和移动厕所。那里也有壁橱、野餐桌、轮椅停放场、电视、存放药品的冰箱,以及放置义肢的地方。这是一个大多数人都不想待在里面的帐篷建筑。里面随处可见面部刺青及许许多多随身的劣质品,闻到的是刺鼻的气息,听到的是破破烂烂的鞋发出的拖拖拉拉的脚步声,以及偶尔的尖叫。虽然不尽如人意,却也是一种表态,这是必须做的事情——**势在必行**。此时此刻,至少一座人满为患的城市可以与穷困潦倒共存而不受其影响这类幻想终于算是破灭了。

在非紧急情况下,人们会倾向于把无家可归统统推给心理健康和吸毒成瘾等大问题。它们是笼罩在无家可归状态之上的棘手问题。但是一旦对城市人群进行细致的识别和分类,就能很快得出结论。为无家可归之人谋利者花了几十年的时间,试图说服有这种倾向的人们——心理治疗只能做到如此程度,社会从来没办法很好地控制住使人放任自己沉迷于化学药品的诱惑,那些失去自我价值的人在找到自我价值之前需要有人关心,而如果患者无须每天都为自己晚上在哪里过夜而挣扎,这些事情的效果会更好。

全州似乎都意识到了这个情况。2016年,洛杉矶选民以压倒性优势通过了一项12亿美元的地方债券,为以前的无家可归者建造10000套保障性住房单元,这些租赁公寓房提供现场咨询和其他服务。随之而来的是2017年的住房一揽子法案,包括40亿美元的可负担住房债券。旧金山无家可归问题的行动者们开始准备一项公投，针对大公司征税以使该市用于无家可归者的资金翻倍，还有更多的市县住房债券和更多的加州无家可归者基金，所有这些都即将到来。总的来说，这相当于全州范围内广泛承认，如果要解决无家可归问题，就必须对过去的廉价租赁公寓进行补足。联邦政府不会提供帮助了，因此，各州和地方政府必须修补千疮百孔的国家保障网络。

但是现在出现了一个新问题：这些资金为稳步上升的建筑成本所消耗，这无疑会迫使城市大幅降低他们对所筹资金能建成多少住房的预期。据分析师称，加州需要建造 350 万套住房才能解决其住房危机。而在全州范围内，以包含 100 套单元的可负担住房项目为例，每套住房单元平均成本约为 42.5 万美元——大致为全国房价中位数的两倍。这样的数字，可能会使一切为新增资助付出的努力成为笑柄。

以 2017 年住房一揽子法案筹集到的 40 亿美元为例。这意味着，在与私人来源的资金进行配套之后，相当于约 120 亿美元的住房资金。120 亿美元除以每套单位 42.5 万美元的成本，相当于 28235 个住房单元，只能达到总目标 350 万套住房的 0.8%。整个加州的预算是 2000 亿美元。2000 亿美元除以每套住房单位的成本 42.5 万美元，为 470588 套住房，只能达到总目标的 13.4%。随着建筑成本的不断上涨，这些数字每年都在缩水。在旧金山这样的大城市，房价更是高得惨不忍睹。在此地建造一套可负担住房需要花费 85 万美元，而通常费用比这还要高。

瑞克·霍利迪在 1980 年代后期离开桥梁房屋成为一名营

利性开发商。不断上涨的建筑成本仍然没有影响到他。2018年的建筑成本已经如此之高,以至于私人开发商纷纷抛售几年前才购买的地块。这并不是因为他们无法获得建筑许可证,也并非因为处于法律困境之中(尽管那种事也不少),而是因为即便产权公寓市价高达300万美元,月租高达4000美元,也不足以追赶上其他方面不断上涨的成本。"这不起作用。""数字不奏效了。"当时开发商们就是这么说的。

正是瑞克在特拉基(Truckee)的一个项目的失败,使得瑞克在职业生涯后期绕道去建立住宅工厂。特拉基是塔霍湖附近的一座小山城,位于里诺和萨克拉门托之间,距离内华达州边境约24公里。几年前,瑞克买下一个旧的铁路调车场,该调车场紧挨着特拉基两层楼高的市中心,他花了十年时间规划了一个包含几百套租赁公寓和产权公寓楼的建筑群,就位于主街零售区的后面。然后这些数字都不奏效了,于是他开始寻找更好的路径。

没有人会因为瑞克无利可图而感到遗憾,但在房地产市场的共生关系中,他的问题就是所有人的问题。不管盈利与否,建房子就是建房子。某些力量导致了瑞克项目的失败,也正是这些力量使该州40亿美元的可负担住房债券成了一个相对的笑话。住房开发费用将财政补贴住房和营利性住房两个世界进一步联系到一起,利用新的产权公寓和租赁公寓的尽力建设为城市的大量可负担住房提供资金。包容性区划条例也是如此,它要求市价住房开发商留出部分单元给收入低于中位值的租户。瑞克的特拉基项目计划的首批100套公寓单元是为本地从业者保留的可负担住房，这些服务人员支撑着特拉基的经济，但无力与推动山城房地产市场的富裕的二套房买家竞争。这些可负担住房单元是无法单独建成的，除非其他类型的住房单元也能同步建成。

建筑成本飙升背后有两大驱动因子。一个可以说是短期的裂痕，另一个则是长期溃烂的创伤。短期的裂痕是大衰退，它使建筑业不再增长，迫使年轻的建筑工人寻找新的职业，而年长的工人则一不留神就退休了。当需求回升时，工人们并没有随之回流：经济衰退十年后，建筑工人的数量比经济衰退前减少了四分之一，水管工和电工这样的专业技工的数量下降了17%——而他们是建筑项目中不可或缺的人。随着住房需求的高涨和劳动力供应的短缺，建筑商开始为留下的少数工人提高工资。这暴露了长期溃烂的创伤，即建筑业是世界上效率最低的行业之一。

瑞克用了很长时间去抱怨政府以各种方式造成房价上涨，而这些抱怨并非空穴来风。加州是美国最难取得建筑许可证的州之一。开发商新建租赁公寓，典型的加州城市会按每套 2 万美元向其征收费用，独户住宅则每栋征收 2.5 万美元。这是全美平均水平的 3 倍。但建筑业并非创造性思维的样板行业。建筑商之间流传着一个古老的笑话，说的是他们现在用射钉枪代替了锤子。但这真算不上是一个轻松的笑话。事实上，建筑工人的确用上了射钉枪，但其他方面一成不变。乳胶漆，耐用些的屋顶，稍微好一点的石膏板——当瑞克回想四十年来建筑业发生了什么变化时，他能想到的就是这些。

过去的住房开发商可以说是有创新精神的。当莱维特父子公司开始建造莱维特小镇并启动战后的住宅地块热潮时,该公司的制式生产技术比竞争对手的建筑技术高效得多,以至于1948年《哈泼斯杂志》报道说,莱维特每栋房屋售价低于竞争对手1500美元,却仍能获得1000美元的利润。

房屋建造的创新大致也是在那时停止的。根据麦肯锡全球研究院的资料,从1945年到2016年,农业、零售和制造等行业的生产率——员工每小时完成的工作量——跃升了1500%。同期,建筑业的生产率则一直持平。换句话说,在过去的70年里,当经济领域的其他部分因新机器、计算机和机器人的引入而被大力推动时,建筑业的效率却还停留在当年莱维特的水平。

瑞克不需要报告就能知道这一点,也不需要麦肯锡顾问告诉他原因。他向普通人作出了如下解释。如果汽车公司以房地产开发商建造房屋的方式制造汽车,那么其运作方式将会是:开发商雇用一名承包商在周一带着4个轮胎过来;第二天另一个分包商带来4个轮毂,并将轮胎包裹在其周围;然后等待另一个分包商负责将车轮安装到汽车上;接下来的一天,变速器被带过来,另一个新来的工人把它们焊接在一起;最后,历经耗时两年的零零碎碎的组装,车道上终于出现了一辆价值60万美元的汽车。

历史告诉我们,大可不必如此。过去很多时候,美国工人能建造的房屋都满足不了住房需求,而解决问题的方法似乎应当如此——在车间建造。1624年,定居者乘坐船只抵达马萨诸塞州,船上同时载满了从英国运来的现成的墙壁和屋顶,他们只需要将这些钉在一起就可以入住了。去往澳大利亚、非洲和印度的英国殖民者如出一辙。在接下来的几个世纪里,这个想法的新版本似乎出现在人们需要匆忙建造大量房屋的任何时候——加州淘金热期间、芝加哥大火之后,以及美国的西部扩张时期。加州现在正经历着另一种类似的情形。欧洲和亚洲的成功早已证明一种更有效的方法是可能的,欧洲和亚洲都有建造类似乐高积木建筑的成熟模块化建筑公司。因此,瑞克决定效仿其他国家以及建筑业前辈,在别处生产特拉基项目中的住房,然后将其推上山坡并进行现场组装。

特拉基是瑞克开始新事物的一个非常合适的地方。他第一次见到这个小镇是在 1963 年他 10 岁生日时,当时他们一家才刚越过州界线抵达加州不久。50 年后的一个早晨,他在镇上醒来,沿着家人当年抵达的路线从塔霍湖回湾区,在萨克拉门托一家名为泽塔社区(Zeta Communities)的公司略作停留,该公司生产类似欧洲和亚洲的模块化租赁公寓。碰巧的是,那天泽塔的第一个住房单元正要从装配线上下来。瑞克来到演讲现场,喝了一杯香槟,随后进入这个如同大盒子的租赁公寓内部。大盒子将被吊到卡车上,装载之后运往建筑工地现场——这一切正是他所需要的运作方式。

瑞克激动不已,很快就给他长期合作的承包商打电话。对方是一个脾气暴躁、烟不离手的退役军人,名叫拉里·佩斯。在电话中,瑞克直接说他们要尝试这种模块化的东西,拉里则说这个东西听起来就像是会一败涂地,他的生活里真的不需要这种垃圾。瑞克继续坚持,拉里就妥协了。然后他们使用泽塔模块在旧金山运作了一个较小的项目,以此进行了该建造模式的运行测试。其成本比预算低了 20%，而且只用了一半的时间就完成了。当然，这对泽塔公司来说算是一个好坏参半的消息。瑞克和拉里决定继续用模块建造房屋，也去开办自己的住宅工厂。

他们将其取名为 Factory_OS，在瑞克讲述的故事里这个名字归功于南希，它可以表达"非现场"（Off-Site，因为他们在非现场建造）、"操作系统"（Operating System，就如计算机中的操作系统），或者"噢，天呐"（Oh, Shit，因为两个六十几岁的人正在成为初创公司的创始人）。关于这个住宅工厂，最初是这样的设想：一个空仓库，有三个足球场那么宽，里面横穿一根金属梁骨架，看起来像电影《终结者》里的背景。瑞克是一个手腕高明且健谈的人，精心挑选了几个投资商，并从谷歌获得了早期订单，谷歌正试图在其总部附近开发住宅。拉里则东奔西走负责 U 形装配线设计的运营操作，该装配线采用了大型气动盘，将仓库变成了一个巨大的空中曲棍球场，以便几个人就能将整个建筑物从一个站点滑到另一个站点。

建造一套租赁公寓需要 22 个步骤。第一站是地板，它位于一个升高的平台上，平台两侧分别有一条步道，这样一组工人可以下到底部安装管道，另一组工人则上到顶部铺设地板。此后，地板在车间内四处挪动，以便更多的工人为它安装卫生间、墙壁、屋顶、电源插座、窗户、水槽、台面和瓷砖；下一个阶段，戴着安全帽的工人们，围着一个约 23 平方米的开间①

---

① 开间（studio）是公寓的一种房型，单元内部除卫浴空间外再无其他隔间。

来来回回地操作，为它安装好灰色人造硬木地板和二字型厨房；最后一步是用白色塑料包裹好这个未来的家，并在上面印上Factory_OS的工厂标志。

可以断定，瑞克和拉里的工厂不仅可以另辟蹊径建房子，而且还可以改变建筑行业的财务结构。开发商们喜欢把自己想象成建筑工人，在城里开车兜风的时候，每经过一个老项目，他们都会指着窗外说"我造的"。事实上，他们不建造任何东西，他们的员工也不建造任何东西。开发商的工作是买下一块地，找到一些有用的东西加到这块地上，然后说服银行给他们钱，说服政府给他们许可证。一旦真正开始建造，银行的钱会转给一个总承包商，总承包商将其转给分包商，再由分包商转给更多的分包商。

当你问这个链条中的人为什么要进入这种精心设计的层层分包交接时，答案是他们在"代理风险"。他们的意思是，尽管每个人都承诺要在一定时间内以一定的金额完成项目中自己的那部分，但他们中没有谁确定他们真的能做到。他们通过付钱请其他人为他们做这件事来分担失败的风险，同时他们从中扣除一小笔费用。到最后，一个工地现场可能会有十几个甚至更多的分包商，他们中的大多数人都会从一个持续看涨的定价中获得一定比例的利润分成，没有人愿意降低这个定价。Factory_OS试图改变这种结构。它没有卸下建造的风险，而是承担了所有风险。它没有把工作交给分包商——那样它便不必自己对工人负责——而是自己雇了工人。它不是从不断上涨的建筑成本中牟利，而是试图效仿莱维特和其他战后建筑商，靠利润赚钱，并拼命降低成本。

住宅工厂是一个很醒目的答案,但随之而来的问题也是显而易见的:如果这个办法这么好,为什么建筑业似乎总是默认回到贯穿瑞克职业生涯的标准化、现场建造施工的方式?流水线制造的宗旨就是高效地制造出设计标准化、销售规范化的产品,这样就需要在大型机器和电费上花一大笔钱,并雇用一小队人马吹着上下班哨子轻松地管理一条流水线。其必然结果则是,每当房屋销售出现不可避免的暴跌——这是住房行业无法回避的事实,它在经济最繁荣/最萧条的行业名单中均名列前茅——曾经堪称高效的工厂届时将成为成本上升的天坑。你将不得不关掉电源,解雇所有员工,然后在等待经济复苏的时间里无事可做。在那之后,当业务最终恢复时,你再来决定,到底要再次经历这一切,还是默认采用效率较低但财务上更安全的方法,一个项目接一个项目地商谈,并在户外现场进行建造。

正如历史上充斥着工厂建造的房屋帮助解决住房危机的案例一样,历史上也充斥着美国住宅工厂破产的案例,因为它们无法确保有足够的业务来维持其生产线的高效运行。在 21 世纪头十年的中期,房地产行业繁荣,美国最大的开发商之一普尔特房屋公司(Pulte Homes)开设了一家预制房屋工厂,旨在彻底改变房屋的建造方式。房地产泡沫破灭时期该公司将其关闭。泽塔公司——瑞克创建 Factory_OS 的灵感来源,在瑞克和拉里完成与其合作的第一个项目后不久就停业了。

瑞克的应对之道是将部分业务集中到可负担住房。这既是一种财务战略,也是一种追求更高目标的姿态。市政府和州政府正在花费数十亿美元建造财政补贴租赁公寓,这代表了一种抵抗衰退的收入流,有助于缓和经济不稳定的影响,并在无法规避的下一次衰退中继续维持生产线的运行。这也相当于赌一把房地产危机不会很快消失,并且建筑业现在成本高得离谱且严重紊乱,是时候进行大改造了。这场打赌瑞克绝非孤军迎战。

当Factory_OS以从投资者那里获得的看起来微不足道的1000万美元起步时,风险投资商已经向建筑技术公司投入了数十亿美元。这些公司正在使用3D打印和机器学习,并加工自己的组件。他们确信,作为世界上最古老的生意之一,房屋建造业将是下一个被科技外力颠覆的大行业。瑞克完全可以梦想他和拉里能够打造职业生涯后期的金牌,成为新时代的莱维特。他也可能最终会明白,随着资金更充裕、潜能更强大、技术更先进的竞争对手成倍增加,他们会遭受挤压。而他不会明白的是,现场建造的方式过去贯穿了他本人的整个职业生涯,今后还会一如既往地继续,因为历史前辈的老路已经走不通了。

最大的信任票似乎来自各种建筑工会,他们在Factory_OS开始运营之前就卷入了一场争夺战。瑞克和拉里已经与北加州木工区域委员会达成协议,聘用委员会成员为工厂配备员工。这反过来促使水管工工会的负责人写信给旧金山市政府,敦促其不要在城市资助项目(如可负担住房)中使用该公司。问题不在于工资或医疗保险,而在于木匠代表了工厂里的每个人,这类似于全美汽车工人联合会这类产业工会对汽车工厂进行组织的关系。

作为竞争对手的那些工会认为这是在宣战。一个典型的大型建筑工地有不同的工会，分别代表木工、水管工、电工、锅炉工，以及其他各种门类。而在 Factory_OS，一名员工可以处理从电线到管道到窗户再到石膏的所有工作，而且培训非常简单，以至于技术全面的能工巧匠和曾经当过搬运工或服务员的人通常可能一起在装配线上工作——这样的格局一旦成功启动，将会摧毁旧的行业结构。第二个住房一揽子法案通过后，加州建筑工会的伞状组织威胁要提起诉讼，阻止 Factory_OS 和其他模块化建筑商使用斯科特·维纳的精简法，从而引发了木工们的反诉讼威胁。模块化结构越流行，这场斗争就越激烈。

相信自己在赚钱的同时又能积德行善已经不合时宜了。太多的金融危机遗留的伤疤，太多的技术垄断，太多投机者把整栋楼的人赶走，他们随后略费油漆和瓷砖就让租金翻倍合理化。太多的寻租计划，共同描绘出一种迷失方向的资本主义。瑞克却仍然相信能在赚钱的同时行善。他一生都在行善和赚钱两个世界之间奔忙，每次脱离其中一个奔向另一个时，他都相信它们彼此要有对方才能取得进步。政府有着良好的意愿和远大的理想，却总是在成本问题上迷失方向，在住房问题上似乎无法真正完成税收和立法规定做到的事情。众所周知，可负担住房体系的荒谬之处在于，建造简洁的非营利租赁公寓，其每平方米的成本往往高于建造高端营利产权公寓的成本。公共部门有太多的过场要走，太多的政客要养活，以至于无法做出哪怕那么一点点认真的尝试以寻找出路。

如果城市无法正确处理住房问题，人们会再次变得愤世嫉俗。在每一笔新的可负担住房债券和为无家可归者提供的额外数十亿美元的服务背后,都有一群认为自己很慷慨的公众。而事实上,相对于问题而言,新的税收根本是杯水车薪,因为问题的恶化速度比城市部署资金的速度要快得多。洛杉矶和旧金山等城市正在进入一个前景堪忧的时刻,它们每年在无家可归者服务上花费数亿美元,但每年向公众通报的无家可归者的人数仍然以两位数的百分比在增长。在可负担住房倡导者中,至少那些有先见之明的人都有一种隐隐的恐慌,即当公众发现统计数据有多么残酷无情,而每笔新的资金流入所取得的成果是多么微不足道时,人们对新税收就会意兴阑珊。

Factory_OS 和任何其他公司都无法彻底解决这个问题。模块化建筑商队伍一开始会大张旗鼓,但很快也就消失无踪了。但即使没有成为模块化建筑商行列中的一个新加入者,也仍有没完没了的土地成本、政府收费以及邻避主义者需要去应付。除了建筑成本,其他方面还有很多需要支付的账单。至于可负担住房,仍然需要公共资金和公众意愿,因为这是一个社会问题,而不是商业问题。但这种事情取决于谁是总统以及由哪个政党控制国会,而这就远非瑞克所能把握的了。谁知道呢,也许有一天会有一些雄心勃勃的国家建设计划。而在那之前,更快地建造更便宜的住房,可以帮助人们利用现有的东西做更多的事情。而且就像任何新技术一样,它能有力地打开公众的想象力,让公众相信,再大的问题也是可以解决的。

瑞克如此渴望去证明这一点,以至于第一批从装配线上下来的住房盒子都是给曾经的无家可归者们准备的。该项目被称为凤凰城(Phoenix)。如果获得批准,西奥克兰将有一个由 316

套租赁公寓组成的新建筑群,其中包括 50 套提供给工薪阶层的可负担住房和 51 套提供给努力摆脱街头流浪的人们的保障性住房。瑞克联合了两家著名的非营利组织——居所服务和东湾亚裔地方发展公司,来负责运营并为可负担住房及保障性住房提供服务。较为悦耳的描述方式是称之为"一个混合多层次收入水平住户的社区",而现实的描述则是,一堆雅皮士的开间和一居室紧邻着其住户距沦落到无家可归者营地仅一步之遥的租赁公寓。这是一个大胆的、听起来乌托邦式的想法,是城市迫切需要却无法求得的那种东西(而且是 Factory_OS 能够将之作为成功案例的那种事物,还能以此吸引新业务)。

凤凰城的大部分资金将来自一项每年额度达到 100 亿美元的联邦税收计划,该计划被称为低收入者住房税收抵免政策(下文简称为 LIHTC),这是里根政府 1986 年税制改革的产物。LIHTC 的运作方式是联邦政府向各州提供税收抵免,这些州则向可负担住房开发商(一些是非营利的,另一些是营利的)提供税收抵免,这些开发商再将税收抵免转交给银行和公司,以换取廉租房的股权,而银行和公司使用抵免额来抵销它们未来的税单。它错综复杂,令人费解,但这也是其安全性很高的原因所在。旧的公共住房计划往往在民主党执政期间趋于增长而在共和党执政期间缩减。与之不同的是,LIHTC 则允许保守派假定美国正在利用私人市场解决公共问题,同时也允许自由派将住房资金引导到地方建设。自 1987 年以来,LIHTC 已资助了大约 300 万个财政补贴公寓单元的建设和修缮。这实际上相当于美国的国家公共住房项目。

抵免的棘手之处在于，它们通常要与其他资金来源进行配套。一个典型的可负担住房项目必须获得六项或更多的本地贷款和拨款，以增加从LIHTC获得的资金。每项资金来源都有自己独特的规则和使用原则——有自己的筹集资金的截止日期，有自己的使用期限，在那之前没有花完就必须退回。大多数情况下，除非能够同时也从其他来源获得资金，否则开发商们无法从某一个来源获得资金。

这就解释了可负担住房比市场价格住房成本更高的部分原因：非营利开发商可能会耗费数年时间，其间并不能进行建设，而只是在努力找到一个时机完美的重叠窗口，让全部钱罐排成一列。这个过程既昂贵又耗时，但这也是一种机遇，因为截止日期就是压力，压力就是政治，而政治允许开发商在城市会议上现身并发言：如果你现在不批准这个，我们就得不到另外那笔资金，我们需要它来建造你说你想要建造的"可负担住房"。这大概就是瑞克出现在奥克兰市议会规划委员会面前为凤凰城寻求批准时所抛出的说辞。

某种意义上这就是回归故里。瑞克离开桥梁房屋后就再也没有建造过像凤凰城这样的建筑。像从前一样，他又一次迫于情势不得不向加州政府表明，如果他们愿意，他们基本上可以为可负担住房直接印钞，再来一次"免费的午餐"。他从加州交通部购买了凤凰城的土地，而现在他正在奥克兰规划委员会面前要求改变分区用途以开展住房建造。也就是说，他从州政府手上购买了土地，现在正试图说服一座城市改变其土地使用规则，改变它自己的规则，并利用建筑密度的价值来帮助建造无家可归者住房。

自瑞克向市政府提交开发申请以来的六个月里，人们提出了很多问题——州层面的问题、市层面的问题、县层面的问题——但最大的问题是一个没人提起的问题，即，其必要性何在？各州和各市都已经在努力寻找足够的资金来解决无家可归问题，在这个时间，有什么必要让开发商说服它们释放密度价值呢？它们本来就可以在任何时候自行释放密度价值。

在整个加州，州和市的立法者都在谈论为新的可负担住房项目花费数十亿美元的勇气，但除少数情况外，他们讨论的时候通常会忘了州和地方政府已经拥有的价值数千亿（也许更多）美元的土地和建筑。包括火车轨道旁的所有空地，所有昏暗的政府办公大楼，都可更新成新的住房和办公空间。所有可以停车和居住的政府停车场也有相同的开发潜力。

这是一个比住宅工厂激进得多的想法，略为引申，到处都可以出现一堆"凤凰城"，只需耗费极少的公共成本，前提是政府和选民正好有这个意愿。这就是瑞克在酒吧里谈到的那种高尚的事情，在那里，想象的翅膀可以飞越政治的现实。但那天晚上，当他站在规划委员会面前时，他的目标和想法都很简单，即专注于让他的建筑项目成功获得批准。

"这是一个专注于无家可归者住房的项目。作为一个团体，我们将承担我们的责任，我们有责任让无家可归者项目获得批准，就在我们的社区，让他们与我们比邻而居。我们会倾注热情、睁大双眼去做，"在针对提案进行投票时，他告诉委员们，"对该项目可能出现的困难，我们持保留态度，但我们已准备好去应对。"

神奇的是,当你帮助城市解决问题时,你能非常轻松就获得投票支持。在公开评议期间,有一位妇女——只有一位,以市价住房单元会加速绅士化为由向"凤凰城"项目提出抗议。之后,规划委员会成员们提出了一些试探性的问题,询问当地居民是否可以优先获得可负担住房(是的),以及曾经的无家可归者是否可以像居住在市场价格租赁公寓里的雅皮士一样使用同一片户外草坪(是的)。大多数的评论都是诸如"印象深刻""激动人心""欣赏"和"惊叹"之类的言语。

"我一直记挂在心的是,有人说,新开发项目有时会导致流离失所,或者至少会导致该地区租金上涨,而其连锁反应也会指向流离失所。但今天这个项目在我看来特别不同,因其提供的可负担住房以及为无家可归者提供的保障性住房,数量之多,在我们委员会收到的所有项目申请中,可以说是前所未有的,"这位女主席在投票前说,"因此我真的很高兴,我认为这类项目将对我们社区和奥克兰产生截然不同的影响。"

即使是在为无家可归者建造开间,如果你没有乐观和冒险精神,你也不可能成为一名开发商。瑞克如此确信会议将按他希望的方式进展下去,以至于工厂实际上已经生产出来了 51 套补贴住房单元,这是项目的第一阶段。因此,当所有人都坐在那里,讨论无家可归者的住房需求时,他们所讨论的那些住房单元,就摆在 40 公里外的一个停车场里,在铁丝网后面,在支撑桩子上,由白色塑料包裹着,整装待发,即将成为人们的家。

第八章

增值投资者

女服务员和店主们无聊中混杂着些许焦虑。那是个周六的下午，天阴沉沉的，但下雨的征兆并不那么明显，无法解释米德尔菲尔德路一带顾客稀少的现象。珠宝店已经歇业了。基督教书店也关门了。那天下午，墨西哥快餐馆尽管开着却门可罗雀，皮纳塔①商店开着却也同样如此，当然，"墨西哥的记忆"也是空无一人。珠宝店歇业之前，卡琳娜·埃斯科尔扎在那里工作，现在则受雇于"墨西哥的记忆"。

"墨西哥的记忆"出售15岁女孩成人礼礼服、洗礼短靴和白色儿童套装——这些是人们一直愿意花费大笔钱的特殊场合宗教用品，当然，人们在许多其他事情上不见得会如此铺张。埃斯科尔扎发现，这一业务比她之前在现已关闭的珠宝店出售银戒指和金项链更有保障。在她的店里，宗教用品即使不那么畅销，也比其他任何东西都好卖。"墨西哥的记忆"的货架上摆满了十字架和娃娃脸的天使玩偶。店铺的销售额越高，宗教物

---

① 皮纳塔（Piñata）始于中国传统习俗打春牛，目前已风靡欧美，在各种节日活动的游戏中为大家带来好运。在传承的过程中，春牛造型也逐渐演变为马匹造型，打春牛这一名称也为皮纳塔所替代。

品的库存量就越大，宗教用品销售额也就越高。

问题出在租金上。并不是商店租金，而是商店顾客们的房租。当商店外的数字朝一个方向变动时，商店内销售额的数字就朝相反方向变动。商店外的数字有许多。比如，每小时 15 美元的工资和每月 1500—2800 美元的租金。比如，一个四口之家，有一套一居室或者做三份工作，每周工作 120 小时。又比如，住在拖车里的人每月的实际租金是 1500 美元——每天一张 50 美元的交通罚单，乘以 30 天。这些都是店外的数字。

那天下午，皮纳塔惊喜店孤独的店员奥马尔·奥索里奥独自与一群皮纳塔公主、皮纳塔鱼、皮纳塔火车、皮纳塔蝙蝠侠和皮纳塔神奇女侠坐在一起，这些东西悬挂于固定在天花板的铁丝钩上。对奥索里奥来说，挣钱从来都不是一件容易的事，但过去他同时有三份工作，足以带着家人每月下一两次馆子。现在，由于房租上涨，似乎每个人都只能囤积火腿、面包、一桶豆子、一夸脱大米和一些鸡蛋。他本人没有能力也没有心情去买皮纳塔，他当然理解为何顾客也是这样。虽然几公里外脸书公司总部的职员有不少消费，但并不见得皮纳塔惊喜店或附近的墨西哥快餐馆、面包店、墨西哥冰淇淋店、珠宝店、沙龙、酒馆和投币式洗衣店就能够改弦易辙去销售 1 万美元的自行车和无麸质松饼。

社会学家约翰·R. 洛根（John R.Logan）和哈维·莫洛奇（Harvey Molotch）在 1987 年出版的《都市财富》一书中，将米德尔菲尔德路这样的社区描述为土地和利润争夺战中的双重火力受害者。根据洛根和莫洛奇的说法，城市的面貌和运作方式是由经济上分裂的土地的双重身份之间永无休止的紧张关系决定的。有赚钱的生意，也有生活的生意。每个人都不可避免地两方面兼而有之，过点生活，也赚点钱。但是顾名思义，穷人赚钱最少，因此，他们倾向于居住在生活价值最高的地方，即地方价值和社区价值最高的地方。富裕家庭能够用金钱和电子表格来回答一些问题，比如对城市私立学校学费与高档郊区公立学校房地产税进行比较。像桑迪·埃尔南德斯这样的低收入租房者，当她与女儿斯蒂芬妮一起被迫离开租赁公寓时，她们搬到了离皮纳塔惊喜店车程很近的地方，依靠地方的非货币收入生存。

对于桑迪和她的家人来说，四人挤在一居室租赁公寓同住的压力成本，是有一些好处来弥补的，譬如，靠近他们熟悉的拉丁裔社区，可以结识朋友，可以依靠锡耶纳中心照顾孩子，孩子们可以走路或乘坐公交车上学。桑迪就算每天每小时连轴转地工作，所能挣到的美元都抵不上这些便利的价值。但不断上涨的租金打乱了这一切。像桑迪这样的租户花在房租上的钱越多，他们可拿来支持周围社区的钱就越少，这样，店铺售出的皮纳塔和洗礼靴就越少，这个地方也就越来越难以为继。房租上涨，朋友搬离，托儿所的选择减少，人际关系也就慢慢淡化了。"事实上，城市'更新'的努力方案往往是大规模土地清理或选择性破坏，打破的正是贫困地区内部的这一互补关系链。"洛根和莫洛奇写道。

距离米德尔菲尔德路零售区不到两公里处，一座建筑的清空激发了拉斐尔教练组建快速反应小组的想法，并推动斯蒂芬妮成为一名青少年活动家。老旧的白金汉公寓被重新命名并重塑形象。位于白金汉大街 180 号的白金汉公寓已经一去不复返，取而代之的是"180 号公寓"①；楼侧出现了一道原木栅栏，标准的黑色地址编号已被无衬线字体的红橙色"180"霓虹灯取代。地下车库里有奥迪，室外回收箱里塞满了丢弃的拉克鲁瓦罐子、杏仁奶纸箱和苹果产品外包装。

克里斯蒂娜修女的办公室仍在街对面，因此她每天都可以观察房子的装修进展，从她的窗户可以看到流离失所的房客们带着家当离开公寓。后来，当特赖恩房产公司有人告诉克里斯蒂娜修女房客可能会回来时，她叫那人不要把她当傻瓜，并问他，明知无处可去的人只能流落街头，自己还如何安心入睡。回答是千篇一律的说辞，说他们改善建筑状况是在做好事。这栋楼看起来确实更好了。刷了新油漆，装了新栅栏。在投资者眼中，看起来更好就是更好。但克里斯蒂娜修女眼里看到的不一样。她看到的是对丑陋过程的粉饰，以及对与占有他人住房相伴的"道德抵押"的违背。

克里斯蒂娜修女在帕萨迪纳长大，1970 年代在加州大学圣巴巴拉分校读大学，当时她与一群天主教修女一起去做志愿者，随后决定不结婚而是成为一名道明会修女，并将一生奉献给服务事业。她把自己的使命定位为教师，她是蒙特雷教区天主教学校的负责人，在此她的大部分时间都用于与主教及律师会面

---

① "180 Flats"，英国英语、印度英语、南非英语里的 flat 等同于美国英语里的 apartment。详见第 1 页脚注。

并做着日常案头工作，以致无法进一步提升自己，这种状况促使她放弃当时的生活。因此，她转身去接手了圣弗朗西斯中心，这个中心当时是提供衣食的小型安置机构。

在接下来的二十年里，她将它打造成了一个强大的非营利组织，为北费尔奥克斯和红木城及其周边的移民与拉丁裔家庭提供服务。需求总是在变化，但住房需求却一直存在。在金融危机期间，住房问题是止赎。然后是解决租金暴涨和投资者盲目拥入的问题。克里斯蒂娜修女可以从她的衣食项目中看到绅士化的影响。大衰退十年后，该项目的规模只有过去的一半。这并不是需求减少的标志，而是贫穷居民离开此地去远处寻找廉价房的迹象。

在特赖恩公司买下白金汉公寓后，搬进公寓的居民不完全是富裕者。至少有一个厨师。还有一些研究生和游戏开发者，他们混得还不错，但也租不起山景城或帕洛阿尔托的公寓。少部分人以前就住在这里，翻修后仍然居住于此，但许多新居民似乎并不清楚他们搬到了什么样的社区。一位新居民抱怨说，大楼后面有一个公共平台，站在平台上可以看到旧铁路调车场和院子里停着一辆破车的独立屋。耶普点评网站上一位评论员注意到，新的原木栅栏上被人喷了"北方人"涂鸦。耶普上有许许多多在讲述绅士化进程的人，但他们没有完全意识到绅士化带来的问题。

"并没有让你彻夜难眠的巨大声音。但是每隔一段
　时间就有一辆卖冰淇淋的车过来，而且，如果你不关

窗户噪音就会一直伴随着你。"

"我举报过一个没拴好她的牧羊犬的女孩。"

"是的,你能听到火车的声音。"

街对面圣弗朗西斯中心的人们开始把这座建筑看作一个老朋友。对克里斯蒂娜修女来说事情不该如此,因为这真的不是新房客的错。圣弗朗西斯中心的座右铭是"只是同情,不作评价"。因此,在180号装修后不久,一名新搬来入住的年轻女性来到中心询问有关加入本地园艺协会事宜时,没有谁提及发生了什么事。后来,克里斯蒂娜修女让她的工作人员在这栋楼里分发传单,邀请新邻居加入社区。

然而,新翻修的大楼展示了一个相当危险的倾向。与以前的居民不同,新居民大部分不需要街对面圣弗朗西斯中心提供的洗衣、服装、学校教育和移民咨询服务。他们可能不会在米德尔菲尔德路购买皮纳塔,或者以其他方式加强互补关系链。克里斯蒂娜修女的使命是保持该链条完好无损。正是为了完成这一使命,她自己才成了一名价值数百万美元的租赁公寓的投资人。

作为圣弗朗西斯中心的执行董事,克里斯蒂娜修女负责了共包含87套租赁公寓的10栋建筑组成的资产组合,这些公寓在公开市场上的价值高达数千万美元。但它们不在公开市场上。克里斯蒂娜修女买下了它们,资金来自基金会、公司、贷款和富人,然后把它们预留出来,并逐步降低负债,又使用契约将其限定为永久性的可负担住房。从某种意义上说,她把它们从资本主义中剥离出来了。圣弗朗西斯中心第一次进入住房市场是在 1997 年，它购买了一栋共有 24 个居住单元的租赁公寓大楼，当时正值硅谷在互联网繁荣时期因新技术而膨胀的阶段。克里斯蒂娜修女一直在扩张，在这里新建一栋楼，在那里再建一栋楼，随后有一小段时间暂停，专注于建造锡耶纳中心。因为当时人们说他们需要一个适宜孩子待的安全之所，她从善如流并专注于建造锡耶纳中心。

现在，住房又回到了第一位。圣弗朗西斯中心既开发住房也购买住房，克里斯蒂娜修女在扭曲的房地产网络中运作。她从某科技公司筹集资金，但这家公司也被她的房客指责为绅士化的代言人。她从某银行获得贷款，但这家银行也为杰斯希尔·洛夫等投资者提供资金。圣弗朗西斯中心董事会的一名成员也是加州公寓协会的董事会成员，而该协会是加州最大的业主团体，也是租金管制的强烈反对者。和往常一样，她遵循该中心的座右铭——"只是同情，不作评价"，她并没有沉湎于机构的伪善，因为这只会分散她的注意力，而她的使命是专心扩大投资组合并使社区免于租金上涨。

克里斯蒂娜修女通常对某种类型的建筑感兴趣。你见过它们。它们是由金属栅栏围绕的无电梯大型租赁公寓楼，或是用柱子架在停车棚上方的灰泥粉饰的复式住宅。每座城市都有破旧建筑，它们本应是低薪经济的基础构件，但在加州它们却被寻求更高租金的投资者吞噬。克里斯蒂娜修女拿到房子后，以大幅补贴后的价格将其租给像桑迪和斯蒂芬妮这类家庭——圣弗朗西斯中心有一居室的住房，在确定租金之后他们得以搬进去。道德是一种竞争工具。克里斯蒂娜修女寻得许多这类建筑，通过征募富有商业头脑的董事会成员，让他们去说服本地业主将租赁公寓楼出售给圣弗朗西斯中心，不动声色地进行场外交易而非沿用价高者得的规则。她的商业宣传是"这是应做之事"。只要有合适的业主就会奏效。

克里斯蒂娜修女是一个"机会主义买家"，对于这类房地产行话，她现在和任何经纪人一样能够脱口而出。不慌不忙，适可而止，伺机而动。这就是超值购买的规则，也是她谨慎投资的原则之下通常遵循的规则。但是，相比其他任何住房，有一栋建筑是她更想要的。克里斯蒂娜修女念念不忘并心甘情愿地表示，她非常想要这栋建筑，甚至可能对其有偏爱，纵使付出市场价格也在所不惜。她想要的正是坐落在她窗外的这栋建筑，白金汉大街180号，现在的180号公寓。她三次试图买下它，三次都没买成。第一次是在2015年，当时它的售价为1310万美元。第二次是时隔一年特赖恩公司以1500万美元买下之后，克里斯蒂娜修女试图将其买回。特赖恩公司拒绝了，并着手装修。

像"无家可归者"这样的词语不会出现在投资者时事通讯中，也不会出现在涉及租赁公寓投资行业的各种指导书籍、博客及播客中。语言是数字符号和委婉用语的结合。破败的旧建筑是"老式的"，而翻新它们则"增值"了投资。一栋由以很容易被别人取代的低收入保姆和建筑工人为户主的家庭居住的建筑，叫作"不良资产"。发放驱逐通知只是为了"重新出租"，而将租金提高 50%—100% 则是为了"稳定"。业内媒体通常撰写充满着数字的文章,讨论浮动抵押利率以及"专业管理实践",听任投资者购买旧楼,并在几年内将其价值和运营收益翻倍,却从不提及当前旧楼中居住者的境遇。

特赖恩房地产公司成立于 2005 年,以一只虚构的野兽命名。该公司的联合创始人米奇·帕斯科弗毕业于特洛伊队的主场南加州大学。另一位联合创始人马克斯·沙坎斯基毕业于雄狮队的主场洛约拉马利蒙特大学。特赖恩(Trion)= 特洛伊(Trojan)+ 狮子(Lion)。沙坎斯基和帕斯科弗是儿时的朋友,他们都在房地产行业工作。沙坎斯基在圣费尔南多谷做经纪人,他已经开始厌倦中间人这一角色。他想经营自己的楼宇,并从自己所熟悉的方面着手。因而他在圣费尔南多谷购置了小型房产,资金来自朋友和家族股权以及他曾向一位采访者描述的"优质债务"。在 21 世纪头十年的中期,债务是一个危险的词语,因为世界经济即将被债务摧毁。但在 2008 年金融危机之前,特赖恩碰巧甩掉了大部分证券。

对于任何现金持有者来说,大衰退是有史以来最棒的购房置业机会之一。特赖恩只是一个小角色。相比之下,那些私人证券公司和对冲基金最终将购买数十万套单户独立屋,并组建新的上市公司,比如曾经属于母婴行业的"邀请之家"(Invitation Homes)。即便如此,两位合伙人还是打开局面,达成止赎协议,并且能够通过保持基本状态并稳步提高租金来建立业务。尽管经济形势已经支离破碎,失业率高达 10%,但人们仍然需要一个居所。诸多大学毕业生和因止赎失去房屋的人都在寻找机会租房,而严格的后危机信贷条件让那些一直在考虑购买独立屋的人不得不继续住在他们原先的租赁公寓里。在经济衰退期间租金保持平稳,但从未真正出现下滑。伴随着各种居住空间的压力,当经济开始复苏且就业增长率回升时,住房价格便重新恢复稳步上涨的趋势。

由此创造了一个新的商业机会。在经济低迷时期,租金停滞不涨时,投资者一般的商业计划是买下一栋建筑并迅速出租。他们所做的任何修复工作都是为了使其变得宜居和清洁。他们通过低价买进并保持维护成本不变而获利。但是,随着止赎存量的清理和租房需求的增长,投资者从被甩卖的"便宜货"转向购买"增值"建筑,在此他们可以通过翻新并大幅提高租金来赚钱。其商业逻辑是这样的:平均租金涨得越高,就越容易找到支付平均租金的人。而越容易找到支付平均租金的人,就越容易通过把那些支付租金低于平均租金的租户扫地出门来赚钱。商业房地产经纪人将老建筑群描述为"正待涨价",并非常冷静地展示可负担住房何以能够承诺最高回报——因为其中住着易被驱逐的租客。

"目前的租金低于市场价,"特赖恩在购买白金汉公寓前的一次投资者引荐会上阐述道,"因而存在重大的增值机会……在获得该项目的所有权后,公司将启动高端室内装修并进行策略性公共区域改善,以吸引在该地区生活的高收入人群入住。"

执行这一计划的最佳方式是找到可负担住房,而且要到靠近高薪雇主、发展迅速的城市中去找。特赖恩的网站上满是克里斯蒂娜修女一直在寻找的那种大型租赁公寓楼,有混凝土墙和室外楼梯，它们坐落在美国一些最热门的租赁市场如圣地亚哥、洛杉矶、旧金山湾区和波特兰的外围。特赖恩在特斯拉位于弗里蒙市的制造总部附近经营一栋租赁公寓楼，在俄勒冈州的比弗顿经营另一栋邻近耐克的租赁公寓楼。2016年，大约在特赖恩翻修白金汉大街180号的同时，该公司在俄勒冈州波特兰郊外的泰格德购买了原胡桃树公寓的36套住房单元。特赖恩公司砍掉了公寓据以命名的胡桃树，将其更名为泰格德维尔，进而翻修后将租金翻番。

"我们已经能够在东湾区、波特兰以及发展得更快、正在绅士化进程中的市场发现巨大的价值。"沙坎斯基在房地产众筹网站真实人群网（RealCrowd）主办的播客上说。真实人群网是一个在线平台，投资者可以通过该平台筹集资金购买商业房地产。

你需要一些钱才能成为一个租赁公寓炒卖者，但这个行业绝不排外。特赖恩网站上有一张可填写的表格，任何自称身价在100万美元以上的人都可以注册并查看投资机会。而真实人群网等众筹网站则充当中间人，允许医生、律师和其他普通有钱人以1万美元起的价格购买即将被抛售的大楼股票。房地产名人通过博客和社交媒体招募粉丝，并邀请他们投资新项目，名人们向人们承诺项目可以让他们坐等源源不断的被动收入。人们不必查看连篇累牍的相关资料，投资回报率、项目时间表和重要里程碑等信息都列在简洁的信息图中。特赖恩通过真实人群网找到的投资者之一是位麻醉师，在沙坎斯基的妻子分娩第一个儿子时，这位麻醉师给她做了硬膜外麻醉。

真实人群网的运作就像在线购物的高端客户版。与特赖恩一样，它的潜在投资者必须证明其年收入达 20 万美元或净资产至少达 100 万美元，然后才能在零售、工业和多户式住宅之间进行投资切换。佐治亚州玛丽埃塔的租赁公寓楼、拉斯维加斯的仓储单元、加利福尼亚远郊的单排购物中心任您选择。用户根据最低投资额或商务策略筛选出建筑物，浏览或提交投资无需任何费用。相反，真实人群网向特赖恩等公司收取 1.5 万美元的上架费，还在有人付费时按照不同费率收取手续费。真实人群网欢迎任何拥有相当规模储蓄的人投资，从而将自己定位为某种民主力量在商业房地产中的体现，这是一个乏味但利润可靠的行业。这与旧金山湾区的金融初创企业宣传"我们促进经济赋权"一样，都有着理想化的倾向，可能因为真实人群网本身就是硅谷的产物。

该公司首席执行官亚当·霍珀（Adam Hooper）毕业于宾夕法尼亚州立大学，并在萨克拉门托担任商业房地产交易经纪人，然后在 2013 年进入创业投资加速器（Y Combinator），这一著名的"加速器"是初创企业创始人的某种专属新兵训练营。一年后，真实人群网筹得 160 万美元的种子资金，投资者包括旧金山风险投资公司初始资本，以及曾创建谷歌邮箱的谷歌公司前工程师保罗·布克海特，他因建议将"不作恶"作为公司曾经的座右铭而备受赞誉。行业内拍马屁的文章和知识问答通常将霍珀和沙坎斯基等年轻高管定位为创新者，他们对于千禧一代租户投其所好，满足其在炫酷社区的购物需求，并为其单元楼配备契合的消费科技。"我最近参观了我们在西洛杉矶的一处房产，其中一位房客跑上来告诉我，他对巢智能温控器^①有多么兴奋，正是这一便利设施促使他签下租赁协议，"沙坎斯基在接受名为"房地产游戏的学生"的博客采访时说，"这是一个200美元的温控器哦！！"

真实人群网的蓝色弹出式信息窗口，格外清晰地呈现了要点——"**策略性**大修/大规模重新出租"，而从来不会真正提及当前建筑物中过往居住者的际遇。增值建筑物"通常具有入住率较低或近期租户大部分即将到期的特点"。这是真实人群网为客户提供的解释。时不时会有某位在网站上寻找投资的业主会抛开行话的外衣，其在线解释中会使用类似"驱逐和损毁"这类措辞。增值投资的风险通常与经济波动或特定建筑的状况有关。管道可能出问题，基础设施也可能出问题。但是，随着流离失所问题越来越严重，以及拉斐尔教练这类活动家与"租金过高"团队开始大声疾呼，抗议者也被列入问题名单。

"你在建筑本身之外看到的一些意外事件可能是合法的，你知道，会有某些租户，"沙坎斯基在真实人群网的播客节目中说，"有些地区非常敏感，比如旧金山湾区的部分地区，那里的人们不喜欢流离失所和被驱逐，他们会大吵大闹，公关噩梦可能接踵而至。因此，这是另一件可能导致成本超支的事项，我们已经领教过了。导致成本超支的原因是，你的公寓单元里有低租金的租客，他们的租期比你预期的要长得多，而你有一笔负现金流的贷款，因此你的负现金流比你预期的要多，所以你

---

① 巢智能温控器（Nest Thermostat）是谷歌旗下的一款智能家居设备。

的利息准备金最终会大幅增加。"

"我想重申的是,这也是野兽本性的一部分,对吧?"霍珀问道。

"就是这样。"沙坎斯基回答。

"当你准备提高房屋价值时,顺理成章,你会提高租金,而这只是项目进程的一部分。"霍珀说道。

"是的,不可能讨好每个人。"沙坎斯基说。

特赖恩购买白金汉公寓并开展其直率的投资者演讲,谈论绅士化带来的收益及其在重新出租方面的专长,之后丹尼尔·萨弗的非营利机构提起了联邦公平住房诉讼,促成了一项快速且未披露的和解。杰斯希尔·洛夫的租金上涨迫使桑迪和斯蒂芬妮搬出公寓,六个月后,萨弗和其他几十名抗议者在第一共和银行的旧金山总部前游行,因为这家银行为洛夫购买这栋大楼提供了资金。抗议者们举着写有"追究银行责任"以及"第一共和资助连环驱逐者"之类标语的牌子。

抗议活动可能会使公寓翻新变得更昂贵,但抗议起效甚微。对住房的需求是存在的,因此银行和投资者都在需求背后排队等候着。在向潜在投资者陈述时,特赖恩预计,一旦将白金汉大楼的租金提高 40%,并向租户收取更多的水电费和垃圾收集费,就可以将此处 1500 万美元的房产以 2200 万美元的价格售出。考虑到金融现实,租户唯一真正的出路是期待有人去做社区土地信托几十年来一直在做的事情,那就是让该房产退出市场。

克里斯蒂娜修女一直让人们清楚地知道，当特赖恩最终准备出售 180 号公寓时，她仍然是一个热切的买家。她从前那些前陷阱屋①和小型租赁公寓楼的资产组合并没有赚取多少现金，但随着无家可归者营地的成倍增加，以及旧金山湾区住房成本上升到政治危机的高度，一些机构和富有的捐赠者变得更加慷慨大方，因此大大扩充了圣弗朗西斯中心的购买能力。一旦 180 号公寓完成了外部油漆工作，安装了灰色人造木地板和轨道灯，开间、一居室和两居室公寓的网上租金就将在 2000—3000 美元之间。这足以使 2175 万美元的售价合理化。2018 年 9 月，圣弗朗西斯中心支付了这笔费用。价格很高，但公寓现在又回到了社区手中，克里斯蒂娜修女终于拥有了她窗外的这栋楼。

这笔交易本身就是一个数学问题，它把克里斯蒂娜修女拽进了资本网络更深处。由硅谷开发商、亿万富翁约翰·索布拉托的基金会领导的私人捐赠者捐助了 1000 万美元。脸书公司支持的催化剂住房基金的一个分支机构承诺提供一笔 400 万美元的贷款。圣马特奥县参事委员会同意通过第二笔贷款以帮助偿还部分债务。差额部分来自第一共和银行提供的贷款。这家银行曾为杰斯希尔·洛夫提供资金购买桑迪和斯蒂芬妮住过的大楼。该银行被加州再投资联盟命名为"湾区第一移置融资商"。

---

① 陷阱屋（trap houses）是嘻哈乐手对自己出道时制作音乐的地点的戏称，这些乐手的音乐通常致力于表现贫民窟艰难的街头生活。陷阱屋也可以指被住户用来从事非法毒品交易的住宅。

丹尼尔·萨弗曾坐在圣弗朗西斯中心购房庆祝仪式上鼓掌的人群之中，而六个月前他抗议的正是同一家银行。萨弗有自己模糊的联盟：他工作的非营利组织刚刚从慈善投资机构"陈·扎克伯格基金会"获得一大笔捐款。

白金汉公寓新的"180"霓虹灯地址标牌在盛大的重新开放期间仍然存在，但"180号公寓"的名称已被一个黑色的印刷字体标志取代，上面写着"索布拉托之家"。这是一个阳光明媚的秋日，圣弗朗西斯中心的支持者们坐在整齐排列的金属折叠椅上，观看约翰·索布拉托和脸书的社区关系团队成员出席隆重的剪彩仪式。街道上排满了外国车型的轿车和特斯拉 Model 3 汽车。附近有两辆警局运动型多用途车。警力在此出现并非为了进行任何驱逐活动，而是为了堵在十字路口以预防大型聚会。

除了新名字，这座建筑看起来和属于特赖恩公司时一样。同样的原木栅栏，同样的耐旱园林景观，同样的黑白油漆，几个窗台周围还点缀着橙色霓虹灯。入口通道上的假仙人掌被移走了，而那天下午的招待会上，一块石头支着玻璃前门使其处于打开状态，穿过这道玻璃门，传来了低沉的重型吉他拉丁音乐。

外面有些闲聊声，空气中弥漫着烤架上墨西哥烤肉的气味。特赖恩公司安设了户外木座椅、灰白相间的几何图案地毯，摆放了养着多肉植物的陶土罐，看起来就像是从宜家的一个陈列柜中取下之后以完全组装好的状态从高速公路运送过来的。现在一些警官正坐在长椅上吃玉米卷。克里斯蒂娜修女就在不远处，穿着一件及膝的锦缎夹克，和董事会成员们在一起。聚会结束后,拉斐尔教练带领一群穿着酒红色和白色的神圣家族学校制服的孩子们进行了清理,他们把折叠椅和其他公共资源装运回锡耶纳中心时,孩子们热情地尖叫着。

一旦收购了前白金汉公寓,圣弗朗西斯中心就拥有了 11 栋建筑,135 套出租住房单元。该收购计划旨在将白金汉公寓纳入其为低收入租房者提供的契约限制型住房的投资组合之中,但克里斯蒂娜修女也发誓绝不驱逐任何人,其中包括特赖恩公司新召集来的支付更高租金的租户。这是一件关乎道德的事情,而道德和任何事物一样,是需要付出代价的。如果他们立即撤销特赖恩的商业计划,清空该建筑里的高收入租户,并用低收入租户填补进去,那么圣弗朗西斯中心将获得每年约 25 万美元的房产税减免,该项减免适用于低收入租户至少占 90% 的房产。由于拒绝驱逐新租户,该中心估计需要用去大约四年的时间才能达到低收入租户占比 90% 的门槛。这个过程将不得不额外花费 100 万美元的税收,这些钱本可以投入到其他低收入租户建筑之上,但现在不能够了。这就是对克里斯蒂娜修女而言道德抵押的代价。

次年年初,特赖恩公司发出了 2018 年投资者信函。在信函的中间位置,该公司在讨论了房地产市场和波特兰郊外一处新房产的"轻增值商业企划"后,谈到了它出售的两栋利润颇丰的建筑,其中一栋正是 180 号公寓。特赖恩公司的信函中写道,该项目"实现了 18.02% 的项目内部收益率",避而不谈的重要事实是持续了大约两年的抗议,以及买家是一位义薄云天的修女。特赖恩还告诉投资者,由于建筑价格上涨,公司已开始购买可供住房开发的生地:"我们确定,尽管住房开发的渠道很强健,但加州对多户式住房的需求依然强劲,鉴于该州严厉而原始的土地使用政策,会有住房供应过剩的那一天吗?看起来根本遥不可及。"

第九章

竞选参事委员的索尼娅

2017年的住房一揽子法案是渐进式妥协的胜利。这是真正的一步，但只能算是一小步，这一小步不足以解决几十年来的住房危机，甚至不足以阻止危机继续恶化。立法机关的成就能表达的最大程度的善意就是，他们向公众和自己表明，他们有采取行动的渴望，而且可能有更多的渴望。

下一年他们将致力于找出更多的渴望的方向。斯科特·维纳将向加州提出一项法案，对加利福尼亚州大刀阔斧地重新分区。将有一项全州公投，全盘扩充当地的租金控制法。旧金山为无家可归者谋求利益之人将推动一项新的大额税，针对年收入超过5000万美元的公司，以建造更多保障性住房和可负担住房。一直以来，旧金山前市长加文·纽瑟姆都能够易如反掌地取代杰里·布朗担任州长，并在竞选中承诺使加州住房建设速度至少翻三番。渐进主义已经过时，大创意也已到来，正是在这个崭新且更极端的时刻，迎臂运动的发起人索尼娅·特劳斯开始竞选旧金山参事委员会的席位。

"时光匆匆。"这是索尼娅在住房一揽子法案通过后几个月里常说的话。她已经三十多岁，手指上戴着一枚戒指（那年早些时候，在斯科特·维纳主婚之下她嫁给了她的丈夫伊森），小腹隆起（预产期是11月）。如果她能赢得竞选，她将在四年的时间里，从一位通过公共评论扩音器进行经济学宣讲来努力抗争的数学教师，转变为一位新晋妈妈和旧金山参事委员。这意味着大量的工作，有很多事情要处理。索尼娅对此想要表现得毫不在意。"为什么我不能够在两个地方工作？"如果有人暗示她带着新生儿一起竞选公职可能会很难，她会这样回答。而一些人会说这很明智，告诉她从另一个角度看，一个新生婴儿也可能会成为一大政治后盾，她会说："他们就是这么说的……"

竞选公职有许多惯例。竞选资金募捐者准备了红白葡萄酒，还有一些奶酪/水果/肉类拼盘。索尼娅在会面和问候开始时说，无论身在何处，她都感到非常高兴。之后，她转而口若悬河地讲起了自己的经历，讲述她作为一名数学教师如何涉足住房政治，正如何竞选参事委员，对于让城市变得更好又如何充满了想法且非常乐观。之后，索尼娅被提示到了一小时的提问时间。提问涉及住房、停车、交通、自行车道、无家可归、小偷小摸以及人行横道，等等。她对所有的问题都成竹在胸，但是刚一开始，宝宝就踢她的肚皮，身体上的不适让她难以支撑，她不得不涨红着脸并喘息着让问答环节草草收尾。

这些早期事件的紧张关系将一直贯穿竞选活动全过程。虽然索尼娅目前竞争的是一个小小的地方选区的代表权，但她现在是一个重大国家问题的象征。在宣布参选前九个月，她从奥克兰搬到了旧金山，她所获得的所有名声完全来自她作为一名住房活动家的相关媒体报道。她得到了斯科特·维纳和邱信福的支持，并聘请了一名顾问。顾问借给她几件西装外套，劝她开始化妆，并要求她剪头发（她拒绝剪头发）。索尼娅学会了如何在采访中说"无可奉告"，像"刻薄"和"分裂"这样关于她的描述词变成了诸如"热情"和"一个喜欢说实话的人"等表述。虽然她慢慢地看起来像一个候选人，听起来也像一个候选人，但是当她坐在选民家里或下班后在办公室聊天时，常会被问到的一个问题是，她除了住房还代表什么，另一个问题是，她将如何从一个屡屡抛出"炸弹"的活动家转变为体制中的政客。

人们怀疑她竞选只是为了宣传某个平台，而不是为了呼应某个区域需求从而提供帮助。索尼娅竞选第六区的代表，这里聚集着旧金山民间最严重的各种问题，也是美国经济进入（国内收入两极分化的）人类社会不平等的第三时期的一个象征。该区的一边是田德隆区，这是美国最大的单人房酒店集中区，也是露天海洛因使用场所，还有数不胜数的衣衫褴褛的流浪者睡在人行道上，路上满是人的粪便和橙色针头。该区的另一边是市场街南区（South of Market），那里有高耸的全落地玻璃窗产权公寓和赛富时①与爱彼迎总部。从一个场景走到另一个场景，大约只需要十分钟。

在生下儿子安东·卡齐米尔八周后，索尼娅从她每月租金3000美元的一居室走出来，身着黑色连衣裙和格子呢羊毛外套，推着一辆婴儿车去参加她的正式竞选活动的启动仪式。就在附近，一个看起来就睡在巷子里的精疲力竭的男人正在鼓捣一台

---

① 赛富时（Salesforce）是一家创建于1999年3月的客户关系管理CRM软件服务提供商，总部设于美国旧金山，可提供随需应用的客户关系管理平台。

他在门阶上发现的儿童吸尘器，他把吸尘器往地上砸，一直砸到彩色塑料球滚过沥青路面。在分别走过财富和苦难的场景之后，她来到了充满微笑和欢呼的社区礼堂。礼堂里大约聚集了50人，人群里有她的家人、朋友和迎臂主义者。斯科特·维纳在此等候。杰里米·斯托佩尔曼也在。还有她父亲的表亲米娜，她也是索尼娅最初搬到加利福尼亚的原因。

劳拉借鉴"化弱为强"的竞选理论，放开一切，首先谈到了令人讨厌的善行，全不在乎别人是否与之意见相左，或是否会被认为行事粗鲁。索尼娅走到台上，带着写在笔记本活页上的稿子进行演讲，并邀请房间里的人和她一起吟唱歌曲《旧金山》。她强调了第二段，解释其对竞选活动的隐喻：

"旧金山，敞开你的黄金之门
你门外等候的不是陌生人。"

大多数人不关注当地政治，少数人直到选举日前一两个月才开始注意。索尼娅的竞选开幕时间是1月，那是10个月以后，时间还早，甚至候选人名单都尚未确定。因此，每次活动结束，全部人拍完照后，住房界的集体焦点又回到了萨克拉门托市，斯科特·维纳提出的另一项重大住房法案吸引了人们的注意力。

这一法案被称为《SB 827》，它是一项提案，允许开发商在距离加州轨道交通站点约800米和距离繁忙公交站约400米的范围内建造四到八层的租赁公寓楼，而无须考虑当地法规对高度和密度有何规定。维纳在立法方面可能会很有竞争力,他经常告诉他的手下,他们需要在别人提出 X 或 Y 大法案之前,先提出这项法案。《SB 827》是一个试图超越对话的尝试,它相当于对美国最大的州的全部主要都会区重新开展大规模区划。如果它读起来像一份迎臂主义法案,原因正在于它本身就是如此。随着前一年住房计划的成功实施,布莱恩·汉隆成立了一个新的全州游说团体,名为"加州迎臂",并将《SB 827》作为该组织的第一项法案提交给维纳。

维纳将《SB 827》以气候变化法案的形式拟定,其逻辑是法案有助于减缓城市扩张。这为其赋予了意义,但也相当于一个巨大的政治考验。毫无疑问,居住在人口稠密社区并乘坐公共交通的人要比随时开车的人碳足迹小得多。此外,如果想要减缓全球气候变暖的速度,那么大规模的城市和郊区改造就必须纳入计划之中。这就是为什么几乎每一个环保组织的绿色政策提案要点中都有某种版本的"沿交通线路建设紧凑型社区"。

然而,这并没有让政治变得更容易。因为太阳能电池板或电动汽车不会从根本上改变城市的运作方式或社区的外观和给人的感觉,而与之不同的是,《SB 827》同样作为气候变化法案,却要求一定程度的牺牲。加州在环保和可再生能源等方面自豪地领先于全国其他地区,尽管如此,思想开明的加州人也不会愿意接受这种牺牲。这是气候政治中众所周知的小障碍。根据一项调查,各种民意测验和加州自身的经验表明,选民愿意支持气候行动的意愿止于"这些举措不要求生活方式有显著改变"这种程度。

对《SB 827》表达有节制的反感的说法是"重拳"。其他一些措辞则包括"荒唐""氢弹""专横的权力攫取",以及这将使孟加拉式独立屋区"看起来像迪拜"。伯克利市长称之为"对我们社区的宣战",而一名反绅士化的抗议者则将它与美国西进运动的"血泪之路"相提并论。维纳经常把危机称为机遇。干旱是建立新的水过滤系统和强制执行保护措施的机会,这些措施将降低长期用水量。火灾是一个探讨气候变化行动的机会,虽然国家本就该经常对此议题进行探讨。而住房危机当然也是一个机会,让人们开始思考美国如何打破半个世纪以来的扩张发展模式,这种发展模式已经使得环境和基础设施成本变得不可持续。维纳预料到一个重大法案肯定会引发争论,《SB 827》无疑达到了这个效果,虽然并非按照他预想的方式。

当这项立法在年中初选成为竞选主题时,他只是简单介绍了一下而已。在旧金山湾区,地方辩论却以"你支持《SB 827》吗?"这一提问为特色,该法案成为旧金山市长选举中意料之外的焦点。2017年底,旧金山市长李孟贤在一家杂货店突发心脏病昏倒,尔后离世。有三个候选人立即对市长职位展开角逐,即前加州参议员马克·里诺、参事委员会主席伦敦·布里德和参事委员席位还有几个月到期的简·金。

布里德因为是唯一支持这项措施的候选人,成了一位迎臂运动英雄;而金几乎将她的参选定位为对该法案的全民公决,她在低密度的城市西区举行了一场反《SB 827》的集会,并宣传说这项立法"将允许无限制地建造豪华高层产权公寓楼"。维纳最大的成功在于精心设计的立法,比如旧金山可负担住房许可审批的精简，或者《SB 35》核心的资金/精简的妥协，这些举措使得担心景观受到破坏的典型邻避主义者和担心流离失所的反绅士化行动者所构成的不完美联盟分崩离析。但维纳却完全不担心《SB 827》，它被设计得易于吸引头条新闻的关注，只会拉近与对手的距离。

该法案有两位最激烈的批评者，一位是名叫约翰·米里奇（John Mirisch）的比弗利山庄市议员，一位是名叫达米恩·古德曼（Damien Goodmon）的南洛杉矶反绅士化活动家。米里奇将《SB 827》描述为"弗拉基米尔·普京和科赫兄弟的城市规划爱子"。古德曼则称之为战争，并将迎臂者称为殖民者。迎臂者普遍认为，富裕城市里的邻避主义者利用社会正义的幌子来维护使富裕社区保持低密度和排他性的政策，这方面最好的例子似乎就是比弗利山庄和南洛杉矶的奇特联盟。这一观点表面上看是公平的，但也对谁在利用谁做出了危险的假设。

达米恩·古德曼经营着一家名为克伦肖地铁联盟的小型非营利组织，总部位于莱默特公园，这一历史上的黑人社区在洛杉矶历史上占有特殊的、象征性的地位。第二次世界大战后的几年里，该市的大多数非裔美国人家庭被隔离在南区和瓦茨区拥挤而破旧的住房中；如此，在东海岸的白人看来，瓦茨区就像一个村庄版的哈莱姆区。重点是，战后搬到南加州的黑人并不愿意住在这样一个哈莱姆区。他们到西部寻找和白人一样宽敞的房子和院子，却挤进了瓦茨区这样的社区，其拥挤程度是大洛杉矶地区的三倍。

1950年代，这种情况逐渐发生变化，因为黑人房地产经纪人、黑人抵押贷款机构和金州互助人寿保险公司等黑人拥有的金融机构越来越多,在经纪人和机构的帮助下,非裔购房者开始向西亚当斯和莱默特公园等附近社区渗透,这些社区就在"南洛杉矶"的西边。在那里,他们找到了更好的住房、更好的学校,以及一个南加州之梦,虽然这个梦是他们拒绝认可的。时隔四分之三个世纪的今时今日,古德曼典型的星期天是穿上短衣裤,从他的租赁公寓步行穿过当地的零售街,经过牙买加餐馆和爵士博物馆,到达莱默特公园。周末的公园到处都是集体打鼓的活动和出售非洲珠宝、天然药物以及瑟古德·马歇尔画像的快闪店商人。在这里,你会发现穿着西装的人在分发宗教文本。也是在此处,邻居们曾聚集在一起悼念被警察杀害的黑人。

  黑人社区的绅士化弧线通常是这样的:可爱而稳固的前白人社区,变成了可爱而稳固的黑人为主的社区,直到不断上涨的住房成本促使年轻的白人购房者不得不回到这些街区,尽管这是前几代白人出于种族主义原因而放弃的街区。当年四名警察被拍到殴打、猛踢并用警棍狠击一位名叫罗德尼·金的驾车者,他们却被判无罪释放。随后1992年发生暴乱,导致南洛杉矶急需投资以恢复往日景象,当时通往莱默特公园的林荫大道两侧到处都是废弃的店面、酒类商店以及撤资后的支票兑现公司。

  然而,一旦你离开主要道路,你就会发现那些古色古香的孟加拉式独立屋和小型租赁公寓楼的街道,与1950年代非裔美国人离开瓦茨区来到此处时一模一样,而金融资本正在以新商店、新餐馆和随着洛杉矶轨道交通系统不断扩大而新建地铁站的形式回归。古德曼的团队为争取地铁站而战,并且他非常渴望新的便利设施——只要莱默特公园仍然是黑人文化的中心,但是这似乎不太可能,大衰退后房屋价值翻了一番,达到接近 80 万美元,而家庭年收入中位数仍停留在 4 万美元左右。当该市开始重塑莱默特公园,将其作为与新地铁线路相关的美化工程的一部分进行打造时,他将其理解为试图通过抑制长期以来定义这个城市的革命文化,使该地区更迎合新来的白人购房者。

这是一个不可回避的经济学事实,如果加州想要缓解其住房危机,想要在一定程度上恢复住房可负担能力,那么像《SB 827》这样的事物就必然会出现。而且还有一个很少被谈论的具体情况,即该法案将使可负担住房的建造工作非常容易,而可负担住房几乎是每个选民都(有些人比其他人更诚实地)声称想要的。稀缺无益于任何人,如果住房短缺持续下去,它将导致绅士化程度更高而非更低。斯科特·维纳的观点在此是正确的。政治就是确定稀缺性的相关事项:在哪里?如何填补?谁能参与填补?至少在最初的起草中,《SB 827》将新住房开发的重任放在了莱默特公园这样的地方,但是,对于如何开发,基本上并没有给这些地方任何发言权。根据加州大学伯克利分校研究人员的一项分析,大部分受该法案影响的交通发达地区已经开始绅士化,或者很快就有可能经历绅士化,而低收入社区则将有大约三分之二的现有住房被拆除,正是这部分住房最有可能成为可负担住房,而且其租金可控。

这不是恶意的设计，而是绿色环保逻辑（在现有公交系统附近建造住房）和从前有公交路线及火车轨道穿越的街区类型的综合反映。尽管如此，该提案的基调大致是由一堆经济学文章和"相信我"组成的。达米恩·古德曼回答过"我为什么要相信你？"。信任意味着需要相信：新口号之下，上演的不是老故事，就如1960年代的重建计划开始时也承诺现有居民可以搬进新的经过改善的可负担住房之中，又如里根时代的口号也承诺通过放松管制和降低税收可以实现政策完善和共同繁荣。

在推特的争论空间里，古德曼突然从纯粹的愤怒言论转向了戏谑的对抗性动图。他本人是莱默特公园里一位充满梦想的乐观组织者，他信奉一种社会主义乌托邦，他梦想中的社区充满了克里斯蒂娜修女式的土地信托和合作社，而政府计划和规定也允许租户购买自己的租赁公寓——"真正的共享经济，而不是扭曲的共享经济，扭曲的概念声称：你的租赁公寓现在就是酒店，你的汽车现在就是出租车"。民权偶像威廉·拜伦·拉姆福德仍然基本上信奉资本主义制度，曾经的斗争只是为了争取资本主义制度的平等机会。达米恩·古德曼则不相信资本主义能够实现机会平等，因此，他的抗争不是为了靠近郊区，在本质上是为了远离郊区。

从这个意义上说，排他性区划，无论其种族历史如何，都被认为是为了避免现在所称的"排他性流离失所"。土地使用规则是绅士化社区的少数工具之一，以此象征对于市外甚至国外资本的某种控制。这是一种在一个几乎没有发言权的体系中拥有发言权的方式。古德曼不仅仅以社区再开发期间的方式继续将此规则移交给萨克拉门托,他还擅长建立战略联盟,甚至是与比弗利山庄建立战略联盟,以帮助维持和巩固这一发言权。

在参议院委员会第一次投票以决定通过或否决《SB 827》法案之前的两周,旧金山参事委员会就自身是否会支持这一法案进行了表决。大家都知道参事委员会将投反对票,因此迎臂者决定去市政厅里的记者招待会上进行抗议。那天早上,在集会之前,索尼娅、劳拉和其他人为了支持《SB 827》而制作了印有高楼紧邻矮楼图片的标牌。反《SB 827》的抗议者也有类似的标牌,但他们把独立屋旁边的租赁公寓描画成一个怪物,而迎臂者的版本则写着"请多些"和"大点才能让我有家可回"之类的标语。

劳拉手举印有租赁公寓大楼与独立小宅紧邻图片的标牌,走到市政厅集会现场,预期会看到以白人为主的单户独立屋社区团体的成员,事实上,确实有许多这样的团体在那里抗议。但对手也包括其他租户和社区团体,他们大多是黑人、拉丁裔和低收入的华人,他们在市政厅台阶上的讲台前发表了与达米恩·古德曼大致相同的观点。迎臂抗议小组站在人行道上,一边高声演讲,一边高喊着"宣读法案!",另一边的人大喊着"羞耻!"。索尼娅冲入对面的人群,挥舞着她的抗议标牌,随后被一名副警长护送离开。所有这些都被记录了下来并在推特上遭到严厉谴责,这将给索尼娅竞选公职的整个过程带来困扰。

维纳试图加入保护租户和采取反清拆措施等内容来修改《SB 827》的条款,以缓解人们对该法案将加速绅士化的顾虑,但为时已晚。他参加第一次委员会的听证会时就知道自己的法案将要溃败。古德曼在听证室里举着一块标牌，上面写着"维纳的提高区划密度把有色人种连根拔起"。来自比弗利山庄的约翰·米里奇就在旁边，准备发表反对意见。如果没有洛杉矶的支持，在萨克拉门托就很难取得成功。一条644公里长的混凝土河渠从州中心穿过，证明了这一事实。尽管失败近在眼前，维纳还是尽职尽责地介绍了安于现状如何不起作用，并在向反绅士化团体致意时指出，理查德·罗斯坦（Richard Rothstein）签署了一封支持《SB 827》的信函，这位历史学家写有一本关于隔离主义住房政策的著作，书名为《法律的颜色》。在辩论中，维纳的同事们谈到了糟糕的房地产危机，以及应对这场危机多么需要采取大胆的行动。他们还告诉维纳，他们"非常欣赏"他推动辩论的勇气。然后，他们扼杀了他的法案。

委员会投票后，布莱恩·汉隆走到萨克拉门托的一位法案反对者面前，说也许他们明年可以一起合作。在他看来，他已经获胜了。加州迎臂运动只有几个月的历史，在这段时间里，该组织发起了它的第一个法案，让斯科特·维纳介绍了该法案，引出了500篇新闻报道，并重新启动了加州的住房对话，所有这一切都发生在投票之前。新的捐款源源不断，而布莱恩搬去了萨克拉门托，现在戴着领带在州议会大厦工作。《SB 827》被扼杀两周后，当时价值90亿美元的在线支付初创公司Stripe以100万美元支票的形式向加州迎臂运动提供了自己的第一笔企业捐赠。

这一时机并非巧合，它向更广泛的政界传达信号，表明硅谷正开始更有力地介入房地产战争。这项捐赠还强化了一种观念，即加州迎臂——在住房问题上的观点与主要科技公司及其相关慈善机构（如"陈·扎克伯格基金会"）的观点是一致的——现在是大型科技企业的独资附属机构。这些怀疑通常是有原因的。迎臂运动已经证明，一个坚定的人民群体有可能促使政治优先事项发生变化，但没有一个选区能够否认政治需要金钱这一牢不可破的规则。

到了夏天，竞选季正式开始。选民们并没有真正关注竞选，但至少候选人们开始努力去吸引人们的关注了。索尼娅的日程表上堆满了筹款活动、宣传采访、工作日晚间以及周末的拉票活动。索尼娅竞选参事委员的自行车骑行活动，索尼娅竞选参事委员的酒吧漫游活动。拜访警察局、消防站和大麻药房。会见教师、建筑工会和房地产经纪人。向当地各种政治俱乐部发表演讲，如自然保护选民联盟、旧金山青年民主党、爱丽丝·B.托克拉斯性少数者民主俱乐部、布朗尼·玛丽民主俱乐部和性积极民主俱乐部。之前有一个笑话，说索尼娅的孩子可能成为竞选后盾，但最终并非如此。她带着婴儿车和安东一起拉票，在某个下午为提高知名度而外出活动时，她不得不处理安东咬掉部分竞选传单这一小小的紧急情况。索尼娅在活动之前、期间和之后都进行了母乳喂养。她在清洁人行道和更安全街道计划中加入了新妈妈的台词。"再过一年半，他就要走路了，"她在一次募捐会上说，"我需要确定他不会捡起针头，不会抓起便便，也不会跑到一条四车道的街道上，那里的车辆以每小时约 72 公里的速度行驶。"

这些经验的回报是笑容更灿烂,更少的随口"嗯嗯",并更能畅聊她自己了。活动家索尼娅开玩笑自嘲,说自己是一个在正确的时间偶然发现了正确问题的疯子。候选人索尼娅则是一位富有远见的领导人,她促成了旧金山最大的政治运动之一。活动家索尼娅控诉了郊区。而候选人索尼娅是一家推行住房法的非营利组织的执行董事。突然,她穿着一件黑色连衣裙,戴着珍珠耳环,在诺布山一家楼顶别墅①的客厅里,向满屋子穿着皮草的女人和穿着运动夹克的男人展示关于更多住房和自行车道的计划。

第六区对于一位住房活动家来说是一个奇特的平台。除该市最严重的无家可归问题外,大部分高楼和新租赁公寓也在这里。这是因为二十年的重建使旧金山的工业区变成了鳞次栉比的高密度滨海新社区。索尼娅对选民的重大承诺是,在她当选参事委员**之时**(候选人索尼娅必须学会说"她当选之时"而不是"如果她当选"),她将尽力使其他地区承担更多的新住房重担,这让她听起来像个邻避主义者。

索尼娅的大部分计划听起来都是纯粹的社会主义,远远不是传说中的自由主义帮腔者。她的主张之一是在停车库上方建造无家可归者庇护所,并授权市政部门将自己的土地和办公空间开发成混合用途住房项目,这将创造新的社会住房和可负担住房供应,以及无须纳税的新收入来源。这是一个切实可行且

---

① 楼顶别墅(penthouse)是位于高档楼盘顶楼的复式单元,以豪华为特征。

经济合理的想法，在欧洲得到了经济学家和世界领导人的热捧，而旧金山人则认为这个包装精致的舶来想法几近疯狂，根本就不可能。

她的另一个大主意是引入立法机制，开放城市的更多地区，以供开展有补贴的可负担住房建设。鲜为人知的事实是，旧金山尽管有着良好的自由主义意愿，但在城市的大部分地区却禁止可负担住房建设。这是旧金山东/西两侧的老街土地契约的一个特征，索尼娅现在正试图破除该契约。"没有足够的可负担住房，因为你只能在城市 20% 的地区修建这种住房，"一天下午，她在一个施粥场对人群说，"在城市的其他地方，你只能建造单户独立屋或双拼房。可负担住房开发商完全无法染指城市的其他地区。这不公平！这不公平，因为没有我们实际上所需的那么多的可负担住房，还因为有些人可能想要入住某类社区，却被拒之门外。"

当她开始竞选时，第六区的竞争双方是，已经正式成为旧金山温和派的索尼娅，以及一所学校的董事会成员马特·哈尼（Matt Haney）。哈尼事实上与进步派保持一致，但他与倾向现代技术的人员进行了大量接触，显然他追求的是长期的政治生涯，因此他不像许多更具地方意识的预言派那样以漫画空想理论家的身份出现。在筹款活动中，索尼娅把哈尼称为"贺卡式候选人"，这很贴切。他是斯坦福大学法律系毕业生，曾参与过奥巴马的竞选活动，身材高大，长得像汤姆·布雷迪，有一个精心维护的照片墙账户，上面有各种特写，包括他与婴儿、狗、老太太、工会成员以及自行车骑行者的合影,还有他卷起袖子在集会上演讲的照片,以及黄昏时分若有所思地凝望旧金山湾区的照片。哈尼也是一个很好的人,人们自然会投票支持他。他通过获得重要工会、租户团体、政治俱乐部以及大名鼎鼎的民主党人士如参议员贺锦丽和即将出任州长的加文·纽瑟姆等的大量支持,巩固他的天生优势。人们就是认为他会赢。

然后,第三位尴尬的候选人加入了竞选:克里斯蒂娜·约翰逊(Christine Johnson),前规划委员会委员,长期以来她一直在提出与推动索尼娅参选的支持住房建设相同的论点。约翰逊是一个尴尬的新成员,因为她非常支持迎臂运动,两年前索尼娅和劳拉曾鼓励她参加竞选。当她表示毫无兴趣之后,索尼娅反而参选了。但后来约翰逊改变了主意,而且现在她们彼此竞争。两人的气质差异显而易见。约翰逊有工学背景,曾经做过金融分析师,她制定详细的提案并在演说中渊博地引用旧金山规划法规知识,以此改变了人们的刻板印象,表明自己并非从数学呆子变成的政治呆瓜。她也是在纽约市长大的,在 18 岁之前她曾住过八个不同的地方,所以有一个居无定所的故事。在竞选活动中,她谈道,如果旧金山建造更多的房子,不仅能帮助维持现在的人口多样性,而且可以吸引更多不同的移民群体,包括像她这样的非裔美国人家庭。

这让约翰逊成了一座有关住房的桥梁:她深知工薪阶层家庭所背负的租金上涨的负担;但她同时也是一位有经济头脑的专业人士,同样精通住房供应问题;她也曾经历过为找份好工作搬到新地方,然后在那里艰难供房并养家糊口的挫折。尽管如此,两位年轻女性，都是新妈妈，都是作为温和派在竞选，都有住房背景，都在谈论建造更多住房的必要性，都缺乏工会和权威人士的支持——而这正是对手马特·哈尼的福气。

相似的候选人通常是一个问题，因为会分散选票。但在旧金山，相似性是一个机会，因为有一种叫作"优先排序投票"的方式。当地选民不是投票给一位候选人，而是对他们选择的前三名进行排位。如果其中一人获得多数票，他/她获胜。但经常发生的情形是没有人获得多数票，该市会立即进行加赛决选，将第一选择票得票最少的候选人淘汰，而他/她的第二和第三选择票将重新分配给其他候选人，直到有人获得多数票。这意味着，如果第二名候选人比第一名候选人分得更多被淘汰的第三名候选人的选票，那么第二名候选人就可以赢得竞选。这鼓励了处于劣势的竞选者开展联合竞选行动，旨在扳倒排名第一的候选人，这就是索尼娅和克里斯蒂娜·约翰逊最终采取的策略。两人联合集会、联合露面，一个由技术捐赠者支持的独立支出委员会忽然出现，向选民推荐给索尼娅和克里斯蒂娜投第一和第二选择票。两人还得到了现任市长伦敦·布里德的支持。

"人们都在谈论建造更多的住房，但当这一决定即将出台，而一小群倡议者宣布'不可以'在自家后院建造住房时，这些候选人一次又一次地说'可以'，"布里德在她的克里斯蒂娜/索尼娅支持演讲中说，"我能理解人们喜欢自己的社区。我也喜欢我的街区。但是，我是在旧金山西增区长大的。我看到我的朋友们离开了旧金山。我看到了非裔美国人口的显著下降。我身在其中。我看到了重新开发的错误，以及其他不幸破坏了社区和街区的事情。我们建设一个更美好的旧金山的唯一方法是,一定要痛下决心,在·城·市·所·有·的·地·区·建·造·更·多·的·住·房。"

布里德在公共住房中长大,作为市长,她仍然住在一套租金管制的租赁公寓里。因此,根据不同人的观点,她对迎臂运动的大声呼吁,要么为"迎臂主义者是绅士化的代理人"的叙事蒙上了阴影,要么给这一叙事提供了政治掩护。这至少表明,要把一个极其复杂的问题简化成一大群忽然涌现的科技通及其受害者的简单、懒惰的故事有多么困难。第六区的故事,正是一个多样化和不平等的地方试图让一个破碎的系统运转起来的故事。这是关于加州、美国和全球的故事。能够团结选民的人,必定能够完成一项不可能的任务,这项任务就是,弄清楚如何让更多人从科技行业创造的巨大财富中受益,同时应对繁重的租金、破落的街道,以及日益严重的无家可归的人道主义危机的附带损害。通勤者每天都会路过却熟视无睹,仿佛这都是完全正常的。

种族是住房和不平等故事的背景和历史。但当前存在如此多代际的、移民的和经济的矛盾倾向,如此多的现实多样性,以至于几乎不可能将其纳入一个严格的身份政治框架,但也并非任何一方都无法尝试,总存在一些看似方便的尝试机会。移民中的门卫在努力支付租金,移民中的工程师则在购买新的产权公寓。让穷租客无家可归的是另一些穷租客;而富有房主会抱怨绅士化。希望保留排他性分区的富裕白人房主与希望防止排他性流离失所的贫穷黑人和拉丁裔社区活动家们也会达成联盟。

正如杰里·布朗所说：诸多悖论，诸多复杂性。

观察旧金山政治就如观看一对双胞胎争辩谁的外貌更好看，谁的 DNA 更优秀。在三次友好的辩论中，第六区的候选人互换了诸如"我同意"和"接受这一点"之类的措辞。马特·哈尼发表了少量评论，说他不会在推特上进行意识形态斗争，也不会在市政厅的台阶上大喊大叫，除此之外从来没有发生过真正的碰撞。每个人都希望有可负担住房和更好的交通。每个人都有管理优步和助动车的想法。每个人都说他们希望旧金山的政治不要如此狭隘和派系化。

在选举的其他方面，投票上最具争议的问题是《C 提案》，该提案是对年收入超过 5000 万美元的公司征收新税，用于支持为无家可归者提供住房和服务。如果该提案获得通过，将是该市历史上最大的一次税收增加，每年能筹集约 3 亿美元。尽管如此，当地商会预计将表示反对，但这项议案的最大支持者是马克·贝尼奥夫——赛富时的创始人，亿万富豪，该市最大的私人雇主——而参加第六区竞选的每个候选人都支持这项议案。

三位候选人都有些许与众不同的个性特征。马特·哈尼将自己塑造成坚持基本原则的地方主义者，会关注且只关注本地区（"我是实干家，不是空谈家"）。克里斯蒂娜·约翰逊拥有对政策了如指掌的大脑，因此可以相信她会找到解决办法（"我之所以参选，是因为我们有真正的机会来利用好预算，改变规则，真正改变我们的街头体验"）。索尼娅请求选民相信，如果他们想要一个不同类型的发展方向，他们就必须投票给不同类型的候选人("这个地区需要一个活动家")。真正的竞争似乎是谁能对无家可归者问题的程度和第六区街道的反乌托邦状况表现得更震惊,因此大多数交流都是这类举例——"我看到每天都有人穿着病号服到处走动","安全注射点真的很令人振奋","街上有针头,街上有便便,还有被破门而入的汽车",以及这类反思——"我们必须问问自己,'为什么这么糟糕?事情怎么变得这么糟糕?'"

在第一次辩论之后,十几名索尼娅的支持者聚集在酒吧桌子周围,重温前一个小时的政治生活,谈论克里斯蒂娜和索尼娅的苦干家精神如何展现了一个闪光的案例,认为是两个女人强势地展开了一场充满具体和详细建议的实际对话,这与马特·哈尼和他的"只要负担得起,我想寻求更多住房"的胆小鬼形象形成了鲜明对比。他们还取笑哈尼的"实干家而非空谈家"台词,并冒失地以一则关于他的祖父是小马丁·路德·金的"密友"的逸事来展开辩论。

某位政治学家可能会插话说出一些严酷的事实,比如,选民们并不真正关心政策的来龙去脉,赢得选举通常靠的是对共同价值观的含糊声明,以及与执政工作无关但又能获得选票的引人入胜的个人故事。但是并没有出现这类插话,所以小组继续谈论他们最喜欢的时刻,并对索尼娅的表现和机会感到高兴。

后来,劳拉注意到马特·哈尼和他的同事们就坐在酒吧另一边的桌旁。她挥手招呼并给他们买了一轮饮料。哈尼和他的团队挥手回应,随后也买了一轮饮品作为给对桌的回报。

第十章

房租太高了

斯科特·维纳提高区划密度的法案被否决之后，达米恩·古德曼马上就将注意力转向通过一项全州性的租金控制行动方案。这项议案被称为《第10号提案》①，它如此地令人困惑，以至于它本就黯淡的前景——租金控制提案在州政治中很少取得成就，业主们愿意花钱干掉这种提案——变得更为黯淡，因为许多选民无法理解投票赞成或反对意味着什么。对《第10号提案》投赞成票意味着同意废除一项禁止某些形式的地方租金管制的州法规，但没有增加任何机构去负责租金管制，只是允许城市可以选择实施租金管制。所以，投赞成票就是投票反对绝对地禁止租金管制，以便在需要时，城市立法者可以投票赞成或反对一些理论上有可能的未来的租金控制提案，前提是有可能推出这类提案（也可能不会推出）。这仍然是一个伟大的时刻。租户团体甚至能够刺激房东使其支出超过租户，这在很大程度上说明了租户权利运动在短短几年内取得了多大进展。

---

① 加州《第10号提案》的名称为《可负担住房法令》(Affordable Housing Act)。《第10号提案》的核心是废除《柯斯塔 – 霍金斯租赁住房法令》(Costa-Hawkins Rental Housing Act)，放开对地方政府制定管制房屋租赁市场条例的限制。

在整个加州甚至全美范围内,租户们正在组建工会,协调抗议租金上涨的罢工,并拥入州议会大厦抗议房租太高。加州的少数地方团体在旧金山湾区六个城市的投票中已经取得租金控制的公民创议。这是一个开端,以创建组织性稍强的网络,组成人员包括志愿者、非营利组织、教堂、工会和被驱逐房客的律师,如丹尼尔·萨弗,在阻止桑迪和斯蒂芬妮等人流离失所的运动中,他成了一名事实上的全州投票活动的法律顾问。保姆们下班后挨家挨户地用剪贴簿收集签名。秘书们坐在折叠桌旁,分发选民小册子,交流各自的故事(如"我的房租从 3400 美元涨到 4600 美元了")。工会正在筹备一些培训课程并使用选民登记软件寻找对租房者持同情态度的社区。

大部分早期议案都失败了,遭遇到加州租赁公寓协会投入数百万美元的反击活动;但也有少数议案胜出,包括谷歌总部山景城的租金控制议案;此外,还有更多议案将出台。到 2018 年,租户们在萨克拉门托、圣罗莎、圣克鲁斯县、帕萨迪纳、格伦代尔、英格尔伍德、长滩、圣安娜、波莫纳、纳欣诺市和圣迭戈收集签名。这些城市的人口总数为 3614386 人,约占全州人口的 9%。加州租赁公寓协会的回应是,组织了一场类似"打地鼠"式的租金管制废除运动,并发出了印有显著的卡通式"通缉"标志的内部警告信,恳求其成员停止超过 10% 的"挑衅式"租金上涨,以免引起租户更加强烈的集体抵制。

考虑到房客的愤怒程度,房东们预料到了会有某些形式的租金控制之争,但他们并未预料到会有《第 10 号提案》那么严重的事件发生。那是因为州议会是房主们做主的地方。州立法者不可避免地比市议会的人更保守,加上租赁公寓业主的大力游说,这就是绝大多数州禁止其城市完全通过租金管制的原因。加州不在其列,但仍有一项《柯斯塔-霍金斯租赁住房法令》限制了城市可以通过哪些类型的租赁法。《柯斯塔-霍金斯租赁住房法令》禁止城市对单户独立屋和产权公寓,以及1995年(或城市通过其租金控制条例的任何一年,旧金山是1979年)后建造的任何租赁公寓实施租金控制。它还使房东在房客搬走后不受租金管制,允许他们将租金提高到市场价格。

如果《第10号提案》以某种方式获得通过,租户团体将完成一大壮举——将租金管制斗争转回城市中更友好的区域,在那里他们可以推动法律将新建租赁公寓置于租金管制之下,并将管制扩大到产权公寓、单户独立屋租赁甚至空置单元。这种雄心壮志是有风险的。对《柯斯塔-霍金斯租赁住房法令》的投票在政治上等同于对敌军总部的地面进攻。它可能奏效。这一时机可能刚刚好。尽管如此,失败的代价仍然很高,以至于当地的一些租户组织——仍然是小组织,从住房组织转变为住房斗争组织尚有一步之遥——担心这会弱化他们在城市取得稳定进展的焦点,并激发房东团体的新一轮美元支出反击,这将使未来的租金控制之战更加艰难。

这样的事情果然发生了。当《第10号提案》获得州投票资格时,加州立即成为蔓延全国的租户运动的前线。大型投资者和私有股份公司,如黑石集团,投入数千万美元开展"否决《第10号提案》"的活动,以保护他们的单户独立屋证券不被纳入更广泛的租金控制法律。这场运动还被视为一个机会,房东因此向其他州表态，将会不惜代价花费巨资挫败任何租金管制行为，宁可错杀也不放过任何租金管制行为。公开市场的租赁公寓公司开始利用电话会议向投资者再三保证，他们反对废除《柯斯塔－霍金斯租赁住房法令》，称这种废除为"对本行业的生存威胁"。"我们将在这一层面上努力奋斗，我们也将在那个层面上——在谈论租金控制的其他所有地方奋斗。"芝加哥公平住屋公司负责人在那年秋天的一次投资人会议上这样表示。

事情如何发展到如此迅捷、如此深远的地步呢？《第 10 号提案》又是如何获得选票并获得选票背后的资金的？其背后的故事甚至比这项议案还要复杂。加州选民的公民创议被宣传为让政治回归民众的一种方式，而在地方租金控制运动案例中，民主党的权力是由愤怒的租户用剪贴簿定义的，这种宣传完全准确。全州性的公民创议则不同，因为加利福尼亚州是一个大州，而大州的投票成本很高。2018 年，要想通过全州范围的投票获取公民创议，需要 60 万登记选民的签名，这实际上意味着需要 100 万的签名，以补偿重复的、未登记的选民以及该州认为不合格的其他各种名字（比如 "Beavis M. Butthead"①）。

你可以像霍华德·贾维斯那样花十年时间组建一支志愿者队伍来制造轰动效应，但更快的办法是，付钱让人们站在公共广场和超市外面，大声呼叫符合条件的选民在请愿书上签名。

---

① 加州出生登记手册规定，婴儿的名字不能包含"表意文字"或代表事物或观念的符号，而只能包含"适当的标点符号"。例如 Smith-Jones 名字中的连字符就可以，但不能包括数字字符，否则该名字不符合规定，将不予登记。而 "Beavis M. Butthead" 中的 "Butthead" 是笨蛋的意思。

为全州范围内的投票活动收集足够多的签名,需要支付数百万美元,甚至还需要花费数千万美元的广告费来开展一场没把握的竞选活动。这是公司资金,而不是租户的钱。而在《第10号提案》这个案例中,资金有一个奇怪的来源:洛杉矶的一家非营利组织"艾滋病健康基金会"(后文简称AHF),它与一家叫作"加州社区赋权联盟"的社区组织合作,并聘请达米恩·古德曼来打理竞选活动。

AHF是美国最大的非营利HIV医疗保健提供者,是一家实力强劲但名不见经传的公司。2018年,该公司在全球拥有近6000名员工,并有望在2020年实现全年20亿美元的收入。其中大部分收入来自非营利连锁药店,这些药店参与了一项名为"340B"的联邦计划。国会于1992年设立《340B计划》,旨在激励医院和其他医疗机构治疗贫困和未参保的艾滋病患者。该计划要求制药公司向医疗机构出售打折药品,这些医疗机构为低收入患者提供大量医疗服务之后,可以在政府和私人保险公司按药品的原价报销。这一价差创造了一个收入流,医疗服务提供者可以利用这一收入流为得不到足够服务的患者支付服务费用。但考虑到艾滋病药物数量众多且价格昂贵,该计划通过产生数十亿"超额收入"——非营利收入——使艾滋病患者成为某种非营利利润中心,医疗组织也可以自由地将这些收入用于宣传,包括加利福尼亚州的公民创议(严格地说,这是无党派的活动,所以与禁止非营利组织参与政治活动的联邦规则并不冲突)。

凭借越来越多的"超额收入",AHF主席迈克尔·温斯坦在将注意力转向住房建设之前，已经成为旨在降低药价和管制色情作品等飘忽不定且不切实际的公民创议的多产的资助人。温斯坦是洛杉矶的一个臭名昭著的人物。他是一位来自布鲁克林的66岁的前托洛茨基主义者，有着激进政治的历史，在早期职业生涯建立了一个性少数者友好的马克思主义组织，名为"淡紫色和红色联盟"。现在，他经营着全国最大的艾滋病非营利组织，却成了性少数者社区的排斥对象，因为与公共卫生研究人员和几乎所有其他艾滋病活动家不同，他反对暴露前预防（PrEP）。这是一种每天服用一次的药丸，实际上可以消除感染艾滋病毒的风险。新闻文章将温斯坦描述为"暴徒""恶霸"和"撒旦"。他将自己描述为"鞋底的口香糖"，并成为当地媒体和州政治的固定话题，这要归功于他直击要害的政治策略和一场借助惊吓触发的安全性行为运动。这场运动中洛杉矶和其他城市贴满了广告牌，上面写着"梅毒激增"之类的内容，或者有一排可卡因和一个小酒杯的图像，附有文字："你懂的，免费艾滋病毒检测。"

2016年，温斯坦资助了一项关于色情业中应该使用安全套的州公民创议，但是失败了；他也资助了另一项本来可以降低加利福尼亚州药品开销的公民创议，但也失败了。在色情安全套运动期间，AHF邮寄了很多广告印刷品，大致意思是暗示斯科特·维纳是一个性变态者，因为斯科特·维纳出面反对这项创议。维纳在早些时候反对卡斯特罗区的AHF药房后，就已经成为温斯坦的目标。第二年，当AHF资助洛杉矶一项名为"S议案"的公民创议时，出现了新一轮有争议的邮寄广告。该公民创议本来计划对租赁公寓和产权公寓楼（包括可负担住房）建设施加两年不动工的保护期。这些邮寄广告设计得看起来像是驱逐通知，让那些误信其为驱逐通知的房客感到震惊，并促使洛杉矶县治安局要求 AHF 资助的组织停止发送这些通知。

温斯坦将自己塑造成一个反对奢侈开发和贪婪开发商的斗士。他也有着被很多人视为教科书级别的邻避主义者的悠久历史。1990 年代，当他竞选洛杉矶市议会席位时，他曾发出邮件谴责社区里那些"更适合独户住宅"的租赁公寓楼。作为 S 议案拉票运动的一部分，AHF 成立了一个相当明确的反开发组织，名为保存洛杉矶联盟，后来与一个名为宜居加州的反开发组织合作，该组织的创始人住在马林县。

所有这些都让租户群体处于一种奇怪的境地。几十年来，他们一直渴望干掉《柯斯塔－霍金斯租赁住房法令》，但他们目睹了废除法令的尝试在立法机关失败，而现在有机会在投票箱里尝试同样的事情。然而，在会议上，在酒吧里，在匿名信源的新闻文章中（匿名信源是因为承租人组织者太喜欢 AHF 的钱而无法明确指责温斯坦），他们对听命于一个他们称为"自负的亿万富翁"①的人而感到恼火。许多组织者，尤其是旧金山湾区的组织者，担心温斯坦和 AHF 开始接管原本的草根运动。由于性少数者社区中的绝大多数人永远不会原谅他在 PrEP 上的立场，与这样

---

① 认为温斯坦为亿万富翁是一种错误但被普遍持有的观点。温斯坦在 AHF 的薪水大约是 40 万美元，但是基金会的财力赋予他在政治舞台上花钱的权力。——原注

一个人保持同一阵线,他们对于这一点是有所保留的。

另一个抱怨是关于花钱的方向。AHF 将继续在《第 10 号提案》上花费约 2200 万美元,而一些组织者认为,如果这笔钱用于地方租金控制的拉票活动,倒是有可能保证几场胜利,因为房东组织在其中只耗费了数万到数十万美元进行对抗。这些胜利可能会给潜在的数十万新租户带来某种程度的价格保护。还有一种观点认为,一系列小胜利将有助于振奋人心并激发动力,正符合获取长期进展之所需。然而,《柯斯塔-霍金斯租赁住房法令》还在。真是难以对付的老畜生。战斗在此,他们必须加入。

无论人们如何看待温斯坦,《第 10 号提案》都是多年来最重要的州住房公民创议。在加利福尼亚,任何愿意在签名上花足钱的人都可以通过选票得到他们想要的任何东西,一个足够富有的组织不管怎样总是能拿出一个大创意。现在一个大创意已经浮出水面,到底要不要支持?迎臂行动组织将不得不做出决定。

突然,这个答案代表了某些意义。迎臂组织已经扩大到拥有超过 2000 名成员,现已跻身旧金山若干顶尖地方政治俱乐部之列。劳拉建立了一个由支持住房建设的志愿者和组织者组成的小型机构,并构建了一个每月收入几千美元的会费结构体系。加上捐款和迎臂庆典等活动收入,已经足以租用一间办公室并雇用一名员工。该组织为保障性住房所做的持续努力已经准备开启新的道路、结成新的联盟(并且,劳拉如此沉迷于地方政治,以至于她现在正准备离婚并与一位名为山姆·莫斯的可负担住房开发商发展了新关系)。当地的激进分子和改革派并不完全喜欢他们，但他们至少已经开始认可迎臂运动正在建构一些权力，而且不会很快消失。

现在有一场持续的内部斗争来确定迎臂的意义所在，这正是这一权力的结果。这个团队的出发点是：建造大量住房。但这仍然意味着需要直面政界提出的很多问题：什么类型的住房？在哪里建？其盟友是谁？哪样是好看的住房，哪样是不好看的住房？还有一些问题，比如，支持豪华产权公寓项目是否值得？是否毫无必要而且事与愿违？一些成员希望迎臂行动组织参与社会正义问题，如维持治安或倡导全民基本收入。另一些成员则认为它应该继续专注于住房问题。即使是专注于住房的观点，也会伴随许多争论——应由政府还是私人建造，以及资本主义在土地问题中的大体角色。

维多利亚·菲尔斯是一位头发染成紫色的跨性别软件工程师，在迎臂主义运动的早期，她就开始跟索尼娅出现在城市会议上。从那以后，她一直试图将"迎臂口号"进一步左倾。她所属的主要团体，即位于奥克兰的迎臂分支机构"人人东湾"（East Bay for Everyone），支持《第10号提案》，并已在该平台上明确提出扩大租金控制。在博尔德召开的第一次迎臂小镇大会中，维多利亚曾试图让人们讨论租金监管在全国迎臂平台上可以发挥什么作用。一年后，她在奥克兰召开的第二次迎臂小镇大会中主持了一个左翼圆桌会议。迎臂行动组织在《第10号提案》中的立场对她来说意义重大，于是现在有了更多维多利亚这样的人：迎臂行动组织有一个叫作"迎臂社会主义者"的专门小组，由专注于可负担住房和公共住房的人组成。他们与另一个名为"迎臂市场都市主义"（YIMBY Market Urbanists）的专门小组刚好相反，该小组成员植根于爱德华·格莱泽等经济学家所信奉的自由市场思想。没有任何事项比租金控制更能分裂他们或他们所在的俱乐部。

当迎臂行动组织的成员们聚集在办公室讨论2018年的背书支持时，会议上压力重重：《第10号提案》的投票结果会如何？投票结果又会对俱乐部的发展方向产生怎样的影响？他们已经在热心支持《C提案》，一项巨额的无家可归者税。这有助于迎臂行动组织悄悄越过其技术千禧一代的出发点，并展示出某种独立性，因为对《C提案》的背书支持与许多出资人和盟友背道而驰：斯科特·维纳和伦敦·布里德都反对它，而像Stripe这样的技术公司，加州迎臂的百万美元出资人，曾向"反对"运动捐款。如果迎臂组织努力争取《C提案》，同时也支持《第10号提案》，这将使他们的意向非常一致地朝向租户团体，而租户对迎臂组织的示好却仍持高度怀疑态度。

一些迎臂行动组织的成员敦促支持《第10号提案》的逻辑是，即使你不同意这项政策，建立联盟的潜在利益也应该超越异见。单户独立屋社区——在湾区、全州各地、全美各地——主导着地方政治，而且在可预见的未来它们仍将继续主导地方政治。以任何有意义的方式挑战这一点的唯一方法，真正将无法组织者组织起来的唯一方法，就是分裂反绅士化团体和房主的联盟，以这样的方式让真正的邻避主义者被孤立出来。在租金控制问题上与租户团体保持一致并不值得高唱正义赞歌，但至少可能会有所助力。

来参加背书会议的三四十人（俱乐部采用网上投票，所以只有少数人参加了现场讨论）都清楚租金控制是一项特殊的检测。但他们对可能有些激进的《第 10 号提案》也没把握，而且该提案还附带了 AHF 的观念，对此即使是某些租户团体也有些犹疑不定。会议室中间摆着一张堆满咸点心和啤酒的桌子，椅子围着桌子形成一个椭圆形，人们纷纷落座，该小组花了两个小时讨论该市和该州的投票表决——诸如海堤债券、更高的毒品税以及改为夏令时的提案——他们知道真正的辩论、激动人心的辩论将是关于《第 10 号提案》的辩论。

当会议主持人最终开始组织讨论租金控制问题时，他分配了两倍的时间让大家进行辩论，并提醒会议室里的所有人"请尊重你的同胞"。到目前为止，《第 10 号提案》正在成为加州历史上成本较高的公民创议拉票活动之一。总计耗费约 1 亿美元（房东支付的费用约占其中的 80%），还有很多个小时的谈话广播以及报纸的许多个版面，冷静地反复推敲其利弊得失。但此时此地，他们会让两个人再次展示其详情，一个来自迎臂社会主义者小组，另一个来自迎臂市场都市主义小组，分别摆出赞成或反对该提案的事实依据。

租金管制检测背后的逻辑似乎建立在一个简单的想法上：如果价格上涨过快，那么解决这个问题最好的办法就是，通过法律迫使企业不再抬高价格。这种想法背后隐含着一种观念，即高价基本上就是在剥削那些付不起钱的人。但价格在社会中有一个巨大且被严重低估的作用，那就是它能表明我们更需要哪些种类的东西。在最高层面上就体现为市场经济：一个允许以价格表达供需关系的系统，表明人们应该在哪些方面花钱，进而告诉人们应该从事哪些工作。在市场经济之前，这种权力很大程度上取决于传统（从事你的家庭一直从事的行业）或国王（从事国王分配给你的工作）。

市场并不完美，但它们大多比封建专制要好，这就是为什么经济学家，甚至自由派经济学家，往往看不起任何打乱价格所传达的信息的政策。这并不是说经济学家不赞成对富人征税，并将其用于为那些被市场经济遗漏的人提供食品、住房、教育、医疗和体面的退休生活——许多经济学家都赞成所有这些制度——只不过经济学家倾向于使用税收而非价格控制，从而让人们能够负担。那是因为，他们担心价格管制会把整个社会变成一个巨大的湾区，而湾区现已对房价高涨的尖叫声充耳不闻了：**只管多多收钱就是！**

在租金控制方面，各种各样的研究，也就是说，大量的研究，几乎都表明价格上限严格的城市最终租房的数量较少且价格较高。根据这一理论，开发商会建造较少的租赁房，可负担住房当然更少，因为这对他们而言无利可图。现房东则将出租房和租赁公寓作为业主自用住房售出，从而退出租赁业务。租金管制阻碍开发商建造租赁公寓的证据是非常牵强的，主要是因为美国少数几个有严格价格上限的城市并没有将其应用于较新的建筑（《第 10 号提案》试图撤销这一点）。

但租金管制促使现房东退出该行业的证据随处可见。一项被广泛引用的租金控制研究来自斯坦福大学的一组经济学家，他们研究了旧金山各地的租赁公寓，并得出结论：租金上限可能加速了绅士化，推动投资者将可负担的租赁公寓翻转为高价的产权公寓和住房合作社，这是任何在教会区走过一圈的人都不会反驳的现象。任何在旧金山或纽约居住过的人都可以验证经济学家的说法，即租金控制鼓励那些更高收入甚至富有的人，在他们有经济能力搬出时仍然长时间滞留在固定租金的租赁公寓里，而令人震惊的是，他们会用存款来购买别处的第二套住房。

  这些研究不涉及或未考虑的是社会成本，比如，人们无家可归，或孩子们由于流离失所、生活凌乱不堪而头发大把脱落并缺课一个月，如此种种压力，这个社会是要承担代价的。根据经济学理论，炒卖者在社会中几乎没有任何生产性功能，仅仅作为"价格信号"存在——表明需要更多地制造哪些种类的东西。加州面临的实际问题是，如果当地政界拒绝听取价格向其传达的含义，为了保护流离失所的潜在受害者，社会应该做些什么呢？即使他们听取了价格的弦外之音，也疲于应付四十年的供应缺口，这样的缺口同样也得需要几十年的工夫才能填平，这又该如何？一位经济学家给出的答案是，社会应该通过一些税基广泛的税收，给低收入者发放代金券或提供信贷，以帮助他们支付租金。这是一个伟大的、人道的、已经被证实每年要花费1000多亿美元才能实现其所要达到的效果的想法，不幸的是，这一想法在短期内不会实现。这就留下了租金控制这个粗笨且非常不完善的工具，但也可以发挥作用：斯坦福大学的同一项研究得出的结论是，租金控制如上所述可能加速了绅士化，但该研究同时发现租金控制也可以保护人们免于流离失所，而从中受益最多的主要是老年人、穷人和非白人。

在租金管制的讨论中存在一个最基本的社会问题，那就是政府应该扮演什么角色来保护人们免受社会动荡的影响。美国大体上认为，稳定的社区非常重要，因此国家愿意大量补贴自有住房，并创造一个固定利率的抵押贷款市场，这样拥有住房的每月成本增长不会超过人们能够适应它的速度。从这个意义上说，租金控制只不过是呼吁租户去获取一些房主已经得到的东西（政府为此付出了巨额成本）。加州住房价格目前上涨太快，以至于发生了灾难级别的流离失所与无家可归的严重后果。这些是非常糟糕的破坏乱象，目前已经广泛达成共识——需要实施某种形式的租金控制。

就连市场导向的住房研究人员现在也开始谈论一项全州性的反暴利法，实际上就相当于租金管制法，这可能会结束那些投机者的职业生涯，他们的商业模式是以驱逐和大幅增加租金为前提的。迎臂组织会议中那些艰难对话反映了社会上的艰难对话，即你如何设法提出一项政策让现今受到驱逐的人得以安居，而不必推行一项如此激进以至于从长远来看会使问题变得更糟的政策。建造更多住房对今天遭受驱逐的租房者来说毫无用处，租金管制对此管用；租金管制对于解决住房短缺——流离失所问题的根源——毫无用处，建造住房对此管用。

《第10号提案》并没有在这方面指明一条道路，而是赋予城市巨大的新权力，以便它们有更多的自由空间来尝试和检验适合于当地的租客法律。如果该提案通过，乐观的情形是，不受本州租金管制限制的城市将成为监管实验区，并立即忙于仔细推敲各种地方政策以阻止流离失所。悲观的情形是，大多数地方都不会发生任何变化，毕竟现在并无任何理由去相信，加州绝大多数尚未实行最低限度租金控制的城市如果得到允许就会主动实施更严格的租金控制。而像旧金山这样的少数城市，则可能借由出台严厉的法规来停止住房建造，甚至刺激更多的房东把他们的租赁房转卖为产权公寓，使住房形势变得更糟。迎臂会议上的每个人都知道投票会引起分歧，而无论投票结果如何，都会致使这个或那个团体对他们在俱乐部中的角色提出质疑。

"我们谈论的是长期租户维持住房的稳定性并留在他们参与创建的社区中的权利。"迎臂社会主义者小组的一位成员在一次演讲中这样解释应该"投票赞成"的理由。

迎臂市场都市主义小组的一位成员在一次演讲中这样解释应该"投票反对"的理由："我们要让今天并未到场的人知道，这削弱了我们保护那些人的能力。"

"我支持扩大租金控制，特别是在全州范围内，尤其是一些现在没有租金控制的地方，比如大房东拥有的独户住宅，"劳拉在说明为什么他们不应该投票支持这种或那种方式时说，"但我认为《柯斯塔－霍金斯租赁住房法令》的废除将使得所有社区在至少十年之内会对租金控制政策的细节争论不休。旧金山将陷入疯狂，在此我们花了十年的时间互相争论关于租金控制的细枝末节，假装我们争论的是我们的住房问题，而实际上我们如同在'泰坦尼克号'上重新布置躺椅一样，在注定会失败的大事件中讨论那些无足轻重的细枝末节。"

然后，开始辩论。

"围绕《第 10 号提案》开展'反对'宣传活动需要花费的资金将比'赞成'宣传活动高出十倍，而'赞成'宣传活动的主要参与者是租户组织者，他们几十年来一直致力于处理这个问题，像他们的心爱项目一样，因此，我认为我们的声音可能是情感泡沫之外的一个强有力的声音，可以为这一运动提供更多的信任。"

"我基本上同意劳拉的观点，即对我们迎臂组织来说，没有认可就是正确的答案。我认为这对这个组织来说是正确的答案，因为我认为我们将非常分裂。"

"通过立法机构保护租客是一项极具挑战性的工作……我们希望将租金控制纳入我们迎臂可以利用的政策库——这是我们工作前进的方向。"

"我认为对所有人来说，就我们对此事的感受进行投票表达，而不是回避冲突，这一点很重要。"

最终，赞成票和反对票之间的意见分歧，导致了没有统一认可的立场，并暴露出迎臂组织内部意识形态上的分裂，最终导致该组织一些更左翼的成员离开。

迎臂行动组织的办公室面积约 111 平方米，相当于一个小型独户住宅的尺寸，位于米申街的两个大麻药房之间，步行不远就是市政厅。到了秋天，橱窗上挂满了蓝色的"赞成《C 提案》"和粉色的"索尼娅竞选参事委员"标语牌。里面是一个开敞型办公室/聚会中心，摆满了沙发、办公桌，还有一台复印机和一个装啤酒的小型冰箱。这个空间是CaRLA办公室的两倍，是索尼娅竞选总部的三倍大小。门边的桌子上有成堆的选民登记表，旁边是索尼娅海报、索尼娅传单、索尼娅圆徽章、索尼娅贴纸和索尼娅门挂。安东这位常客的1岁生日就要到了，现在他正在学习站立，所以办公室里到处都是玩具，而且地毯上还有一个蹦蹦椅。

10月的最后一个星期二，零食筐上方的白板上写着"7天"。那天早上，索尼娅进来时看起来像是老活动家和新候选人的混合体。她穿着一条裙子，西装外套里面是黑色T恤，上面用重金属乐队活结的锯齿形字体写着"建造住房"。她把自行车推进门后不久，就告诉所有愿意倾听她说话的人，她希望办公室里一张传单也不要留下，然后她的一位顾问开始根据她的口述编辑电子邮件，马上就要向支持者发出这封电子邮件。每个人都同意主题行应该写下"没有下一次"。除此之外，顾问们再次试图将活动家索尼娅变成候选人索尼娅。索尼娅对一位正在打字的顾问说："人们认为我太疯狂了，不可能赢。"顾问点点头，完全在打一些别的东西。"我不想针对对手讲太多恶意的话，但为什么不呢？"她继续说。

劳拉插手了编辑工作。

"'建制派'不相信这场运动。"她提示道。

"是是是。"索尼娅说。

劳拉俯身坐下，双肘搁在膝盖上，紧张地盯着电脑屏幕。索尼娅坐在桌子对面，看不见电子邮件。当她继续向正在打字的顾问口述自己的想法时，她画了一幅画，画面中一个男人正在痛苦地哭泣，而鲜血从他的耳朵里喷出。上面写着"**停止鸣笛**"。前一天，当索尼娅在外面拉票时，她路过田德隆区的一座建筑，这座建筑配备了某种尖叫器，每当有人走近台阶就会发出刺耳的声音。这是为了防止人们在楼梯上睡觉或在门廊闲逛。刺耳的声音惹恼了索尼娅，并进一步升级为想法和抱怨，称在建筑物外安装刺耳的噪声发生器侵犯到了公众和平使用人行道的权利。

因此，索尼娅就是索尼娅，她在此已经决定，在竞选活动的冲刺阶段，她要开始动员人们来结束这一切。她自始至终是一个活动家。当她遇到一个困扰她的问题时，她会全力以赴。当这位顾问对竞选电子邮件进行最后的润色时，索尼娅用记号笔、胶带和剪刀将她画的耳朵喷血的家伙变成了一张自制传单，上面用歪歪扭扭的粗体字写着："我保证让街区**停止鸣笛**，解除你们的困扰。这种尖利、恼人的声音是非法的，我们无法接受。请投票给一位理解你们的困扰并愿意解决这些问题的候选人。那就是索尼娅·特劳斯以及排名第二的克里斯蒂娜·约翰逊。"后来，她走到一台施乐复印机前，复印了一堆**停止鸣笛**的传单，然后离开办公室去往喧闹的门廊前闲逛，在那里她向选民介绍了自己，并试图召集他们一起支持她的最新目标。

两天后，《旧金山纪事报》刊登了一篇关于选举日的重要预热文章，配有劳拉在迎臂办公室的照片，文章标题是《住房，绝对的必需品》。"本周，迎臂的支持住房革命可能正面临其最大的考验，"报道说，"在11月6日的投票中，它的议程无处不在。由迎臂运动组织培育的候选人正在圣迭戈、山景城、帕洛阿尔托、奥克兰等城市竞选公职。迎臂者们支持的提案将在全州数十个城市进行投票。"没有争议就没有迎臂者，因此，《旧金山纪事报》的这篇文章还列出了迎臂者的一系列斗争，引用了索尼娅将社区角色指称为"癌症"的话，并指责布莱恩·汉隆出现在社区会议上对一位居民说："我们迫不及待等你们不在了，就把那些维多利亚时代的一本正经撕成碎片。"（布莱恩对此予以否认。）

这是一篇绝妙的文章和一个非正式的标记，无论好坏都标记着他们已经走了多远。始于一份索尼娅自己写的诉讼案的CaRLA，自拉斐特案以来，已经依据《住房责任法令》提出了几起新的案件，而现在实际上已经胜诉。索尼娅正在竞选公职，而劳拉有 2000 名迎臂成员。布莱恩·汉隆为加州迎臂筹集了 400 万美元，并在萨克拉门托建立了一个已有 10 人且在不断壮大的游说机构，而安妮·弗莱曼则在帮助争取对继《SB 827》而来的提案的支持，该提案由加州迎臂发起，斯科特·维纳计划在当年晚些时候推出。

跨过海湾大桥，"人人东湾"参与了几位被带入迎臂事业的公认候选人的竞选活动。洛丽·德罗斯特（Lori Droste），一位正在竞选连任的伯克利市议员，她一直鼓励迎臂运动者们出席伯克利市的会议。巴菲·威克斯（Buffy Wicks），一位政治老手，曾在奥巴马的白宫工作，现在正在竞选加利福尼亚州立法大会成员。在竞选活动开始时，威克斯联系了"人人东湾"，说她在网上了解过他们，对他们表示欣赏，并请求他们帮助制定住房纲领。然后，她在初选期间支持《SB 827》，并谈到了在北奥克兰富裕地区增加住房密度，这在以前被认为是一个重大的政治禁忌。迎臂运动已经如此具有感染力，以至于即使是那些不同意他们观点的候选人，在演讲中出于防守也会在其话术中使用某种版本的"建造"。

增长也有它的挑战。四年前，它是一个名为旧金山湾区租房者联盟的行动至上主义组织，由索尼娅和参加公众会议的几个朋友组成。住房只是一种政治煽动与利用的有趣方式，用以结识其他湾区新人。现在索尼娅在高压时刻对竞选顾问们大喊大叫，其他顾问不得不把她拉回屋里关上门说："你不能那样做。"萨克拉门托的政治操控者不得不告诉布莱恩，如果他继续在推特上发布加州州旗的卡通图片——图片中该州标志性的灰熊图案背部插着一把刻有在他看来表现得过于避邻主义的马林县立法大会成员名字的刀，那么他在州议会大厦不会走多远。

劳拉因过分追求政治上的花里胡哨而惹上了麻烦。为了参与公民创议的竞逐，2018年初，她花了几十万美元的迎臂行动资金，用于为一项重写旧金山城市宪章从而使可负担住房的建造变得更容易的提案收集签名……结果未能收集到足够的签名，却在此过程中导致一些捐赠者变得疏远。比如杰里米·斯托佩尔曼为这项工作投入了10万美元，却在网上看到了失败的消息，他很不高兴，因为没有人想到要告诉他，那些他捐赠的钱基本上完全被浪费了，可谓徒劳无功。

就其破坏性潜力而言，外部的争斗和失误与内部激烈的较量相比根本算不上什么。团结迎臂行动成员的工作已经变得非常复杂，以至于一个工作组已经开始起草内部行为准则，还在一个内部的 Slack 频道上持续努力地保持秩序和体面；每个在线论坛一旦拥有了足够的用户，就会发生恶性内讧并失控。与此同时，布莱恩在萨克拉门托的成功也让劳拉感到疏远，她觉得他在与当地团体如迎臂行动组织的协调方面做得不够，并认为他从科技企业捞钱的能力是迄今为止兄弟互帮（Bros Helping Bros）的又一个例子，而女人们则做着乏味的迎臂品牌建设的基础组织工作。"再也没有'我们'共赢之说了"，这是一种宣泄的表达。

"我们"到底是谁让人困惑不解，以至于事实上独立的组织"加州迎臂"从 Stripe 募集到 100 万美元时，劳拉得到了一大轮的祝贺。还有一次，推特公司意外地将一张原本打算寄给"加州迎臂"的 5 万美元的支票寄给了"迎臂行动"，随后围绕这笔钱出现了争议。非营利组织发展中的一个事实是，每一场新生的政治运动最终都会面临某种存在主义人格的戏剧性情节，因此，索尼娅聘请伴侣治疗师前来与她、劳拉和布莱恩进行会谈的时刻，可能是迎臂运动到来的最好标志。

在选举日前的最后一段时间，劳拉如同一个狂热的竞选迷，同在场的人一起咒骂并喝着威士忌。她从发表社会融合及重要工作的高尚宣言，突然转向涕泗交流地与白痴对手、白痴盟友和白痴供应商进行争执，直到有天晚上人群中的索尼娅对她说："好吧，你随意，如果你总是称他们为白痴……"基本上这是对胜利的原始渴望的表现。根据一些可疑的民意调查——众所周知，地方选区很难进行民意调查，而第六选区因其富人和穷人选民人口的分化，民意调查难上加难，已经臭名远扬——索尼娅与马特·哈尼难分高下。尽管有这些预警，而且投票的第一个结论是选民对每位候选人都没有强烈的感觉,但是劳拉说起索尼娅"激增"的这些数字还是十分兴奋。就连马特·哈尼也给支持者写了一封电子邮件,告诉他们投票接近的"可怕消息"。

索尼娅并不那么相信,私下里对真正获胜的话题显得很丧,但也很放松和自在,因为不管发生什么情况,至少这份折磨很快就会结束。募捐活动基本上完成,她又穿上了运动鞋和开领T恤,也不再使用办公室水槽上成排的唇膏和化妆刷。在竞选的早些时候,她的会计师犯了一个震动竞选活动的灾难性错误,忘记勾选表格里申请城市配套资金的那一项,这使她损失了15万美元的竞选资金。现在,索尼娅开玩笑说,她将要如何去告诉选民,与克里斯蒂娜·约翰逊和马特·哈尼不同,她寄给他们的恼人的宣传邮件并未使用纳税人的钱。

除了一次晨会,她的时间主要用于全区范围内一系列长途步行中进行的标语宣传以及与选民的聊天。她停下来走进酒吧和熟食店。她赶在租赁公寓楼大门紧闭前进入,然后乘电梯到楼顶后从消防楼梯一层一层地往下,挨个敲门。她在人行道上拦住人们,向他们解释她正在竞选公职,当他们断然拒绝时她只能接受,当话题被转移到关于毒品、糟糕的丈夫、治安政策以及其他许多人们会说起的问题时,她也只好默默接受。有几个家伙告诉索尼娅,他们会投她的票,因为她很性感。嗯哼。

选举日当天,大约有50人站在迎臂组织总部内。他们在凌晨5点天还未亮时就到达了。外面,无家可归者睡在人行道上的纸板箱里。偶尔有几辆闪着灯光的自行车和发出哔哔声的垃圾车经过。里面,斯科特·维纳正在演讲,灌了很多咖啡的人群一边聆听,一边发出阵阵叫好声。让我们走出去,赢得胜利。每一票都很重要。掌声过后,维纳这个从不逃避繁重工作的人,花了一个小时在早晨的寒风中行走,一边躲过地上的针头和粪便,一边在门把手和安全栅栏上悬挂粉色和蓝色的"索尼娅竞选参事委员"标语牌。他和索尼娅整个上午剩下的时间都在参观投票站,两年前他在那里表现不错,而迎臂总部则成了一个转换站,有人前去运送广告传单,有人则回来打盹,也有不太好的伙食供选用。还有一个短暂而正式的时刻,办公室里安静下来,各方的谈话也停止了,彼时伦敦·布里德和一名警卫走进来进行市长露面活动,并动员大家参与投票短信会议(vote texting session),这一过程日后将在社交媒体上长时间反复出现,但在现实生活中仅持续了大约五分钟。

  当天晚些时候,索尼娅离开办公室进行最后一次拉票,她前往田德隆区的方向,每隔几米就停下来与选民交谈,并分发粉色和紫色的"可负担住房合法化"传单,上面列出了她允许在西区的社区提供补贴住房的计划。她与穿着马甲背心的科技迷和穿着烂袜的人交谈,并继续向发出恼人的警笛声的大楼方向稳步行进,在那里她再次承诺"停止鸣笛"。后来,当太阳落山后,她稍事休息,在一家名为"查理阿姨休息室"的酒吧里享受正能量和免费的葡萄柚伏特加,那里有索尼娅竞选参事委员的宣传杯垫,还过来一位粉丝要求合影。

  她从那里走到市政厅。在投票结束前的最后一个小时,索尼娅站在人行道中央，根据州法律，她需要离等待投票的人群大约 90 米的距离。"我要让可负担住房合法化。""即便你是重罪犯也没关系，如果你在缓刑期，你也可以投票。""30 岁时我搬来这里，做过两份工作，每小时挣 10.5 美元，这很可怕，但形势正在好转。"因为夜晚的寒冷，她开始蹦跳着取暖，说起旧金山市政大厅需要一座钟塔，因为不是每个人都有手机，所以也许她会致力促进此事。然后，终于到了八点钟，投票结束，她前往迎臂总部和一家名为 93 号俱乐部的潜水酒吧，在那里一幅苏维埃风格的索尼娅画像正被投射到台球桌上方的后墙上，照片上的她正眺望着远方。

在办公室里，人们喝着酒，欢呼着"索——尼——娅！索——尼——娅！"。有人带来了一块迎臂蛋糕。一群没那么醉醺醺的民调观察员站在房间的另一端，等待第一轮的选举结果。其中有一位名叫罗恩·卡图（Roan Kattouw）的软件工程师打开笔记本电脑站在那里。作为一名工程师，卡图已经找到方法，使得网上收集反馈信息的近乎即时的过程更加高效，他编写了一个简短的程序，每秒钟自动刷新选举部门的网页，这样他就可以省去不断按下回车键带来的不便。尽管附近有一把椅子，卡图却坐立不安地站在那里，把笔记本电脑放在右前臂上，用左手打字。屏幕是黑色的，刷新页面时上面有一个 24 小时制的时钟在报时。

20:47:48。

20:47:49。

20:47:50。

选举部门已经超时了,所以卡图站在那里,盯着屏幕,时钟继续滴答作响,20:51:48,20:51:49,最后,20:51:50,公告发布了。结果……糟糕。太糟糕。马特·哈尼名列第一,克里斯蒂娜·约翰逊名列第二,索尼娅远居第三。强调"远"居第三是因为她只有 1500 张选票,占总数的约 16%。

"我们还有很长的路要走。"结果公布后,劳拉向房间里的人如此保证,然后蹦蹦跳跳地走向罗恩·卡图和他的电脑,问一些令人绝望的问题。投票结果如何?这只是早期的选民统计,对吗?真的还有很长的路要走,**是这样吧?**劳拉正在找寻任何能告诉她屏幕上的数字没有看上去那么糟糕的人。"我认为这就是说我们输了。"在谷歌工作并相信数据的迎臂志愿者史蒂文·巴斯(Steven Buss)说。劳拉离开派对,走进办公室,绝望地把脸贴在桌面上。这不仅仅是一次损失。这是一次完全而彻底的惨败。

"我,可能,买了一件派对礼服,"索尼娅告诉她的竞选经理人,"我想我要穿上它了。"

至少这一晚还很早。马特·哈尼在全区以压倒性多数票战胜了索尼娅和克里斯蒂娜·约翰逊,这使得她们的排名选择战略毫无意义。劳拉哭了起来。索尼娅没有。她走到一张坐满人的沙发前,做了她在竞选活动中空闲时经常做的事情:解开衬衫,喂孩子。索尼娅从来不用哺乳挡巾,在过去的一年里,她一直都给安东喂奶,在记者采访时,在派对上,与选民交谈时,此刻,挤满房间的人群正看着她,她正经历着她最大的失败和最尴尬的时刻之一。但是索尼娅并不会感到羞耻,人们的评判影响不了她的生活。她现在不会羞涩了。

热闹而拥挤的迎臂总部内人潮渐渐散去，人们离开这里去参加更快乐的聚会，或是去 93 号俱乐部的各个角落观看其余的结果反馈。在全国范围内，民主党人夺回了众议院，而迎臂者们和他们的对手都在庆祝。其余的住房投票结果好坏参半。《C 提案》的无家可归者税收方案以超过 60% 的选票获得通过，但将面临商业团体多年的法律挑战，他们认为需要三分之二的选票数该提案才能通过。《第 10 号提案》，即租金控制的公民创议，不出所料被击溃，以 2∶1 的差额失败，即使在大家认为会表现良好的旧金山，也只是勉强获得多数席位。迈克尔·温斯坦已经发誓不久将资助另一项关于租金控制的公民创议。

在为马特·哈尼举办的获胜派对上，甘大为站在舞台上做热身演讲，主角则正在酒吧喝酒，为他欢呼的人多得让他不知所措。最终由一位社会正义活动家来介绍哈尼，叫他上台之前，她说："作为一名激进的黑人女性，举荐一名顺性别的白人男性可不是一个容易的选择。"一位音乐主持人正在播放詹姆斯·布朗的《抛开那件事》时，哈尼现身了，以细高挑儿的笨拙身体跳了一段幸好很简短的快步吉格舞，然后发表演讲，抨击了假想在场的民意调查者，抨击了另一方在竞选期间的推特发文，并抨击了支持克里斯蒂娜和索尼娅的独立支出委员会。最后，他以一种更积极的语气结束了演讲，他问房间里的人："你们现在真的准备好解决问题了吗？"然后离开舞台，并接受更多的拍照、采访和欢呼。

住房是湾区最大的问题，但这并不意味着凭借单一议题就能够成为候选人。这似乎是你能得出的最宽厚仁慈的结论。还有其他的解释，并且可能也没有错。马特·哈尼得到了建制派的背书支持。索尼娅争议性太大，而且她的竞选活动也太业余了。甚至连迎臂的盟友也开始窃窃私语道，这次对决是一个必要的教训。

这种分析在整个旧金山湾区找到了支持证据，在那里，"人人东湾"赢得了一连串的胜利。洛丽·德罗斯特再次当选为伯克利市议会议员，并准备好尝试引入新的支持提高住房密度的改革。巴菲·威克斯赢得竞选，并将继续成为议会的盟友，共同发起斯科特·维纳的下一个全州提高区划密度法案。这些女人对迎臂很友好，但她们并不完全是迎臂者。当与身份超越了住房倡导者的全面候选人合作时，迎臂主义似乎能表现得更好些，就像在斯科特·维纳的参议院竞选活动中所做的那样，当晚在伯克利和奥克兰这一幕又重演了。

几年前，在博尔德举行的第一次迎臂小镇大会结束后的几个月里，全国各地的住房倡导者都在努力思考他们想要传达什么信息，来自西雅图的一位组织者给整个会议组发了一封电子邮件，问及是否应该制定一些标准，用于规定迎臂团体对于在风格与策略上存在分歧的人不予认可的情形。很明显，她指的正是索尼娅。而索尼娅毕竟是索尼娅，她发布了第一个回复。回复大约有 1000 字长，从对权力本质的哲学漫谈突然转而谈及基督教在其众多教派中的成功。索尼娅谈到了人们如何才能真正控制自己，以及她认为生活是某种"行动至上主义"的信念。

最后，她总结道："如果你认为你的城市里有一个过于极端的迎臂团体，那你很幸运，他们为你创造了一个能非常轻松愉快地扮白脸的角色。"

这似乎表现得恰到好处。她搞砸了公众交流，并由此为更温和的声音创造了帮助填补空洞的空间。没有人会因为这项服务而感谢她，但这是必要的苦活累活，而且现在已经干完了。选举后的第二天，她打电话给马特·哈尼祝贺他获胜，并恢复了她的倡议者角色，要求他介绍她的"处处都有可负担住房"的提案。她会回到起诉郊区的日常工作中，无论如何，这才更符合她的风格。

选举结束后，一位曾在"人人东湾"与维多利亚·菲尔斯合作过的年轻人欧内斯特·布朗，开始在伯克利和奥克兰巡回举办家庭聚会形式的住房论坛。第一次会议是在巴菲·威克斯家，位于一个安静的独户住宅街区，那天早上外面停放了6辆自行车。房子里面有租客和房东、技术工程师和非营利组织雇员、独户住宅业主和高层建筑居民。他们一起坐在椅子和沙发上，吃着作为早午餐的小蛋糕。

欧内斯特是一个28岁的亚特兰大人，说话慢条斯理，抚慰人心。他以一则简短的自我介绍开始了讨论，讲述了他如何在黑人社区长大，上全黑人学校和全黑人教堂，大学之前从未有过白人同伴。2016年，他搬到了湾区，并爱上了湾区。他深爱这里的各种机会与多样性，并想留下来。接着他转而谈论让人不堪重负的租金、群租公寓和耗时3个小时的超长通勤，这些开始给加州梦蒙上阴影。

他的演讲无关新的法律或候选人。房间里的人都在交谈，没有争论。这里只是提供了一个场所，让人们思考，他们想住在什么样的城市里，进步的真正含义是什么，如果没有任何新住房，他们的孩子会住在哪里，如果人们总是反对建房，那房子将如何建造，租客的担忧，房东所面临的现实问题，以及，难能可贵的一点，即知晓你们所在的地区最大的问题其实是，它吸引了那么多人，他们相信一切并满怀希望，并且需要一点居住空间。

尾声

更多友邻的友邻

大约十年前，当爱德华·格莱泽开始撰写关于美国日益严重的住房问题的专栏文章时，他认为如果他能够对公共对话产生什么影响的话，这些影响将施加于智囊团和民选公职人员。格莱泽是一位在立柱式建筑中工作的重要人物。在思考如何解决问题时，他想到了那些在其他立柱式建筑中工作的重要人物。但他本人并没有坐在市政厅或州议会大厦之中，也没有在议会会议上坐在麦克风和一杯水的后方面对一众参会者。他出现在第三届迎臂小镇年会的讲坛上，用激光笔扫过一条条数据，大约200位衣着随意的与会者则懒散地坐在他面前的一排排听众座椅上。

索尼娅回到旧金山竞选公职，但包括布莱恩、劳拉和维多利亚在内的湾区强大队友们则坐在人群之中。会议由波士顿地区的一个名为"更好的剑桥"的组织举办，参会者来自纽约、洛杉矶和华盛顿，来自波特兰、西雅图、盐湖城、丹佛和明尼阿波利斯，来自奥斯汀、坦帕和夏洛特，来自温哥华、伦敦、巴黎和墨尔本。城市各不相同，但它们的麻烦是一样的：住房短缺以及高薪工作机会的增加，导致租金和房价上涨，引发民众对流离失所的愤怒，招致人们对开发商的仇恨并提出施加更多租金控制的要求,导致某邻避主义团体的反对,导致划分阵营所带来的阶级和种族冲突。学校正在为教师建造可负担住房。长距离通勤的警察睡在自己的车里。餐厅因为招不到足够的服务员转而提供外卖服务。企业家正在为雅皮士们建造摩登宿舍,而愤恨的纵火犯则把新住房开发项目付之一炬。

格莱泽显然与他的民众在一起。他斥责"郊区人为制造的平等",直斥住房短缺是一场"灾难",并宣称为城市空间而战就是"为人类的未来而战"。掌声,掌声,掌声。演讲结束后,他被崇拜者们团团围住,他们要求与他合影并请他签名,询问他最喜欢哪座城市等问题("这就像是在问我最喜欢我的孩子中的哪个")。

迎臂运动在2018年取得了一连串的胜利,未来几个月还会迎来更多胜利。住房危机使湾区发生了变化,从每座城市都希望效仿的蓬勃发展之地,变成了告诫各城市不应该如何行事的警示故事。因此,大部分举措实际上都在加利福尼亚州之外实施。明尼阿波利斯即将成为美国第一个取消独户住宅区划(single-family zoning)的重要城市,不久之后,俄勒冈州将成为第一个实施这项政策的州。住房也将被列入2020年总统大选的议题,几位民主党候选人明确呼吁开展区划改革。

回到萨克拉门托,斯科特·维纳将推出《SB 50》法案,这是他颇具争议的提高区划密度法案的新版本。与最初的努力有所不同的是,这项法案将赢得几个可负担住房和环保组织的支持,并清除州参议院委员会布设的若干障碍,然后被一位郊区立法者以阴暗卑鄙的立法策略埋葬。就好像人们害怕这项法案真的会通过。维纳的法案从技术上而言仍然有效,他承诺将在2020年继续推进。斯科特·维纳总是承诺开展更多工作。但无论《SB 50》法案经历了什么,很明显,增加住房的理念正在慢慢取胜。此外,至少在年轻选民心中,这已成为城市自由主义的信条。假设世代趋势保持不变,而千禧一代仍深陷于住房贫富差距之中,《SB 50》法案最终获得通过是迟早的事。

残酷的扫地出门危机仍然存在,而在全美各地的城市,低收入租房者仍然认为迎臂团体面目可疑,甚至视之为敌人。这是会议上经常讨论的话题,就像在迎臂小镇大会中一样。在一次会议中,来自明尼阿波利斯的一位名叫珍妮·弗利斯兰德的组织者建议,应该放弃"迎臂"这个词,换成更新鲜的名字,因为它现在暗含着不对等的权力动态。她的组织名为"更多友邻的友邻"(Neighbors for More Neighbors)。另一个论坛的名称为"反绅士化行动者并非邻避主义者:为绅士化社区的迎臂住房政策建立细微差别"。该论坛由一位名叫乔·里瓦诺·巴罗斯(Joe Rivano Barros)的湾区迎臂主义者所领导,是参会人数较多的会议之一。当巴罗斯开始他的演讲时,大约有60人盘腿坐在一间闷热教室的地板上。他说:"所以,我今天的中心论点是,迎臂运动应该完全停止而非倡导在绅士化居住区中增加住房。"围坐的听众纷纷以打响指表示赞同。

巴罗斯不知道,在他演讲期间门口进来一位名叫凯·帕尔默-邓宁(kai Palmei-Dunning)的27岁年轻人。帕尔默-邓宁来自波士顿历史悠久的黑人社区罗克斯伯里,他参与了一个名为"夺回罗克斯伯里"的反绅士化组织。他看到迎臂小镇会议即将在他所在的社区召开——会议在罗克斯伯里社区学院举行，便在谷歌上搜索了"迎臂"这个词，然后他发现了很多不友好的文章（《房地产行业的宠儿》），这些坚定了他对"支持住房运动"含义的最糟糕的怀疑。但这次会议听起来很有趣，所以他决定亲自去看看。

碰巧的是，就在第二天，帕尔默-邓宁要去参加一场地方集会，集会由一个名为"城市权利"的种族正义组织召集，该组织发起了一场名为"全民有家"（Homes for All）的全国租房者权利运动。这场活动距离迎臂小镇会议只有几个街区，在一座古老的教堂举行，教堂顶部有报时钟和风向标，两百多位参会者或坐在满是灰尘的垫子上，或坐在吱吱作响的长椅上。鉴于迎臂活动很年轻，会议使用英语，然后夜间大量饮酒；这项活动则相当古老，所以使用多种语言，并且有一间提供免费儿童托管服务的侧屋。教堂的祭坛上安装了一面投影幕布，上面用英语、西班牙语和广东话写着"欢迎光临"，外围排满了抗议标语——"豪宅并非答案"——表达某些未指明的未来行动。

租房者团体在那一年也取得了胜利，他们在接下来的几个月里还将迎来更多的胜利。纽约州将继续扩大当地的租金管制法。俄勒冈州将成为第一个在全州范围内实施租金控制的州。不久之后，邱信福将撰写并通过一项法案，使加州成为继俄勒冈州之后的第二个州。在五年的时间里，"全民有家"运动已经从分布在十几个城市的少数团体，发展到分布于41个城市和大约美国半数州的共78个组织。

波士顿与其他所有繁荣城市一样，都面临着同样的问题：

租金上涨；投资者购入旧楼并把低收入租户扫地出门。这次在教堂举办的活动，被称为"波士顿人民规划大会"（Boston People's Plan Assembly），目的是收集社区层面的建议，以建造更多可负担住房并阻止流离失所的发生。这是一件技术含量很低的事。迎臂会议在推特和 Slack 平台上的讨论非常激烈。人民规划大会以呼喊和应答的环节作为开端（"谁的城市？""我们的城市！"），然后教堂中的参会者分成十几个人一组，聚集在像凯·帕尔默-邓宁这样的领袖周围。帕尔默-邓宁站在一张长椅上组织讨论，并在一张牛皮纸上以大字写下小组的意见。

帕尔默-邓宁不知道的是，当他站在长椅上接受建议时，乔·里瓦诺·巴罗斯正在教堂里转来转去。里瓦诺·巴罗斯在推特上获知了教堂里的活动，虽然并不确定会发生什么，但他还是离开迎臂会议，亲自去往会场一看。

这两个完全不同的聚会将很快相遇。在人民规划大会即将结束时，志愿者开始将抗议横幅移到外面，人群聚集在一支游行乐队后面。波士顿住房组织"城市生活"（City Life/Vida Urbana）的执行董事丽莎·欧文斯（Lisa Owens）同样来自罗克斯伯里，她走到祭坛上解释接下来要怎么做。"今天并不只有我们围绕着住房主题聚会，这并不奇怪，"她对人群说，"我们有话要说，我们中的一些人现在要去那里游行。我们希望你们所有人都来和我们一起去游行。"

在一阵欢呼和掌声之后，人们从座位上起身，走到外面，在游行乐队后面组成一支歪歪扭扭的队伍，随着鼓点的热身而喧腾起来。就在最前面，在一辆装有扩音器的购物车的侧边，挂着一条横幅，上面写着"流离失所就是危机……我们则是答案"。

他们开始游行。走出教堂庭院，下山，然后绕过街角向罗克斯伯里社区学院走去。一辆城市公交车按了喇叭。好奇的行人纷纷拿出手机拍摄。很快，一辆闪灯的警车缓缓驶来，尾随其后。凯·帕尔默-邓宁在游行队伍到达之前跑到迎臂活动现场，好奇地想看看，当两百多人和一支行进乐队不请自来打招呼时，一切将会如何。

住房这一话题吸引极端情绪和思想意识。这不无道理，因为土地定义了我们的存在，不能被简化为纯粹的经济术语。你不能移动土地，你不能制造土地，所以与食物、衣服和油等基本商品不同，一个地方的土地或住房短缺并不能通过引入另一个地方过剩的土地或住房来真正解决。其他商品也可以在某种程度上独立享用，但在我们吃饭的时候也让别人吃东西并不会对我们的饥饿感产生任何影响。这就与土地形成对比，土地的利用和享有，与有多少人在同时使用土地密切相关。我们天生就想共享空间——直至我们觉得它太拥挤了。到底何种程度算是拥挤因人而异，并且人的观点也会因他们到达的先后而显著不同。

所有这一切都给土地打上或资本主义或社会主义的印记，二者泾渭分明，没有中间地带，让人们各自眼中只看到他们想看到的制度。开发商声称要在一个"自由市场"中买卖土地，尽管他们支付和收取的价格取决于一块土地与社会建构的商品和社区机构的距离，当然也取决于与其他人的距离。马克思主义者谈论商品化和市场失灵，但很少勇敢地宣称应该以何种清单或配额制度取代金钱作为踏入繁荣地方的入场费。

这是复杂的事情，一旦你深入细节，回顾历史，并询问什么样的政策能够真正塑造一个更稳定和更公平的世界，你就很难轻易相信有任何形式的僵化答案。从"政府负责划出红线和重建"到"因此转向社会主义"，这是一个令人担忧的跳跃。同样令人担忧的可能是相信以下观点，即任由资本主义完全按照自己的路线发展，将使我们所有人的生活变得更好。这可是创造出一种扫地出门和无家可归的商业模式的资本主义啊！

如果说战后历史存在某种韵律的话，那就是无论我们采用何种制度，无论各级政府在对其制度进行何种编排，只要我们将城市视为建筑和市场的聚集，而非人群的会聚，我们就注定会犯同样的错误。城市再开发（redevelopment）的罪恶源于一个错误的信念，即几个世纪以来的不平等和系统性种族主义带来的社会问题，不必通过投资于人加以解决，而是可以通过新建筑获得全新的开始。邻避主义带来的可负担住房的短缺，是一种错误的信仰所招致的结果，即相信社会在邻里面貌几近相同的情况下均衡发展。与绅士化相伴而来的流离失所，则来自另一种错误信念，即市场总是会托举起所有船只。混合解决方案让人感觉像是一种逃避，在两极分化的时代尤为如此。然而，在一座又一座城市中，它总是一次又一次成为人们最终达成的方案，而且似乎也是最有可能奏效的方案。除了建造住房，没有办法解决住房短缺问题；除了提供补贴或施加租金管制（或两者兼而有之），没有办法照护私人市场无法顾及的人。细节在于民主。

　　人类在整个历史上都有将自己划分为各种集团的极端倾向，而在整个人类历史上，这样的倾向导致在解决所谓集体行动问题时遇到极大的困难，比如解决教育、道路、交通和住房等问题，它们定义了一个进步的社会，需要大规模的合作才能解决。这也就解释了为何拥有堪称典范的公共系统的国家通常是同质化的。在许许多多地方和许许多多文化中，社会学家一次又一次地记录下我们最根深蒂固的集团倾向以及因此而产生的不信任，这种情形并不会因人们离得天远地远而变得严重，而是当人们在城市和郊区被一个又一个街区加以隔离时才变得最为严重。墙壁、高速公路、铁轨和政府划定的无形的线进一步加剧了这种趋势。它们告诉我们什么样的人应该住在何处，并不断强化人们关于谁在自己这一边以及谁在另外一边的看法。

　　根据这种叙事，诸如与世隔绝的郊区和科技公司专属的巴士这样的事物，不仅会漠视当地的挑战或推迟同化的进程，实际上还会导致集团的紧张局势变得更糟，因为它们将使得某一群体无法参与寻求符合每个人最大利益的问题的解决方案，同时向另一群体表明该群体的利益与之不同。这种不信任在公共领域广泛渗透，并且很容易被操纵，直到双方都确信对方提供的任何解决方案都不可能与自己的相同，并导致集体行动失败。没有轻而易举的补救措施或现成的方法来解决那些切入人类本质的问题。然而，从我们最大且最复杂的城市的视角观之，一旦我们承认最难的问题是每个人都需要解决的问题，并真正决定付出努力，很多事情都会得到解决，尽管过程可能混乱并不尽完美。

在迎臂小镇会议召开的两个月前，乔伊·林斯特罗姆（Joey Lindstrom）在亚特兰大参加"全民有家"的聚会。林斯特罗姆是美国全国低收入者住房联盟（National Low Income Housing Coalition）的首席组织者，也是可负担住房会议的固定成员，他几乎总是穿着某种版型的西装，打着领结，头戴平顶帽或软呢帽。城市左翼在探索崭新且具有创造性的自食其力道路方面天赋异禀，因此希望成为连接者的林斯特罗姆在获邀参加迎臂小镇会议时立即答应了。他整个周末都在不同的教室里进进出出，听"在迎臂运动和公平团体之间建立联盟"之类的会议发言，同时对他本人在最后一场会议中将在健身房展示的47张幻灯片进行细微调整。

第一张幻灯片上写着"两个关键的解决方案：稳健的住房补贴和扩大的市场价格住房开发"。随后是各种可怕的统计数据，包括工资滞后和租金上涨，以及未能为需要住房的低收入家庭提供的700万套可负担住房。他的发言刚刚过半，展示到一张写着"联邦政府减少住房支持的遗患"的幻灯片时，人们开始听到楼下传来像是很大一群人的声音。有一个女人大喊："我们到了！你们为什么不想听听？"似乎，还有乐队的声音？

林斯特罗姆停止了发言。随着波士顿人民规划大会的游行人群沿着狭窄的门厅前进，两百多人和一支行进乐队的声音越来越大，坐在折叠椅上开会的迎臂主义者们惊恐地转过身来。

抗议者们冲破临时搭建的帘幕，聚集在房间前方的篮球架下。凯·帕尔默－邓宁退后拍摄，而来自"城市生活"的丽莎·欧文斯则对大家来到波士顿表示欢迎。

"迎臂运动中有一些人真正关心的正是可负担住房，"她说，"我希望邀请那些关心可负担住房和对流离失所者提供保护的人，我想邀请那些对波士顿居民抱以关心的人。这些人一直在此地生活和工作，并为留住家而苦苦奋斗。我邀请你们向我们这些早已奋争在前线的人学习。我请你们不要在与我们开展对话之前就提出住房建议。我邀请你们跟随我们的脚步。"

丽莎·欧文斯提及了一些更精细的区划政策，无一例外肯定会有一些小问题。未来的几天和几个月将出现很多分歧，也会出现毫无益处的推文。但现在，对于在房间中面对面交流的人来说，这是一种健康的张力，伴随着如雷的掌声。掌声之后是握手。来自全国低收入者住房联盟的乔伊·林斯特罗姆指出，成为抗议对象的奇怪之处在于，抗议者中包括他认为是朋友的几个人，并且这场抗议是由一个与他密切合作的联盟组织起来的，他本人刚刚参加了该联盟的会议。后来行进乐队重新演奏起来，人民规划大会的游行队伍退场折返了。

"我通常情况下都会这样，演讲或谈话进行到一半，中途退场去参加抗议活动。"在充当会议室的健身房终于安静下来时，林斯特罗姆说道。人们大笑起来，林斯特罗姆继续他的演讲。只剩下 5 分钟时间，他还有 19 张幻灯片要讲。

致　谢

　　我从2013年开始非正式地写这本书，当时我在纽约待了十年后搬回了湾区。重返湾区是因为我母亲因阿尔茨海默症病危，我第三次成了旧金山人。我住在与父母以及我童年时的家相距十几个街区的教会区租赁公寓里，公寓的门廊上写着"雅皮士人渣"。在接下来的几年里，我与个人损失和记忆的折磨不断角力，这几年也是加州历史上最不寻常的时期之一。

　　也就是说，这个写作项目是私人化的，我的家人始终与之相关。我正式动笔的日子，是我母亲葬礼的第二天，尽管当天我并没有多少进度。我正式写作的最后时刻，是我儿子出生的那天早上，尽管我没有赶上最后期限。而在整个写作过程中，我的妻子拍下我盯着笔记本电脑的照片，而我的女儿则时不时想吸引我的注意，再加上连续熬夜、周末工作、不吃正餐、毁掉的假期和需要应对的压力。在这个写作项目中，我远离了所有人，但我的妻子坎迪斯（Candace）见证了这一切。正是她持续的支持和鼓励，使这项工作成为可能。从各个意义上来讲，她都是我的伙伴，我们的 C^4 小分队 [康纳（Conor）、坎迪（Candy）、考利（Callie）和科尔（Cole）] 对我来说就是一切。

在过去的几年里，湾区经历了相当艰难的一段历程，这里曾经拥有的我所深爱的许多东西都已消亡。这很可悲，我对此颇有些私人的愤怒情绪。但是，如果任由我的个人体验泛滥，以之取代关于导致住房危机发生的复杂力量和长期决策的阐述，以及什么样的行动可能真正有助于破解危机的相关阐述，则太容易，也太廉价。此外，在我讲述湾区最近发生的移居故事时，我一定会想起我父母在 1967 年离开费城来到旧金山并在此城相伴一生的决定，我也一定会想一想，如果当年那对兜里只有 500 美元的新婚夫妇未能找到他们的第一套租赁公寓，并把这座城市和湾区变成他们的家，我的生活将会多么不同。

必须指出，除了拥有诸多好运和一对爱我的父母——他们让家中堆满了书并时时鼓励我的好奇心，我还从我在本书中评论的众多系统和土地使用政策中受益匪浅，特别是《第 13 号提案》。我还应该说明，我父亲在 1970 年代曾担任杰里·布朗的立法助理，但他从未从事过住房方面的工作，而且在为撰写本书而电话采访布朗之前，我从未报道过布朗，也从未与他见过或交谈过。我的父亲也是一位旧金山房东，这是一把双刃剑，让我明白生意的艰辛，同时也让我看到，租金管制远非通常描绘的抽取利润。无论如何，我认为我受过专业训练，所以可以去跟踪数据和故事，无视我的家庭背景可能带来的任何偏见，并且在我努力过的每一个关键时刻皆能如此。当然,少许披露也不会带来伤害。

将新闻工作者的视角带到亲身经历的故事中是很困难的,我的代理人梅丽莎·弗莱曼(Melissa Flashman)是一位出色的合作者,她帮助我将一堆初步的想法变成了一本书的提纲。然后要感谢我的编辑,企鹅出版社的弗吉尼亚·史密斯(Virginia Smith),她帮助我做到了我想做的事情,并且对我有足够的信心,相信我能够把一个半成形的故事撰写成一部流畅的作品。在我坐下来写作的时候,弗吉尼亚和她的助手卡罗琳·悉尼(Caroline Sydney)提供了重要的建议,这些建议涵盖了最广泛的报道、高水平的概括以及最细微和精准的逐段逐句编辑。这是一个与她们合作的特殊机会,也是据我所知极少数作者才有幸拥有的伙伴关系。我将对此一直心存感激。随后要感谢营销和宣传团队。他们每天都在努力把更多人变成读者,这提醒我,出版业和新闻业一样,绝非孤军奋战。

在这个项目开始时,我需要一位能流利使用西班牙语的人来帮我翻译一些采访。我找到了劳伦·赫普勒(Lauren Hepler),她给予的帮助远超翻译。在接下来的一年里,她一直是我的助手和朋友,就一系列主题进行了访谈和记录。能够让你立即断定拥有天赋的新闻记者寥寥无几,而劳伦正拥有这样的天赋。此外,我和她一起工作的乐趣,仅次于我看她撰写自己的报道并在职业生涯中提升自我所感受到的乐趣。

为研究提供帮助的多丽丝·伯克(Doris Burke)和苏珊·毕奇(Susan Beachy)总是想方设法找到研究所需的资

料。本·费兰(Ben Phelan)是我主要的事实核查员。核查事实的工作并不那么有趣,但绝对值得投入。莉莲娜·米歇尔(Liliana Michelena)和科尔·路易森(Cole Louison)对本的工作加以补足,帮助我更加接近难以置信的完美。斯宾塞·贡多夫(Spencer Gondorf)帮助我完成了收集引文的艰巨任务,何塞·费尔莫索(Jose Fermoso)则对迟到的初稿加以审阅并提出批评。

  这么多不同的人愿意参与本书的工作,而且除几位外,大家都接受了我去讲述一个几乎所有内容都已记录在案的近距离报道的愿望。这需要很大的勇气。而事实上,我几乎不受限制地接触到来自如此多不同背景的诸多不同主题,这进一步证实了我的信念,即有大量的人一直相信新闻的力量,相信它可以阐明重要问题并可让我们更接近真相。我在资料来源及注释部分列出了大部分的写作和访谈过程。值得指出的是,没有人有义务与记者交谈,所以当人们愿意接受我的访谈时,我总是心存感激。

  涉及的历史较为棘手,我并没有接受过历史学的专业训练,所以我依靠几位加州专家的指导。已故的加州历史学家凯文·斯达(Kevin Starr)在我撰写本书的初期与我交谈过,那一次对话让我后来意识到加州因他的去世而损失巨大。吉姆·牛顿(Jim Newton)是一名记者,也是一位历史学家,他很慷慨地阅读了本书的初稿。罗伯特·O. 塞尔夫(Robert O. Self)也是如此。伊莱·布罗德(Eli Broad)创造了一段历史,在我在本书所写到的大部分时间里,他建造了大量中产阶级住房,还创建了两家《财富》500强公司,我对他付出的宝贵时间和提供的独到见解深表感激。

以记者的身份生活,就得生活在随时向陌生人提出大胆要求的尴尬状态中。在撰写本书的过程中,我转而瞄准了我的朋友们。卡伊·米尔纳(Caille Millner)慷慨又大方,他阅读了本书最早的初稿,并为我提供了许多难度极大、非常聪明也非常必要的建议,这让我铭记在心。我在《华尔街日报》的两位前任上司大卫·韦塞尔(David Wessel)和蒂莫西·阿佩尔(Timothy Aeppel)就开篇的简短转折提供了很好的反馈。自从2006年与本·卡塞尔曼(Ben Casselman)成为室友以来,我一直与他交流观点和故事初稿,所以我每周给他打一次电话寻求帮助是水到渠成的。艾米丽·巴杰(Emily Badger),我在旧金山的隔壁工位的同事,参与了这个项目,她总是有很好的办法来绕过报道和写作中最艰难的障碍。她也是一个活生生的证据,证明你可以与某人成为亲密的朋友,却同时因为嫉妒他的才能而深感不安。我的表姐波莉·布鲁斯特(Polly Brewster)长期以来都是我的写作教练,所以总是和我一起坐在书桌前。

我从事报业已有二十年,但直到我因为撰写本书而休假,我才意识到我的日常节奏与新闻编辑室于忙碌中焕发的光辉多么密不可分。从我在《洛杉矶商业日报》的入门训练,到《圣地亚哥联合论坛报》《华尔街日报》,再到现在的《纽约时报》,我一直与记者们共事。新闻行业按理说应该是一个相互竞争的行业,但实际上却是一个共享的行业,所以我想向世界各地的许多记者表示衷心的感谢,他们屡屡对住房故事加以报道,他们的工作也屡屡给予我启发。特别感谢乔·埃斯肯纳齐（Joe Eskenazi），他是我最喜欢的旧金山政治记者，也是我关于旧金山市政厅工作的事实上的顾问。

必须指出的是，我为写书而休假的大部分时间是在旧金山的书桌前度过的，除感激在我全身心投入写书的过程中《纽约时报》技术团队所展示的才华外，我无话可说。毫不夸张地说，过去十年的硅谷新闻将成为此地民主和经济最重要时段之一的历史文件，其影响可能需要我用余生全部的时间才能完全体会。很荣幸看到他们的报道。

《纽约时报》一直是我有幸置身其中的最伟大的职业大家庭。我非常感谢整个机构所信奉的价值观以及对新闻事业的贡献。每天都有一些我素未谋面的同事发布精彩的故事、照片、视频、图表、互动、播客或电视剧集，这让我很自豪能忝居其列，并让我对工作充满激情。那些我永远不会在报端读到名字的人，每天都在印制着报纸，并创造出尽管我不理解但对于读者而言不可或缺的隐藏技术。按照大城市特有的方式，我在《纽约时报》工作的五年中，其乐趣与其说是与某位特定的同事或某个特定的时刻相关，不如说是与一系列持续而随意的互动相关，其中许许多多发生在截稿日期来临前的煎熬中，发生在与同事们并肩作战的编辑和制作过程中。

启发本书思路的故事，在技术、经济和国内新闻团队的几位编辑手中轮转——有的编辑仍在原岗位，有的却已转去别处。此外，在很多情况下，启发来自视觉记者而非传统的"文字编辑"。因此，我的确无法找到一种办法对所有需要感激的人表达谢意。尽管如此,我还是要特别致谢迪恩·墨菲(Dean Murphy),他录用我并造就了我的工作节奏;对于我本人和我的工作而言,凯文·麦肯纳(Kevin McKenna)是不懈的支持者;同样感谢艾伦·波洛克(Ellen Pollock),允许我在繁忙的新闻时段休假。阿什温·塞沙吉里(Ashwin Seshagiri)是把疯狂的想法变为现实的人,而"全国书桌"栏目的朱莉·布鲁姆(Julie Bloom)则让我们这些加州人感觉到被深爱。

我还与几位摄影师和照片编辑密切合作,他们的视觉词汇持续为如何思考故事开辟新途径:吉姆·威尔逊(Jim Wilson)和安德鲁·伯顿(Andrew Burton)为《纽约时报》的住房报道拍摄了许多照片,照片编辑惠特尼·理查森(Whitney Richardson)和布伦特·刘易斯(Brent Lewis)促使我更准确地思考如何对故事的每个场景加以描绘,这有助于我为住房政策这个时时令人感觉枯燥的话题注入活力。

最后,我要感谢迪恩·巴奎特(Dean Baquet),他总是愿意为加州的一个大报道而赌上一把,最终批准了我为写这本书而申请的假期。他还就如何使这本书与《纽约时报》的日常任务相辅相成提供了一些建议,这就让我在写书的这段时间里不至于远离工作。这是一个很好的建议,因为住房故事远未结束,有更多工作尚待完成。

资料来源

关于事实核查的说明：在尽可能的情况下，由一名独立的事实核查人员联系了作者访谈的消息来源，征求了各领域专家的意见，审查了作者收集的所有报告，并生成了额外的来源以供确认或更正作者的结论。

第一章

我对索尼娅·特劳斯早年生活的描述，主要基于对她本人、她的父母、她的兄弟米洛（Milo）的采访，以及对她在费城和周边日耳曼敦社区的童年故居的实地到访，以及尾注中列出的新闻简报和财产记录。我还对她在费城的几位老朋友作了访谈，包括"1026空间"（Space 1026）的罗斯·卢阿尔多（Rose Luardo）、亚当·利兹（Adam Leeds）、蒂普·弗兰纳里（Tip Flannery）和安德鲁·杰弗里·赖特（Andrew Jeffrey Wright）。

我对 SF BARF 早期情况的描述是基于对索尼娅、民选官员和包括马克斯·加斯纳和弥迦·卡特林在内的几位 SF BARF 成员的采访。我补充了信件、电子邮件、社交媒体和公开会议的视频。

第二章

土地利用如何成为一个日益重要的经济问题和研究主题，有关该历史的叙述基于尾注中列出的书籍、新闻简报和学术论文，并结合了对十几位学者的采访，尤其是加州大学伯克利分校的肯·罗森、詹妮弗·沃尔奇（Jennifer Wolch）和恩里科·莫雷蒂（Enrico Moretti），哈佛大学的爱德华·格莱泽、劳伦斯·卡茨（Lawrence Katz）、杰森·弗曼（Jason Furman）和丹尼尔·肖格（Daniel Shoag），芝加哥大学的彼得·加农（Peter Ganong），以及加州大学洛杉矶分校的迈克尔·斯托珀（Michael Storper）。

有关迎臂运动的早期历史的叙述基于对包括马修·伊格莱西亚斯、瑞安·阿文特和金－麦·卡特勒在内的几位政策作家以及数十名早期迎臂运动者的第一手报道和采访，其中包括大华盛顿地区的大卫·阿尔珀特（David Alpert），"更好的博尔德"的威尔·图尔（Will Toor），"共享城市"（Share the Cities）的劳拉·洛·伯恩斯坦（Laura Loe Bernstein），"所有人的波特兰"（Portland for Everyone）的马德琳·科瓦奇（Madeline Kovacs），"视角线学会"的艾伦·德宁（Alan Durning），"更多友邻的友邻"的珍妮·弗利斯兰德（Janne Flisrand），AURA 的苏珊·萨默斯（Susan Somers），开放慈善项目的亚历山大·伯杰（Alexander Berger），伦敦迎臂组织的约翰·迈尔斯（John Myers）和斯德哥尔摩迎臂组织的安德斯·加德布林（Anders Gardebring）。

我参加了在博尔德举行的第一届迎臂小镇大会，目睹了会议的所有记录，并使用数码摄像机拍摄。

第三章

从 2017 年底到 2019 年初，我采访了北费尔奥克斯地区的数十名租户、非营利组织领导人、社区组织者、神职人员、居民和企业主。有关该社区早期历史的大部分叙述来自对北费尔奥克斯社区委员会的琳达·洛佩兹（Linda Lopez）、圣何塞州立大学的格雷戈里奥·莫拉-托雷斯（Gregorio Mora-Torres）和匹兹堡大学的罗杰·洛兹（Roger Rouse）的访谈。劳伦·赫普勒是一名双语记者，曾在墨西哥和加利福尼亚州的中央山谷做过广泛的报道，她帮助我完成了对租户和学者的多次访谈，并独自开展了几次访谈。

有关特赖恩购买白金汉公寓的叙述基于对当地居民和神职人员的访谈、特赖恩在购买之后发放的投资者资料（这在后来成为联邦法院案件中所使用的材料），以及在尾注中列出的报刊文章。特赖恩拒绝让高管们对此发表评论,但在一封书面信函中对克里斯蒂娜修女关于他们在购买公寓后打电话的说法提出异议,称其管理者不记得有说过他们想成为一个"好邻居",而电话的主要目的是"了解这家非营利组织"。

从 2017 年 12 月到 2018 年 3 月,我跟随桑迪·埃尔南德斯以及霍普金斯大道和摄政街多幢租赁公寓的其他居民就租金上涨向房东作出抗争。我出席了每一次的租户会议和抗议活动。所有引述均来自数码摄像机的拍摄,并在必要时进行翻译。我还对几位租户以及克里斯蒂娜·赫尔茨利修女、拉斐尔·阿文达诺和丹尼尔·萨弗进行了多次跟进。

我在红木城采访了杰斯希尔·洛夫,并在他停止回复之前通过电话进行了几次跟进。他没有回应我和我的事实核查员的多次请他作出评论的电话,也没有对劳伦·赫普勒去往他办公室访问的邀约作出回应。文中的记录基于我对他的早期访谈,并补充了我获得的公开为投资者提供的材料、财产记录和语音邮件。

劳伦·赫普勒和我还在桑迪和斯蒂芬妮搬走后进行了多次跟踪访谈。斯蒂芬妮从未在没有母亲在场陪同的情况下接受过访谈。

2018 年,桑迪和斯蒂芬妮搬出去后,劳伦·赫普勒和我在伊斯梅尔·皮内达一家搬进她们的旧公寓后对其进行了访谈。我们解释了这个故事和他们在其中的角色,他们允许我们进来看看并拍照,这样我们就可以记录下自从桑迪和斯蒂芬妮搬出去后发生了什么变化。关于皮内达一家的住房历史的叙述基于对这家人的访谈,并辅以房产记录。

虽然不直接适用于报道,但有几本书加深了我对绅士化和流离失所的经济学和社会学理解,包括吉娜·佩雷斯(Gina Pérez)的《近西北侧》(*The Near Northwest Side*),兰斯·弗里曼(Lance Freeman)的《邻居们走了》(*There Goes the'Hood*),以及雪莉·布拉德威·拉斯卡(Shirley Bradway Laska)和达芙妮·斯佩(Daphne Spain)主编的《重返城市》(*Back to the City*)。我还受益于对普林斯顿大学的马修·德斯蒙德(Matthew Desmond)、波士顿大学的加潘尼卡·布朗-萨拉西诺(Japonica Brown-Saracino),以及加州大学伯克利分校城市流离失所课题组的米里亚姆·祖克(Miriam Zuk)、凯伦·查普尔(Karen Chapple)和贾斯汀·马库斯(Justine Marcus)所开展的访谈。

第四章

加州在二战后的快速增长和随后围绕土地使用争斗的历史的相关叙述,基于尾注中列出的书籍和报纸文章,并结合了对几位历史学家、政治家和商界领袖的采访,特别是亨特学院(Hunter College)的马修·拉斯纳(Matthew Lasner),俄勒冈大学的欧申·豪厄尔(Ocean Howell),石溪大学(Stony Brook University)的克里斯托弗·塞勒斯(Christopher Sellers),以及达特茅斯学院的威廉·费舍尔和耶鲁大学的罗伯特·埃里克森。我还采访了受人尊敬的杰里·布朗、考夫曼与布罗德公司以及伊莱和埃迪斯·布罗德基金会的联合创始人伊莱·布罗德,还有已故的加州历史学家和前国家图书馆员凯文·斯达,他的"美国人和加州梦"(Americans and the California Dream)系列研究曾经(现在仍然)对我理解加州的社会政治历史至关重要。

除了书籍和报纸上的故事,我对《拉姆福德法令》和《第14号提案》的描述,还通过对威廉·拜伦·拉姆福德三世(William Byron Rumford III)、布朗大学的罗伯特·O.塞尔夫和德州农工大学(Texas A&M)历史学教授阿尔伯特·S.布鲁萨德(Albert S. Broussard)的访谈得到了扩充。我还要对运营BlackPast.org 的众多作者和管理员致以感谢,这是关于许多事情的重要资源,特别是就西部非裔美国人的鲜为人知的故事来说,这是一个特别好的资源。

我对瑞克·霍利迪职业生涯的描述,基于对他的采访以及尾注中列出的文章。虽然我没有直接使用约翰·F.C.特纳(John F.C. Turner)和罗伯特·费希特(Robert Fichter)主编的《自由建造》(*Freedom to Build*)一书,但它对我大有帮助。加利福尼亚州立图书馆的图书管理员加勒特·希尔兹(Garrett Shields)也为我提供了简明扼要的《住房责任法令》立法历史。

第五章

我对托尼·拉吉斯的土地的记述和随后叙述的拉斐特排屋/鹿山住宅项目的传奇故事,基于对史蒂夫·福尔克、丹尼斯·奥布赖恩、盖伊·阿特伍德（Guy Atwood）、迈克尔·格里菲思、索尼娅·特劳斯、布莱恩·汉隆和瑞安·帕特森的访谈，以及报纸文章、房产记录、公开会议记录、两起诉讼，此外，我还审查了城市行政记录中六千多页的规划文件、历史评价、环境影响报告和居民信函。我还参加了几次拉斐特市议会会议，包括史蒂夫·福尔克辞职的那次。

我出席了 2015 年的"起诉郊区"小组讨论会。所有的观察都是第一手的，所有的援引都有数码摄像机的记录。

有关莱克伍德的历史的叙述根据尾注中的书籍和报纸文章以及对史蒂夫·福尔克和迈肯·康纳（Michan Connor）的访谈组合而成，后者是独立学者和城市破碎化研究专家，他们对我理解城市合并的运作方式帮助很大。佐治亚大学的科尔曼·亚历山大·阿勒姆斯（Coleman Alexander Allums）也为我提供了帮助。

第六章

我对斯科特·维纳在旧金山参事委员会任职期间以及随后竞选州参议员的描述，基于对维纳及其助手［尤其是杰夫·克里坦（Jeff Cretan）和安妮·弗莱曼］以及一系列政治伙伴和竞争对手的访谈，这些政治伙伴和竞争对手包括卡尔文·韦尔奇、社区住房组织委员会的彼得·科恩（Peter Cohen）、甘大为、简·金和邱信福。我还观看了参事委员会会议视频，查阅了尾注中提到的报纸文章。旧金山州立大学的杰森·麦克丹尼尔

（Jason McDaniel）和本地任务（Mission Local）网站的乔·埃斯肯纳齐对我了解自2000年以来的旧金山政治史提供了帮助。

我参加了迎臂运动的第一次大会，因此，所有的观察都是第一手的，所有的引用都来自数码摄像机的记录。

2017年住房一揽子法案的故事，基于对各种立法者、助手和活动家的访谈，包括参议员斯科特·维纳和参议员南希·斯金纳、加州住房和社区发展部（California Department of Housing and Community Development）主任本·梅特卡夫（Ben Metcalf）、劳拉·富特·克拉克、布莱恩·汉隆以及索尼娅·特劳斯。

我参加了迎臂组织胜利晚会、2017年住房一揽子法案签字仪式、2017年迎臂庆典。所有的援引均来自数码摄像机的记录。

第七章

2018年至2019年间，我多次到访Factory_OS，并开展了几次访谈，对象包括瑞克·霍利迪、拉里·佩斯和各类员工，以及几位风险投资者、历史学家、房地产开发商。我也访问了其竞争对手，包括西雅图的Blokable和奥克兰的RAD Urban等模块化住宅公司。

有关瑞克·霍利迪职业生涯和桥梁房屋成立的背景的叙述，基于尾注中提到的各种书籍和报纸文章，以及对加州大学伯克利分校特尔纳住房创新中心（Terner Center for Housing Innovation）的瑞克·霍利迪和卡罗尔·加兰特（Carol Galante）的访谈。我还得到了旧金山联邦储备银行社区发展中心（Center for Community Development at the Federal Reserve Bank of San Francisco）经理大卫·J. 埃里克森（David J. Erickson）的帮助，他带我逐一了解尼克松、卡特和里根政府的住房政策，以及低收入者住房税收抵免的历史。帮助我理解低收入者住房税收抵免运作方式的还有田德隆社区发展公司（Tenderloin Neighborhood Development Corporation）的首席执行官唐·福克（Don Falk），以及旧金山诺沃格拉达克有限责任合伙公司（Novogradac & Company LLP in San Francisco）会计师事务所的总裁迈克尔·诺夫格拉达克（Michael Novogradac）。

无家可归者的相关描述基于尾注中列出的各种书籍和文章、北加州和南加州的第一手报道，以及对数十名为无家可归者谋利者、研究人员和县/市雇员的访谈，特别是阿尔法项目首席执行官鲍勃·麦克埃尔罗伊（Bob McElroy）、圣迭戈县公共卫生官员威尔玛·J. 伍登博士、加州大学旧金山分校的玛格特·库舍尔（Margot Kushel）博士，以及宾夕法尼亚大学的丹尼斯·卡尔亨（Dennis Culhane）。

关于瑞克·霍利迪办公室附近的无家可归者营地的记录是在四天的采访过程中收集的一手资料，采访对象是住在那里的人和附近的几位（几家）邻居。

第八章

有关米德尔菲尔德路零售街沿线经济压力的描述基于2018年和2019年初对店员和购物者的访谈。有关白金汉公寓的描述基于对邻居和几位公寓租户的访谈。2018年初,克里斯蒂娜修女与我谈论过一次白金汉公寓。之后,根据她与特赖恩签署的保密协议,她不再谈论这座建筑,该协议是圣弗朗西斯中心与特赖恩签订的购买协议的一部分。然而,该建筑群的重新开放庆典是向公众开放的,而且劳伦·赫普勒出席并直接记录了所有的一手资料。

关于特赖恩公司的创立和商业实践的叙述基于房产记录、社交媒体以及对加利福尼亚州与俄勒冈州前租户和租户组织者的访谈,还有尾注中引用的以前对马克斯·沙坎斯基做的几次采访,以及特赖恩公司在事实核查时发回的一封简短的书面信函。

第九章

从2017年末到2018年选举日,我一直关注着索尼娅·特劳斯的参事委员会竞选活动。而且在这段时间里,我参加了数十场募捐、演讲、辩论、选民会议和拉票活动。此外,我还花了数十个小时待在办公室,并在她与其他人下班后和他们一起去餐馆和酒吧。我还采访了几十位支持者、反对者和捐赠者,以及马特·哈尼和克里斯蒂娜·约翰逊。我目睹了竞选过程中的那些场景,所有的引语都是用数码摄像机收集的。

关于《SB 827》的叙述来源于尾注中列出的材料,以及对布莱恩·汉隆、斯科特·维纳及其手下许多员工的访谈,还包括数十名支持者和反对者,尤其是达米恩·古德曼,我通过电话和面对面会谈采访了他数十次——在萨克拉门托、奥克兰以及莱默特公园。有关迎臂者为支持《SB 827》在市政厅集会的叙述，是从新闻报道、社交媒体以及对不同立场的参与者的访谈中收集的，特别是"一起当租客"组织（Tenants Together）的劳拉·富特·克拉克和珊蒂·辛格（Shanti Singh）。

第十章

对《第 10 号提案》以及租户权利运动和租金控制活动的发展的描述，基于对数十名租户、组织者和神职人员的采访，我在北加州陪同他们参加签名集会，特别是位于伯灵格姆的伯灵格姆保护租户倡导者（the Burlingame Advocates for Renter Protections）的辛迪·康奈尔（Cindy Cornell）、圣马特奥信仰行动（Faith in Action in San Mateo）的雷纳·冈萨雷斯（Reyna Gonzalez），以及美国劳工总会与产业劳工组织萨克拉门托中央劳工委员会（Sacramento Central Labor Council, AFL-CIO）的沃尔马·沃尔西（Volma Volcy）与杨·和（Yong Her）。我还采访了"AHF/住房是一项人权"（AHF/Housing Is a Human Rights）的达米恩·古德曼和迈克尔·温斯坦，加州社区赋权联盟（Alliance of Californian for Community Empowerment）的艾米·舒尔（Amy Schur），东帕洛阿尔托社区法律服务（Community Legal Services in East Palo Alto）的丹尼尔·萨弗，城市居住（Urban Habitation）的托尼·罗山·萨马拉（Tony Roshan Samara），以及加州租赁公寓协会（California Apartment Association）的汤姆·班农（Tom Bannon）。

迎臂宣传会议、索尼娅·特劳斯竞选活动的最后几天以及欧内斯特·布朗的家庭聚会活动的相关描述都基于我的亲自见证，所有的引述都有数码摄像机的记录。

尾声

我参加了2018年迎臂小镇会议和波士顿人民规划大会，并广泛采访了双方的参与者，以及同时参加这两场活动的若干人员。我目睹了所有的场景，并用数码摄像机进行了记录。

我还对哈佛大学的瑞安·D. 埃诺斯（Ryan D. Enos）进行了访谈，以了解城市中的群体动态。我关于集团行为如何影响集体行动问题的结论，主要来自那次访谈和他在2017年出版的著作《我们之间的空间》（*The Space Between Us*）。

注　释

序

002[1] 自有住房率：*Locked Out? Are Rising Housing Costs Barring Young Adults from Buying Their First Homes?* (McLean, VA: Freddie Mac, June 2018).

002 四分之一的租房家庭：*The State of the Nation's Housing 2019* (Cambridge, MA: Joint Center for Housing Studies of Harvard University, 2019).

002 大约有100万："National Estimates: Eviction in America," Eviction Lab, May 11, 2018, https://evictionlab.org/national-estimates/.

002 大约有400万："Sex of Workers by Travel Time to Work," U.S. Census Bureau, 2017, https://censusreporter.org/data/table/?table=B08012&geo_ids=01000US&primary_geo_id=01000US#valueType%7Cestimate.

004 交通运输产生的二氧化碳排放大约占："Sources of Greenhous Gas Emissions," United States Environmental Protection Agency, https://www.epa.gov/ghgemissions/

---

[1] 此处表示页码。——编者注

sources-greenhouse-gas-emissions.

005 1945 年 10 月: Nina Leen, "The California Way of Life," *Life*, October 22, 1945, 105.

第一章　人民大众

013 还没有成为: City and County of San Francisco, San Francisco Planning Commission, Public Meeting, SFGovTV, May 1, 2014, sanfrancisco.granicus.com/player/clip/19987?view_id=20.

017 精美的印刷体: "G.E.T. OUT: Faux Tech Contingent Brings the Gentrification of SF OUT of the Closet at PRIDE," Heart of the City, www.heart-of-the-city.org/get-out--sf-pride.html.

017 一起人为封锁: "December 9, 2013," Heart of the City, www.heart-of-the-city.org/google-bus-block---dec-9.html.

018 大量记录就已经在推特上发布: Nick Wingfield, "Seattle Gets Its Own Tech Bus Protest," *The New York Times*, February 10, 2014, bits.blogs.nytimes.com/2014/02/10/seattle-gets-its-own-tech-bus-protest/?_php=true&_type=blogs&_php=true&_type=blogs&_r=1.

021 划分住房类型: Sonia Hirt, *Zoned in the USA: The Origins and Implications of American Land-Use Regulation* (London: Cornell University Press, 2014), 153.

021 广告用"时尚"来描述日耳曼敦: "Fairfax Apartments," *Evening Public Ledger*, September 14, 1914.

第二章　把无法组织在一起的组织起来

030 反对远郊住房建设: Bernard J. Frieden, *The Environmental Protection Hustle* (Cambridge, MA: MIT Press, 1979), 9, 18.

030 整整一章的篇幅抨击: Frieden, "Better Living Through Environmentalism," in *The Environmental Protection Hustle*.

030 弗里登并非狂热分子: Frieden, *Environmental Protection Hustle*, 5, 38.

031 狗抬头仰望: "Sky-High Housing: Building Up, Prices Up," *Time*, September

12, 1977.

031 "可能也无法组织起来": Frieden, *Environmental Protection Hustle*, 6.

032 1981年出现在《纽约时报》上的头条新闻: Wayne King, "Changing San Francisco Is Foreseen as a Haven for Wealthy and Childless," *The New York Times*, June 9, 1981, www.nytimes.com/1981/06/09/us/changing-san-francisco-is-foreseen-as-a-haven-for-wealthy-and-childless.html.

033 "我认为": Larry Katz, "Housing and the Political Economy of 'Social Schizophrenia,'" Department of Economics Graduation Ceremony, University of California at Berkeley, June 12, 1981.

039 墙壁上带有裂缝的破烂灰泥独立屋: Edward Glaeser and Joseph Gyourko, "Urban Decline and Durable Housing," *Journal of Political Economy* 113, no. 2 (April 2005): 345–75; Edward Glaeser and Joseph Gyourko, "The Economic Implications of Housing Supply," *Journal of Economic Perspectives* 32, no. 1 (Winter 2018): 3–30.

040 一位名叫金-麦·卡特勒的作家: Kim-Mai Cutler, "How Burrowing Owls Lead to Vomiting Anarchists (or SF's Housing Crisis Explained)," TechCrunch, 2014, https://techcrunch.com/2014/04/14/sf-housing/.

047 阻滞了美国人口流动: Peter Ganong and Daniel Shoag, "Why Has Regional Income Convergence Declined?," *Journal of Urban Economics* 102 (November 2017): 76–90.

047 统计了所有……情况: "Obama Administration Releases Housing Development Toolkit," National Low Income Housing Coalition, October 3, 2016, http://nlihc.org/resource/obama-administration-releases-housing-development-toolkit.

047 这些研究都: Richard Florida, "How Housing Supply Became the Most Controversial Issue in Urbanism," City Lab, May 23, 2019, https://www.citylab.com/design/2019/05/residential-zoning-code-density-storper-rodriguez-pose-data/590050/; "Blanket Upzoning—A Blunt Instrument—Won't Solve the Affordable Housing Crisis," The Planning Report, March 15, 2019, https://www.planningreport.

com/2019/03/15/blanket-upzoning-blunt-instrument-wont-solve-affordable-housing-crisis.

048 **"我们可以共同努力"**:"Remarks by the President at U.S. Conference of Mayors," Obama White House, January 21, 2016, http://obamawhitehouse.archives.gov/the-press-office/2016/01/21/remarks-president-us-conference-mayors.

第三章 没有比不战而败更糟糕的战斗

063 **主要是男性劳工**:Roger Christopher Rouse, "Mexican Migration to the United States: Family Relations in the Development of a Transnational Migrant Circuit" (PhD diss., Stanford University, 1989).

079 **丹尼尔都可以转告**:丹尼尔与作者的通信。

085 **美国最大的都市区**:"The State of the Nation's Housing 2018," Joint Center for Housing Studies of Harvard University, www.jchs.harvard.edu/ state-nations-housing-2018.

085 **不到2公里的范围内**:"Rising Housing Costs and Re-segregation in San Francisco," Urban Displacement Project, www.urbandisplacement.org/sites/default/files/images/sf_final.pdf.

085 **做选择**:Karen Chapple and Anastasia Loukaitou-Sideris, *Transit-Oriented Displacement or Community Dividends? Understanding the Effects of Smarter Growth on Communities* (Cambridge, MA: The MIT Press, 2019), 2010.

第四章 压制计划

091 **告别战争的婴儿潮**:Kenneth T. Jackson, *Crabgrass Frontier: The Suburbanization of the United States* (New York: Oxford University Press, 1985), 232; Kevin Starr, *Golden Dreams: California in an Age of Abundance*, 1950–1963 (New York: Oxford University Press, 2009), 6.

093 **缓解短缺**:Ethan Rarick, *California Rising: The Life and Times of Pat Brown* (Berkeley: University of California Press, 2005), 25, 52, 53.

093 **唯一可能**:Rarick, *California Rising*, 53.

094 500万套新房：Jackson, *Crabgrass Frontier*, 233.

094 170万套：Jackson, *Crabgrass Frontier*, 233.

095 科德角式：Jackson, *Crabgrass Frontier*, 11.

096 在参观莫斯科的一场美国展览时：Starr, *Golden Dreams*, 18.

096 向苏联领导人赫鲁晓夫强调：Robert J. Gordon, *The Rise and Fall of American Growth: The U.S. Standard of Living Since the Civil War* (Princeton, NJ: Princeton University Press, 2016), 357.

097 "无力将两者结合起来"：Jackson, *Crabgrass Frontier*, 241.

098 阴影能投射到：D. J. Waldie, *Holy Land: A Suburban Memoir* (New York: W. W. Norton, 2005).

098 完美的助推者：Rarick, *California Rising*, 13.

099 批准了17.5亿美元：Rarick, *California Rising*, 217.

100 "在加州周围设置障碍"：Rarick, *California Rising*, 210.

100 为期四天的聚会："We're Top Banana Now," *Oakland Tribune*, December 23, 1962.

100 骑马男子：Rarick, *California Rising*, 1.

101 "满载……的旅行车"：Eugene Burdick, "From Gold Rush to Sun Rush," *The New York Times*, April 14, 1963.

103 拆除……黑人社区房屋：2018年对马修·拉斯纳（Matthew Lasner）的访谈。

104 来自洛杉矶的黑人议员：Lawrence P. Crouchett, *William Byron Rumford, the Life and Public Services of a California Legislator: A Biography* (El Cerrito, CA: Downey Place, 1984), xv, 43.

105 35万套房屋：Rarick, *California Rising*, 259.

106 胜利如此甜蜜：Rarick, *California Rising*, 263–67; Crouchett, *William Byron Rumford*, 264–69.

106 共和党自由派：Starr, *Golden Dreams*, 254.

107 神圣不可侵犯：Rarick, *California Rising*, 273, 289.

107 共和党州参议员：Robert O. Self, *American Babylon: Race and the Struggle for Postwar Oakland* (Princeton, NJ: Princeton University Press, 2003), 167.

108 黑人占大多数的选区：Self, *American Babylon*, 263.

108 得出一个结论：Rarick, *California Rising*, 289.

109 恐惧与……结合起来：Rarick, *California Rising*, 338, 356, 359.

110 "半途而废后留下的路墩"："Freeways: U.S. Gold Turned Down in S.F.," *Los Angeles Times*, March 27, 1966.

110 不再建设："Politics: A Rash of New Candidates," *Los Angeles Daily Times*, March 27, 1966.

111 拯救海湾：Starr, *Golden Dreams*, 421, 428.

111 哈罗德·吉列姆这样写道：Starr, *Golden Dreams*, 417.

112 关心的事项：Raymond Dasmann, *The Destruction of California* (New York: Collier Books, 1966), 190.

113 养狗数量翻了两番：Christopher C. Sellers, *Crabgrass Crucible: Suburban Nature and the Rise of Environmentalism in Twentieth-Century America* (Chapel Hill: University of North Carolina Press, 2012), 3, 83, 168.

115 "有所限制的时代"：Edmund G. Brown Jr., State of the State Address, January 7, 1976, Governors' Gallery, http://governors.library.ca.gov/addresses/s_34-JBrown1.html.

116 舒马赫所谓：Arthur I. Blaustein, "California Still Dreaming," *Harper's Magazine*, June 1, 1977.

116 投向被动状态：Blaustein, "California Still Dreaming."

118 "协调和执行"：Robert C. Ellickson, "Suburban Growth Controls: An Economic and Legal Analysis," *Yale Law Journal* 86, no. 3 (January 1977): 389.

119 变成了常见：William A. Fischel, "The Rise of the Homevoters: How the Growth Machine Was Subverted by OPEC and Earth Day," in *Evidence and Innovation in Housing Law and Policy*, ed. Lee Anne Fennell and Benjamin J. Keys (Cambridge, UK: Cambridge University Press, 2017), 11, 15.

125 "如果我想要"：Howard Jarvis, *I'm Mad as Hell: The Exclusive Story of the Tax Revolt and Its Leader*, with Robert Pack (New York: Times Books, 1979), 53–54.

125 他在……中说: Edmund G. Brown Jr., State of the State Address, January 16, 1979, Governors' Gallery, accessed 2017, governors.library.ca.gov/addresses/s_34-JBrown4.html.

126 破解……危机: Henry Weinstein, "Task Force to Study High Housing Costs," *Los Angeles Times*, February 13, 1980.

第五章 起诉郊区

134 于1983年创立: "Our History," BRIDGE Housing, https://bridgehousing.com/about/history/.

139 在新项目方案陈述结束时: City of Lafayette, Lafayette Planning Commission, Public Meeting, October 15, 2013, http://lafayette.granicus.com/MediaPlayer.php?view_id=19&clip_id=916.

141 "癌症"一词: Susan Candell, Documents for Lafayette City Council meeting, August 8, 2015, https://lafayette.granicus.com/MetaViewer.php?view_id=3&clip_id=2482&meta_id=46371.

143 "人口增加……而不是": City of Lafayette, City Council Meeting, Public Meeting, August 10, 2015, http://lafayette.granicus.com/MediaPlayer.php?view_id=3&clip_id=2482.

147 "引起人们对这个问题的关注": "California Renters Legal Advocacy and Education Fund—General Support," Open Philanthropy Project, June 2016, www.openphilanthropy.org/focus/us-policy/land-use-reform/california-renters-legal-advocacy-and-education-fund-general-support.

147 手拿区划法课本: Patrick Clark, "The Activist Group Suing the Suburbs for Bigger Buildings," Bloomberg, December 9, 2015, www.bloomberg.com/news/articles/2015-12-09/the-activist-group-suing-the-suburbs-for-bigger-buildings.

148 创建了一系列新的: Michan Andrew Connor, "'Public Benefits from Public Choice': Producing Decentralization in Metropolitan Los Angeles, 1954–1973," *Journal of Urban History* 39, no. 1 (2012): 79–100.

149 第一座"合约城市": John Wentz, "Should Lakewood Annex to Long Beach,"

Western City, January 1952, www.lakewoodcity.org/civicax/filebank/blobdload. aspx?BlobID=22686.

150 有 70 万居民：Connor, "'Public Benefits from Public Choice.'"

150 查尔斯·蒂布特：Charles Tiebout, "A Pure Theory of Local Expenditures," *Journal of Political Economy* 64, no. 5 (October 1956): 416–24.

151 "莱克伍德方案的城市"：Gary J. Miller, *Cities by Contract: The Politics of Municipal Incorporation* (Cambridge, MA: MIT Press, 1981).

151 康普顿的贫困人口：Ryan Reft, "Educating Compton: Race, Taxes, and Schools in Southern California's Most Notorious Suburb," KCET, August 7, 2014, www.kcet.org/history-society/educating-compton-race-taxes-and-schools-in-southern-californias-most-notorious.

154 无须得到城市的批准："City of Lafayette Staff Report," http://lafayette.granicus.com/MetaViewer.php?view_id=3&clip_id=2951&meta_id=58509.

156 "不会提起诉讼"：City of Lafayette, City Council Meeting, Public Meeting, August 10, 2015, http://lafayette.granicus.com/MediaPlayer.php?view_id=3&clip_id=2482.

158 "我的良心不允许"：Steven Falk (@Steven_B_Falk), "My letter of resignation," Twitter, September 27, 2018, 6:56 a.m., http://twitter.com/steven_b_falk/status/1045311105365504000?lang=en.

第六章　第二个住房一揽子法案

162 "单调"：Joe Eskenazi, "Body Politic: Scott Wiener Strips Down City Bureaucracy," *SF Weekly*, February 13, 2013, www.sfweekly.com/news/body-politic-scott-wiener-strips-down-city-bureaucracy/.

163 进步派的标签：Benjamin Wachs and Joe Eskenazi, "Progressively Worse: The Tumultuous Rise and Acrimonious Fall of the City's Left," *SF Weekly*, November 23, 2011, https://archives.sfweekly.com/sanfrancisco/progressively-worse-the-tumultuous-rise-and-acrimonious-fall-of-the-citys-left/Content?oid=2183264&showFullText=true.

164 旧金山政客：Jason A. McDaniel, "The Progressive Ideological Coalition and the Crisis of Housing Affordability in San Francisco," *The New West*, August 9, 2015, https://thewpsa.wordpress.com/2015/08/09/the-progressive-ideological-coalition-and-the-crisis-of-housing-affordability-in-san-francisco/.

165 许可证……相当于：J. K. Dineen, "Supervisor Wiener to Introduce Affordable Housing Legislation," *San Francisco Chronicle*, September 14, 2015, www.sfchronicle.com/bayarea/article/Affordable-housing-legislation-goes-to-Supes-6504387.php?psid=2ESrd.

166 据当地传说：David Talbot, *Season of the Witch: Enchantment, Terror, and Deliverance in the City of Love* (New York, NY: Free Press, 2012), 248–49.

167 作证表示支持：City and County of San Francisco Planning Commission, Public Meeting, December 3, 2015, https://sanfrancisco.granicus.com/player/clip/24255?view_id=20&meta_id=470365.

170 将关停："City of San Francisco Mission District Housing Moratorium Initiative, Proposition I (November 2015)," Ballotpedia, https://ballotpedia.org/City_of_San_Francisco_Mission_District_Housing_Moratorium_Initiative,_Proposition_I_(November_2015).

170 面对人们的大吼大叫：David-Elijah Nahmod, "Affordable Housing Activists Take Their Battle to Supervisor Wiener's Home," *Hoodline*, May 31, 2015, http://hoodline.com/2015/05/affordable-housing-activists-take-their-battle-to-supervisor-s-home.

171 "流离失所的短期威胁"：Michael Hankinson, "When Do Renters Behave Like Homeowners? High Rent, Price Anxiety, and NIMBYism," *American Political Science Review* 112, no. 3 (2018): 473–93.

176 新近在全美声名鹊起：Joe Garofoli and Lizze Johnson, "Bernie Sanders to Campaign for Jane Kim in SF," San Francisco Chronicle, October 14, 2016, www.sfchronicle.com/bayarea/article/Bernie-Sanders-to-campaign-for-Jane-Kim-in-SF-9972390.php.

177 拥有157套住房单元的住房项目：Joe Rivano Barros, "In Stunner, City Strikes

Down Major Mission Project," Mission Local, November 16, 2016, https://missionlocal.org/2016/11/in-stunner-city-strikes-down-major-mission-project/.

178 能听到人群中的喘息声：City and County of San Francisco Board of Supervisors, Public Meeting, November 14, 2016, http://sanfrancisco.granicus.com/player/clip/26569?view_id=10&meta_id=526895.

181 在泰尔家的门廊上合影留念：Anna Wiener, "Why Protestors Gathered Outside Peter Thiel's Mansion This Weekend," *New Yorker*, March 14, 2017, www.newyorker.com/news/news-desk/why-protesters-gathered-outside-peter-thiels-mansion-this-weekend.

191 充斥着……头条新闻：Erika D. Smith, "Out with California's NIMBYs and in with the YIMBYs," *Sacramento Bee*, July 20, 2017, www.sacbee.com/opinion/opn-columns-blogs/erika-d-smith/article162699668.html.

191 所描述的"崭新一天"：Peter Kremer, "State Sends a Signal in the Housing Crisis," *Los Angeles Times*, October 20, 1980.

192 "许许多多的悖论"：Associated Press, "Gov. Brown Signs Bills Aimed at Fixing California Housing Crunch," September 29, 2017, https://sanfrancisco.cbslocal.com/2017/09/29/gov-jerry-brown-california-affordable-housing-bills/.

第七章　老办法

200 "真正没有栖身之地"：National Academies of Sciences, Engineering, and Medicine, *Permanent Supportive Housing: Evaluating the Evidence for Improving Health Outcomes Among People Experiencing Chronic Homelessness* (Washington, DC: National Academies Press, 2018), doi.org/10.17226/25133.

200 穷街陋巷式的贫困：Marian Moser Jones, "Creating a Science of Homelessness During the Reagan Era," *Milbank Quarterly* 93, no. 1 (March 2015): 138–78.

200 最初的解释：Martha Burt, *Over the Edge: The Growth of Homelessness in the 1980s* (New York: Russell Sage Foundation, 1992), 4.

200 随后的经济复苏未能解决：Christopher Jencks, *The Homeless* (Cambridge, MA: Harvard University Press, 1994), 49.

201 称为"饥饿年代": David Erickson, *The Housing Policy Revolution: Networks and Neighborhoods* (Washington, DC.: Urban Institute Press, 2009), 35.

202 嗑一口快克: "The United States Drug Enforcement Administration 1985–1990," The Way Back Machine, updated August 23, 2006, https://web.archive.org/web/20060823024931/http:/www.usdoj.gov/dea/pubs/history/1985-1990.html.

203 哥伦比亚大学的两名研究生: Jones, "Creating a Science of Homelessness During the Reagan Era."

204 被一辆前卸式铲车压死: Erin Tracy, "Homeless Woman Killed in Caltrans Accident Was 'Flower Child' with a Roller-Coaster Life," *Modesto Bee*, April 17, 2019, www.modbee.com/news/article229325389.html.

205 一项引人注意的统计数据: Jay Bainbridge, Thomas Byrne, Dennis P. Culhane, Stephen Metraux, and Magdi Stino, "The Age of Contemporary Homelessness: Evidence and Implications for Public Policy," *Analyses of Social Issues and Public Policy* 13, No. 1 (2013): 1–17.

205 成为老年人: Thomas Byrne, Dennis P. Culhane, Kelly Doran, Eileen Johns, Stephen Metraux, and Dan Treglia, "The Emerging Crisis of Aged Homelessness: Could Housing Solutions Be Funded from Avoidance of Excess Shelter, Hospital and Nursing Home Costs?" University of Pennsylvania, January 20, 2019, https://works.bepress.com/dennis_culhane/223/; David Bangsberg, Judith A. Hahn, Margot B. Kushel, and Elise Riley, "The Aging of the Homeless Population: Fourteen-Year Trends in San Francisco," *Journal of General Internal Medicine* 21, No. 7 (2006): 775–78.

206 每年耗资约 200 亿美元: Matthew Desmond, "How Homeownership Became the Engine of American Inequality," *The New York Times*, May 9, 2017, www.nytimes.com/2017/05/09/magazine/how-homeownership-became-the-engine-of-american-inequality.html.

207 对人行道进行消毒: "The San Diego Hepatitis A Epidemic: (Mis)handling a Public Health Crisis," San Diego County Superior Court Grand Jury, May 17, 2018, www.sandiegocounty.gov/content/dam/sdc/grandjury/reports/2017-2018/

HepAReport.pdf.

209 每套住房单元平均成本约为 42.5 万美元：Jonathan Woetzel et al., "Closing California's Housing Gap," McKinsey & Company, October 2016, www.mckinsey.com/featured-insights/urbanization/closing-californias-housing-gap.

212 1948 年《哈泼斯杂志》：Jackson, *Crabgrass Frontier*, 236.

212 建筑业的生产率：Filipe Barbosa et al., "Reinventing Construction Through a Productivity Revolution," McKinsey & Company, February 2017, www.mckinsey.com/industries/capital-projects-and-infrastructure/our-insights/reinventing-construction-through-a-productivity-revolution.

第八章　增值投资者

229 赚钱最少：John Logan and Harvey Molotch, *Urban Fortunes: The Political Economy of Place* (Berkeley: University of California Press, 1987), 104.

229 "城市'更新'的努力"：Logan and Molotch, *Urban Fortunes*, 113.

234 特赖恩公司以 1500 万美元买下："Low-Income Families Face Eviction as Building 'Rebrands' for Facebook Workers," *Guardian*, September 21, 2016, www.theguardian.com/technology/2016/sep/21/silicon-valley-eviction-facebook-trion-properties.

235 特赖恩碰巧甩掉：Tyler Stewart, "An In-Depth Look at Multifamily on the West Coast," May 29, 2018, RealCrowd podcast, 16th episode.

237 租金翻番：Curt Lanning, "Low-Rent Apartments in Tigard Kicking Residents Out," KOIN, last updated September 22, 2016, www.koin.com/news/low-rent-apartments-in-tigard-kicking-residents-out/870144355.

237 "我们已经能够"：Stewart, "An In-Depth Look at Multifamily on the West Coast."

237 是位麻醉师：Stewart, "An In-Depth Look at Multifamily on the West Coast."

238 真实人群网筹得 160 万美元：Lora Kolodny, "RealCrowd Raises $1.6M to Bring Crowdfunding to Real Estate," *Wall Street Journal*, March 26, 2014, https://blogs.wsj.com/venturecapital/2014/03/26/realcrowd-raises-1-6m-to-bring-crowdfunding-to-real-estate/.

239 "200 美元的温控器"：Trion Properties: How an Ex-investment Sales Broker Built a $100M Portfolio," *A Student of the RealEstate Game,* January 20, 2016, http://astudentoftherealestategame.com/trion-properties-how-an-ex-investment-sales-broker-built-a-100m-portfolio/.

240 "讨好"：Stewart, "An In-Depth Look at Multifamily on the West Coast."

第九章　竞选参事委员的索尼娅

251 支持气候行动：Conor Dougherty and Brad Plumer, "A Bold, Divisive Plan to Wean Californians from Cars," *The New York Times,* March 16, 2018, www.nytimes.com/2018/03/16/business/energy-environment/climate-density.html.

252 对《SB 827》表达有节制的反感：Rachel Swan, "SF Supervisors Opposed to Wiener's Housing-Transit Bill Soften Stance a Bit," *San Francisco Chronicle,* March 12, 2018, www.sfchronicle.com/politics/article/SF-supervisors-opposed-to-Wiener-s-12748029.php.

252 "看起来像迪拜"：Alissa Walker, "Sen. Scott Wiener Will Introduce New Version of Transit Density Bill," Curbed Los Angeles, October 9, 2018, https://la.curbed.com/2018/10/9/17943490/scott-wiener-interview-density-transit-sb-827.

252 伯克利市长：Janis Mara, "Berkeley Mayor on Wiener-Skinner Housing Bill: 'A Declaration of War Against Our Neighborhoods,'" *Berkeleyside,* January 22, 2018, www.berkeleyside.com/2018/01/22/berkeley-mayor-wiener-skinner-housing-bill-declaration-war-neighborhoods.

252 反《SB 827》的集会：Rachel Swan, "Kim Runs Against Wiener Housing Bill in Her Race for Mayor," *San Francisco Chronicle,* April 6, 2018, www.sfchronicle.com/politics/article/Kim-runs-against-Wiener-housing-bill-in-her-race-12810672.php?psid=2ESrd; SupeJaneKim, "Jane Kim on Senate Bill 827," YouTube, April 16, 2018, www.youtube.com/watch?v=pD2Dby4GOPg.

253 重点是：Rarick, *California Rising,* 320.

253 1950 年代：Josh Sides, *L.A. City Limits: African American Los Angeles from*

the Great Depression to the Present (Berkeley, CA: University of California Press, 2004), 120–23.

258 签署了一封……信函："National Fair Housing and Civil Rights Experts Announce Support for Senator Wiener's Transit Housing Bill," Senate.ca.gov, April 5, 2018, https://sd11.senate.ca.gov/news/20180405-national-fair-housing-and-civil-rights-experts-announce-support-senator-wiener%E2%80%99s.

258 然后，他们扼杀了：Conor Dougherty, "California Lawmakers Kill Housing Bill After Fierce Debate," *The New York Times*, April 17, 2018, www.nytimes.com/2018/04/17/business/economy/california-housing.html.

第十章　房租太高了

272 "我们将在这一层面上努力奋斗"：Liam Dillon, "How California Has Become a National Battleground for Rent Control as Money Flows In from Landlords," *Los Angeles Times*, October 31, 2018, www.latimes.com/politics/la-pol-ca-rent-control-campaign-spending-20181031-story.html??dssReturn=true.

274 最大的艾滋病非营利组织：Christopher Glazek, "The C.E.O. of H.I.V.," *The New York Times*, April 27, 2017, www.nytimes.com/2017/04/26/magazine/the-ceo-of-hiv.html.

274 他将自己描述为：Christine Mai-Duc and Javier Panzar, "'Thug,' 'Bully,' 'Satan': This L.A. Activist Has Never Shied from Controversy While Building an AIDS Political Powerhouse," *Los Angeles Times*, October 19, 2016, www.latimes.com/politics/la-pol-ca-aids-healthcare-foundation-propositions-20161019-snap-story.html.

275 "自负的亿万富翁"：Joe Eskenazi, "Prop. 10: Californians Like Rent Control, Hate Ballot Measure That Would Expand Rent Control," Mission Local, October 29, 2018, https://missionlocal.org/2018/10/prop-10-californians-like-rent-control-hate-ballot-measure-that-would- expand- rent- control/.

276 约 2200 万美元："California Proposition 10, Local Rent Control Initiative (2018)," Ballotpedia, https://ballotpedia.org/California_Proposition_10,_Local_Rent_

Control_Initiative_(2018).

278 巨额的无家可归者税：" San Francisco, California, Proposition C, Gross Receipts Tax for Homeless Services (November 2018)," Ballotpedia, https://ballotpedia.org/San_Francisco,_California,_Proposition_C,_Gross_Receipts_Tax_for_Homelessness_Services_(November_2018).

279 总计耗费："California Proposition 10, Local Rent Control Initiative (2018)."

286 迎臂者们支持的提案：J. K. Dineen, "Housing, by Any Means Necessary," *San Francisco Chronicle*, November 1, 2018, www.sfchronicle.com/politics/article/How-powerful-is-Bay-Area-s-pro-housing-13352047.php?psid=2ESrd.

293 1500 张选票："November 6, 2018 Election Results—Summary," City and County of San Francisco Department of Elections, https://sfelections.sfgov.org/november-6-2018-election-results-summary.

尾声　更多友邻的友邻

308 社会学家：Ryan D. Enos, *The Space Between Us* (Cambridge: Cambridge University Press, 2017), 174–75.